Jung alt werden

Carola Kleinschmidt

Jung alt werden

Warum es sich mit 40 schon lohnt,
an 80 zu denken

Ellert & Richter Verlag

Inhalt

7   **Der ungenutzte Spielraum**
8   Expedition in die Langlebigkeit
9   Neuer Spielraum und alte Sachzwänge

13   **Wie mag es aussehen, das Leben 2035?**
16   Unser Blick in die Zukunft – geklaut in der Vergangenheit
18   Sozialer Kollaps oder alles beim Alten?
19   „Die Alten" gibt es längst nicht mehr
21   Falsche Szenarien schüren die Angst
22   Was tun? Einfach auf diese Zukunftsvorstellungen verzichten?

25   **Zu alt? Gibt es nicht mehr**
31   Das chronologische Alter ist nicht mehr zeitgemäß
32   Länger leben – aber wie?
36   Diese Menschen verbinden in ihrem Leben einfach viele Altersstufen

39   **Gesundheit und Wohlbefinden in einem langen Leben**
40   Gesund mit 80 – Wunsch oder Wirklichkeit?
42   Wie gelingt lebenslange Gesundheit?
43   Lernen von den Inselbewohnern Japans
45   Anti-Aging für den Alltag
46   Mit 40 ist es Zeit, die Weichen zu stellen
48   Leben mit 80 – ein Selbstversuch
50   Leben hinterlässt Spuren
52   Die subjektive Gesundheit zählt
53   Man ist so alt, wie man sich denkt

56   **Arbeiten bis 67 – Zukunft oder Zumutung?**
57   Mit Krückstock in die Firma?
58   Demografie ist kein Schicksal
61   Wie lange kann man arbeiten?
63   In manchen Unternehmen kann man gut alt werden
66   Engagement für Ältere zahlt sich aus
66   Unsere Nachbarn zeigen: Da geht mehr!
68   In den meisten Unternehmen ist man ab 50 nicht mehr gern gesehen
69   Selbst ist der Demograf – der persönliche biografische Wandel
70   Ab 40: Der Wunsch, einen Gang runter- oder beruflich umzuschalten
73   Das persönliche Interesse als roter Faden

74 Bewerben neu lernen
75 Der Schritt in die Selbstständigkeit als Ausweg
77 Und in Zukunft? Das Drei-Phasen-Modell ist veraltet
81 Wozu immer aktiv? Ausruhen wäre doch auch mal schön

83 **Das liebe Geld ...**
84 Nicht mal 50 Prozent erreichen die Eckrente ...
85 ... die meisten von ihnen sind gering qualifiziert
86 Akademiker-Renten bleiben stabil
86 Finanzexperten verstehen die Aufregung der Akademiker nicht
87 Die gesetzliche Rente war nie als alleinige Vorsorge gedacht
88 Die Zahl der Minijobs steigt
89 Arbeiten im Rentenalter? Finden viele eine gute Idee
90 Lebensqualität ohne Geld? Auch möglich
91 Die Seniorengenossenschaft
93 Schön, wenn die Rente reicht
94 Woher soll das Geld kommen?
95 Die 80-Prozent-Regel
96 Es lohnt sich, das Rechnen zu lernen
98 Man kann nicht alles absichern

101 **Wohnen und Freundschaft: Und später machen wir eine Alten-WG!**
102 Freunde: Wer früh anfängt, hat mehr davon
103 Freundschaft bedeutet Vertrauen und Ehrlichkeit
104 Freundschaft hält gesund
106 Das Hochhaus mit Anschluss
107 In unseren Häusern kann man nicht alt werden
109 Die nächste Generation hat neue Ideen
110 Ehrgeizig: Wohnprojekte
112 WG oder Großfamilie?
113 Wohnstifte
115 Genossenschaften als Vorreiter
117 Schöne Stadt

122 **Persönliches Wachstum? Bitte hier entlang**
123 Krisen als Motor für Entwicklung
124 Die großen Entwicklungsaufgaben
127 Lebenskunst ist ...
128 ... wenn man mit Schwierigkeiten umzugehen weiß
129 Lebenskunst kann man lernen
131 Gut älter werden? Vieles liegt in unserer Hand

138 **40: Die Ereignisse überschlagen sich**
139 Sinnkrise: War das schon alles?
148 Berufliche Identität: Hier gehöre ich hin!

152   Kinder – letzte Gelegenheit
154   Gesundheit: das erste Zwicken
155   Das hilft in dieser Lebensphase besonders

157   **50: Mitten im Leben**
158   Verantwortung: Wie schwer darf das Leben sein, das ich trage?
159   Beruf: Erfahrung und Gemeinschaft gewinnen an Bedeutung
161   Wie mit den Eltern umgehen?
164   Endlichkeit: Wie viel Zeit habe ich noch? Und wie nutze ich sie?
165   Schönheit: Jetzt ist die Jugend echt vorbei
167   Miteinander: die Generationen verbinden
169   Gesundheit: dem Herzinfarkt den Saft abdrehen
173   Was jetzt besonders hilfreich ist

174   **60: Das Leben mit Humor ernst nehmen**
174   Selbstannahme: Sich selbst und das Leben akzeptieren, wie es ist
177   Loslassen: Wir räumen auf!
178   Pensionierung: vom Arbeitsmenschen zum Privatmenschen
183   Beziehung: Welche Lebensdauer hat die Liebe?
185   Was jetzt hilfreich ist

187   **70: Gelassen loslassen und das Leben genießen**
187   Lebensgefühl: Bin ich schon alt oder noch jung?
192   Lebensgestaltung: Machen Sie doch, was Sie wirklich wollen!
194   Gesundheit: Vorsorge für Herz und Hirn ist auch mit 70 sinnvoll
198   Aktiv bleiben: Neugier beflügelt und schafft Begegnung
200   Wandel: Manchmal könnte Nachhilfe helfen
202   Was jetzt hilfreich ist

204   **80: Ein stolzes Alter**
205   Akzeptanz: Das war mein Leben!
207   Lebensfreude: Mit Verlusten zurechtkommen
210   Endlichkeit: Gedanken an den Tod
213   Gesundheit und Lebensqualität: Wer wird bei mir sein?
217   Was jetzt hilfreich ist

219   Zum Schluss und als Ausblick

223   **Anhang**
223   Selbsttest: Wie gut passt mein Lebensstil zu einem langen Leben?
229   Dank
230   Anmerkungen
237   Gesunde Ernährung und gesunde Lebensweise
237   Literatur
240   Impressum

Der ungenutzte Spielraum

Mein Großvater wurde 92 Jahre alt. Und ich erinnere mich heute noch an die Faszination, wenn wir zu ihm fuhren. Das war in den 1980er-Jahren. Und ich ein Teenager, der bei diesen Besuchen immer das Gefühl hatte, ein seltsames Wesen aus einer anderen Zeit betrachten zu dürfen. Wenn wir kamen, saß der schlanke Mann aufrecht und im Anzug hinter seinem Schreibtisch. Sein Stock lehnte neben ihm. Und dieser Mensch gehörte zu uns! Wir waren stolz auf das Fossil in der Familie und zählten als Kinder jedes neue Jahr, das der alte Mann überlebte, wie einen großartigen Countdown. 90. 91. 92! Ich kannte niemanden sonst, der so alt wurde. Sogar der Bürgermeister der Stadt gratulierte ihm persönlich.

Wäre mein Großvater 100 Jahre alt geworden, hätte ihm sogar der Bundespräsident eine persönliche Grußkarte geschickt. 1990 musste der Bundespräsident gerade mal 531-mal zum 100. Geburtstag gratulieren. Im Jahr 2009 bereits 5560-mal. Im Jahr 2050 sollen es fast 115 000 Deutsche sein, die ihren 100. Geburtstag feiern (und womöglich auch einige weitere). Mal schauen, ob die dann noch einen persönlich unterschriebenen Geburtstagsbrief aus dem Bundespräsidialamt bekommen oder nur noch eine E-Mail mit Blumenfoto im Anhang.

Wie alt ich selbst wohl werde? Demografieforscher sagen, dass es ziemlich wahrscheinlich ist, dass ich die 90-Jahre-Marke erreiche. Ebenso wie viele andere aus der 60er-Jahre-Generation. Und mit etwas Glück kommen wir im Gegensatz zu unseren Großeltern auch noch viele dieser Jahre ohne Stock oder Gehwagen aus, können eventuelle Schwierigkeiten beim Sehen und Hören dank neuer Medizintechnik ausgleichen und sind die allermeiste Zeit unseres langen Lebens in gehobenem Alter ganz gut in der Lage, uns selbst zu versorgen. Seit Jahren beobachten die Demografen die Menschheit in den Industrienationen wie in einem riesigen Experiment und schütteln erstaunt die Köpfe: Die werden ja immer älter! Und die bleiben ja immer länger gesund!

Expedition in die Langlebigkeit

Und wer sich die Studien genauer ansieht, dem wird klar: Wir sind Zeugen und Teilnehmer zugleich an einer völlig neuen Entwicklung. Wir haben uns auf eine Expedition in die Langlebigkeit begeben. Seit über 150 Jahren steigt die Lebenserwartung der Menschen in den Industrieländern jedes Jahr um drei Monate. Und ein Ende ist nicht abzusehen. Noch vor 100 Jahren wurde die Bevölkerung in Deutschland nicht viel älter als 60 Jahre – falls sie überhaupt ihre Kindheit überlebte. Nur etwa jeder 20. Deutsche (das sind fünf Prozent der Bevölkerung) erlebte seinen 80. Geburtstag.

Heute liegt die Kindersterblichkeit unter einem Prozent – und über die Hälfte der Deutschen wird 80 Jahre und älter. Mittlerweile wird für die Menschen, die heute geboren werden, ein Alter von 100 Jahren als „normal" diskutiert. Schon mehr als einmal wurden die Zahlen nach oben korrigiert. Ist 100 die „natürliche" Lebensdauer, wenn ein Mensch mit guter Nahrung und ohne Krieg aufwächst und lebt? 110? Zurzeit denkt man, bei 120 ist aber wirklich Schluss. Mal sehen, was die Zukunft bringt.

Lebensspannenforscher und Mediziner stellen auf jeden Fall fest: Wir haben in den letzten 100 Jahren 20 bis 30 Jahre Lebenszeit dazugewonnen. Und viele dieser Langlebigen sind bis ins hohe Alter bei leidlich guter Gesundheit.

Mindestens 20 Jahre mehr Leben! Das entspricht der Zeitspanne von der Babywiege bis zum Abitur. Das ist die Dauer von fast drei durchschnittlichen Ehen. Das sind 20 Sabbatjahre! Hunderte Kinoabende, Reisen, Feste und Besuche bei Freunden.

Mein erster Gedanke angesichts dieser Erkenntnis: super! Warum hetzen wir uns eigentlich so ab? Ich bin in den 40ern, habe einen Beruf, den ich mag, ein Kind, einen Partner, ausreichend Einkommen und eine Wohnung. Und trotzdem sitzt mir häufig das Gefühl im Nacken, ich müsste mich mit ein paar Sachen nun wirklich ein bisschen beeilen, sonst ist es unwiederbringlich zu spät: eine Weiterbildung im Job zur Seminarleiterin oder doch noch eine feste Stelle, noch ein Kind, ein gemeinsames Projekt mit Freunden, ein Leben im Ausland, der Wunsch, tanzen und singen zu lernen.

Und wenn ich mich umsehe, dann geht es den meisten so. Zwischen 30 und 45, wenn sich die Job-Kinder-Lebenstraum-Fragen geballt stellen, gleicht das Leben vieler Menschen dem von Rennmäusen: immer unterwegs, immer in Eile. Aber auch die Generation der 50plus, die die schnelllebige Rushhour eigentlich schon hinter sich hat, lebt mit dem ständigen Gefühl, sich beeilen zu müssen. Sei es, weil die Menschen sich im Beruf unter Druck fühlen oder weil sie das Gefühl haben, dass sie nun aber wirklich ihre Träume in die Tat umsetzen müssen, bevor es zu spät ist. Manche haben auch schon resigniert, innerlich beschlossen, dass sie einfach zu alt sind, um etwas Neues anzufangen oder alte Leidenschaften wiederzubeleben.

Aber warum eigentlich? Wir haben doch im Laufe des letzten Jahrhunderts 20 bis 30 Jahre Lebenszeit hinzugewonnen! Mit ein bisschen Glück und leidlich guter Gesundheit haben wir doch wirklich viel Zeit für unsere Leben – mehr als jede Generation vor uns.

Neuer Spielraum und alte Sachzwänge

Könnten wir unser Leben angesichts dieser gewonnenen Zeit, dieses neuen Spielraums, nicht einfach ein bisschen langsamer angehen? In jüngeren Jahren manches nach hinten sortieren, was das Fass gerade zum Überlaufen bringt? Zum Beispiel den Hauskauf? Den ehrgeizigen Jobwechsel? Das Zusatzstudium? Und dafür Dinge tun, von denen viele träumen: weniger arbeiten, vielleicht sogar eine Auszeit nehmen, Zeit für die Familie oder zum Nachdenken, ob das Leben noch in guten Bahnen läuft. Zeit für Leidenschaften und Lebensfreuden. Mit etwas Glück würde einem diese Entschleunigung ja nicht nur das Leben in der Lebensmitte versüßen, sondern sich auch positiv auf die späteren Jahre auswirken: Man hätte Ideen, was man gerne tut, Interessen und Freundschaften, die man gepflegt hat. Man hätte bereits die Erfahrung gemacht, Wege zu gehen, die nicht von Job- und Familienaufgaben fest abgesteckt sind. Eigentlich die perfekte Voraussetzung für eine gute Zeit auch nach dem Berufsleben. Vermutlich hätte man sogar eine bessere Gesundheit, weil man sich nicht so völlig verausgabt hätte, und deshalb auch die Kraft, um auch mit 70 noch Neues zu wagen, wenn man die Lust dazu verspürt.

Nein! Schluss mit diesen Hirngespinsten! Sofort klingeln die Alarmglocken und zerstören den Traum vom interessanten, schönen langen Leben. Da ist ja noch das Geldproblem! Letztlich kommt die ganze Hetze in unserem Leben doch zum Großteil daher, dass wir trotz Wirtschaftskrise und im Hinblick auf unsere meist mickrige Staatsrente einfach in jungen Jahren viel Geld verdienen wollen und möglichst viele Euros zurücklegen, investieren und ansparen müssen, damit wir unser langes Leben überhaupt finanzieren können.

Heute liegt die gesetzliche Durchschnittsrente für Männer bei um die 1000 Euro und für Frauen zwischen 500 (alte Bundesländer) und knapp 700 Euro (neue Bundesländer). Die Streuung der Renten ist allerdings breit und im Mittel deckt die Rente derzeit 53 Prozent des ehemaligen Durchschnittseinkommens ab. Was ja auch schon nicht viel ist. Aber die Menschen ab dem Geburtsjahrgang 1955 haben später ja nur noch mit einer Rente von 36 Prozent des letzten Einkommens zu rechnen.[1] Auf meinem Rentenbescheid stehen 464 Euro. Damit kommt man nicht weit. Nicht mal bis ans Monatsende. Also klar, dass wir keine Zeit haben, uns mit dem „idealen Leben" zu beschäftigen, sondern ranklotzen wie verrückt, vor allem versuchen, unseren Job zu behalten, und in private Rente oder bleibende Werte wie eine eigene Wohnung oder ein Haus investieren.

Und dennoch: Müsste es nicht trotz aller Sachzwänge Möglichkeiten geben, diesen neuen Spielraum, den uns unsere längere Lebenszeit beschert, besser zu nutzen, als im Dauerlauf im Hamsterrad?

Wie sieht ein Leben aus, das mit einiger Wahrscheinlichkeit ein gutes und gesundes Altwerden zulässt?

Macht es wirklich Spaß, so lange zu leben? Oder plagt man sich die letzten Jahre vor allem mit Krankheit, Einsamkeit und Ärgernissen herum?

Wie viel Einfluss hat jeder selbst darauf, ob man „happy-well", also glücklich und gesund, oder „sad-sick", also kauzig und krank, alt wird – eine Unterscheidung, die in amerikanischen Studien gerne getroffen wird?

Ist es vielleicht wirklich möglich, die Lebensaufgaben und -wünsche zeitlich besser in unserem Leben zu verteilen, als es heute der Fall ist? Oder lässt die Lust, sich auszuprobieren, Neues zu wagen, das Leben aktiv anzupacken, nicht auch einfach naturbedingt mit den Jahren nach? Wie lang ist die Lebenszeit von Freundschaften, von Liebe? Und was muss man tun, damit einem die Freunde im Leben nicht ausgehen? Kann man Einsamkeit im Alter verhindern? Welche Wohn- und Lebensformen passen überhaupt zu Menschen, die in der individualisierten Gesellschaft groß und alt werden? Wie wird das mit den Finanzen wirklich sein? Sind viele von uns schon heute dazu verdammt, später ärmlich zu leben, weil ihre Rente zu knapp ist – so wie es immer wieder in den Medien gesagt wird? Oder können wir uns vielleicht auch länger selbst finanzieren, wenn wir schon so lange leben? Gibt es vielleicht sogar Alternativen zur satten Altersversorgung? Gibt es auch ein erstrebenswertes Leben jenseits des Arbeitslebens, das nicht so geldintensiv ist? Was ist dran an der Angst vor dem Generationenkonflikt? Werden wir uns wirklich irgendwann mit der jüngeren Generation um Geld und Arzttermine streiten?

Welche Veränderungen in unserer Stadt und in unseren Köpfen sollten wir schon jetzt aktiv anstoßen, damit wir später, wenn sehr viele Menschen sehr alt werden, davon profitieren – im Idealfall die Älteren genauso wie die Jüngeren.

Viele dieser Fragen kann man bestimmt nicht abschließend klären. Aber ich hoffe, dass dieses Buch die Veränderungen, aber auch die Möglichkeiten, die unsere Langlebigkeit mit sich bringt und die jetzt schon sichtbar sind, ein wenig genauer darstellen kann.

„Konkrete Lebensziele entwickeln sich aus gedachten Lebensentwürfen", weiß der Entwicklungspsychologe und Gesundheitsexperte Dr. Toni Faltermaier von der Universität Flensburg. „Deshalb braucht jede Gesellschaft positive Entwürfe vom Leben nach dem Erwerbsleben. Im Moment gibt es davon in Bezug auf das Altern wenige." Und die wenigen, die es gibt, zeichnen vor allem Horrorszenarien: Sie zeichnen eine Gesellschaft, die mit „Vergreisung", „Überalterung", „Pflegenotstand" und einem „Rentenloch" zu kämpfen haben wird. Eine Gesellschaft, in der es weder Spaß macht, alt noch jung zu sein: Das Leben der Menschen zwischen 20 und 60 wird als ewiger Lauf im Hamsterrad dargestellt, während die Älteren als spaßsüchtige Weltreisende, im Zustand moderater Langeweile oder als kranke und teure Menschenmasse dargestellt werden, die den Jungen auf der Tasche liegt. Dass diese Bilder schon heute nicht mehr stimmen und die zukünftige Realität in keiner Weise realistisch darstellen, zeigen inzwischen zahlreiche Gesellschaftsanalysen. Nur haben diese nicht die Kraft, sich in der Medienlandschaft durchzusetzen. „Der eine liest, wenn er sich denn gruselnd zu entspannen vermag, ‚Dracula', der andere halt das ‚Methusalem-Komplott'", bringt der Soziologe Dieter Otten die heute meist oberflächliche und populistische Darstellung der Langlebigkeit auf den Punkt.

Hilfreich ist dieser Status quo nicht. Denn die Vorstellung von unserer Zukunft ist die Grundlage für unsere Lebensgestaltung im wirklichen Leben. Was wir von unserem Leben erwarten, entscheidet darüber, wie wir unser Leben planen, was wir uns selbst zutrauen, welche politischen Ideale und Maßnahmen wir wichtig und wählenswert finden, wie wir unsere Mitmenschen sehen. Unsere Annahmen über die Zukunft gestalten diese Zukunft deshalb maßgeblich mit. Wie unsere Gesellschaft und wie unser persönliches Leben als potenziell langlebige Menschen aussehen wird, hängt insofern sehr von den Bildern und Vorstellungen ab, die wir über das Älterwerden haben.

Es wäre deshalb schön, wenn die folgenden Seiten diesen Blick erweitern und ergänzen könnten. Und es wäre wunderbar, wenn dieses Buch nicht das Ende, sondern der Anfang einer Diskussion sein könnte. Denn die Zukunft ist ja noch nicht da. Wir bauen sie. Jeden Tag. Und wenn mehr Menschen sich konstruktive Gedanken darüber machen, wie sie angesichts der völlig neuen Rahmenbedingungen leben möchten, dann stehen die Chancen gut, dass sich auch wirklich etwas zum Positiven verändert – in unseren Köpfen, in unserem persönlichen Leben und in den Straßen unserer Städte und Ortschaften. Nur so können aus Ideen und Utopien neue Wirklichkeiten werden. Oder wie es der Politiker Willy Brandt ausdrückte: „Der beste Weg, die Zukunft vorauszusagen, ist, sie zu gestalten."

Die Diskussion ist eröffnet: www.ellert-richter.de/jungaltwerden/

Ich – und die anderen Leser und Leserinnen bestimmt auch – bin gespannt auf Ihre Meinung, Anmerkungen, Ideen und Erfahrungen mit dem Erwachsensein und Älterwerden.

Wie mag es aussehen, das Leben 2035?

Vielleicht werden schon in ein paar Jahren in meiner Wohnstraße an allen Häusern transparente Glasaufzüge kleben. Sie würden morgens in der Sonne glitzern und dem Stadtteil einen futuristischen Anstrich geben. Allerdings nur aus heutiger Sicht. Denn für die Leute, die in der Straße wohnen, wäre der Anblick längst normal. Schließlich wollen alle so ein Haus mit Aufzug. Wie sollten die Baby-Boomer, die inzwischen in die Jahre gekommen sind und zur Age-Boomer-Generation geworden sind, in ihre Wohnungen im dritten und vierten Stock kommen, wenn die Knie keine Lust mehr auf unzählige Treppenstufen haben?

Vielleicht werden auch auffällig viele Menschen in bunten Dienstleister-Uniformen auf der Straße zu sehen sein. So wie heute der braun gekleidete UPS-Mann die Pakete bringt, eilen Dienstleister in Gelb und Orange zu den Wohnungen. Auf ihren Jacken stehen klingende Namen wie „Immer für Sie da!". So heißen die Servicefirmen für die Bedürfnisse Älterer. Die dienstbaren Geister fahren einen zum Fitnesscenter, bringen Einkäufe oder das Mittagessen vorbei. Über die Hälfte meiner Nachbarn ist weit über 70.

Mich selbst sehe ich ganz selbstständig und flott zum kleinen Restaurant um die Ecke laufen. Ich werde fast 70 sein, aber mich wie gewohnt mit einer Kollegin zum Mittagessen treffen. Schließlich bin ich immer noch berufstätig und verdiene mein Geld als Journalistin. So wie die meisten meiner Freunde und Bekannten auch. Von was soll man sonst leben? Und der Glasaufzug an unserer Eigentumswohnung muss auch noch abbezahlt werden ...

Vielleicht sprechen wir dann beim Mittagessen auch über die neue Longlife-Impfung, so wie man 25 Jahre zuvor über die Schweinegrippe-Impfung diskutiert hat. Das Gesundheitsministerium empfiehlt die Impfung allen über 70, weil sie das Krebsrisiko senken soll und dem altersbedingten Abbau des Immunsystems entgegenwirkt. Aber sie kostet 100 Euro, muss zweimal im Jahr wiederholt werden. Und mal ehrlich: Haben wir es nötig, unser Immunsystem aufzupeppen? So alt sind wir doch wirklich noch nicht. Und seitdem es diese supergünstigen Creme-Liftings auf der Basis von Naturstoffen gibt, sehen wir auch nicht so aus.

Es ist ein bisschen seltsam. Aber sobald man über das Älterwerden nachdenkt, sich sein eigenes Leben und das seiner Nachbarn im Jahr 2030 oder 2040 vorstellt, driftet man leicht in futuristische Szenarien ab. Das geht nicht nur mir so. Auch und gerade Experten malen schillernde oder auch schillernd-düstere Zukunftsbilder von unserem Leben.

Zum Beispiel Dr. Frank Ruff vom Forschungscenter „Gesellschaft und Technik" der Daimler AG. Im Rahmen einer Forschungsarbeit entwickelten Ruff und seine Kollegen ein Bild von unserem Leben als ältere Menschen der Zukunft, das so aussieht[2]: Im Jahr 2030 wissen viele Menschen durch Gentests, wie alt sie vermutlich werden. Ruffs Beispielperson Monsieur Lafayette hat mit 105 Lebensjahren zu rechnen. Und weil seine Rente sowieso nicht reicht, nimmt er noch mit 63 einen flexiblen Teilzeitjob im Ausland an. Den ganzen Tag lang spricht dieser Mensch der Zukunft mit einer Art weiterentwickeltem Blackberry, ein elektronischer Assistent, der auf Sprachkommando Flüge bucht, über Verspätungen informiert, Taxen und Tische im Restaurant reserviert und fragt, ob man die und die Verabredung treffen möchte, weil man zufällig zur selben Zeit am gleichen Flughafen Zwischenstopp macht wie ein Bekannter, der auf der virtuellen Meeting-Liste steht. Diese Leute verbringen ihre freien Minuten zwischen den Flügen mit einem kurzen Gesundheitscheck am Computer, der auf das persönliche Genprofil abgestimmt ist.

Man kann Ruff wohl zu den Zukunftsoptimisten zählen. In seiner Vision haben es die Menschen geschafft, den demografischen Wandel aus Sicht der Wirtschaft positiv zu nutzen. Der Mensch hat sich in diesem Szenario in seinen Ansichten und seiner Lebensweise modernisiert und an die Anforderungen der Gesellschaft angepasst: Man muss länger arbeiten? Man arbeitet länger. Man ist selbst verantwortlich für seine Gesundheit? Man macht den Gesundheitscheck zum Hobby. Das Ideal vom gesundheitsbewussten, lernfähigen und lebenslang produktiven Menschen wird hier zur Normalität.

Ganz anders das Bild in der Doku-Fiktion „2030 – Aufstand der Alten", 2007 im ZDF gezeigt. Hier sieht unsere Zukunft nicht modern, sondern düster aus: Viele Menschen jenseits der Rentengrenze teilen sich Massen-Notunterkünfte, weil sie sich von der Einheitsrente von 560 Euro keine Wohnung mehr leisten können. Ihre Zeit verbringen sie vor allem damit, zu betteln oder gelangweilt an die Decke zu stieren. Viele sind krank. Denn in dieser Welt der Zukunft gibt es häusliche Pflege und gute medizinische Versorgung nur noch für Wohlhabende. Die Krankenkassen haben als Alternative das „freiwillige Frühableben" in ihren Leistungskatalog aufgenommen. Während die Älteren und Alten in dunklen Zimmern vor sich hin siechen, sausen die Jungen auf motorisierten Stehrollern, sogenannten „Segways", die Straßen entlang und von einem Termin zum anderen. Die Gesellschaft ist nach dem Krieg der Generationen in zwei Teile zerfallen, der Sozialstaat kollabiert. Harte Fronten sind entstanden: Die Alten sind die lästige Last der Gesellschaft. Die Jungen ächzen unter der demografischen Bürde und versuchen, die Alten immer weiter an den Rand der Gesellschaft zu drängen. Der Fernsehdreiteiler wurde mit mehreren Preisen gekrönt – und zugleich von vielen Seiten als unrealistische Panikmache kritisiert.

Aber welches Szenario ist realistischer? Das eher positiv getönte Bild von unserem Leben in der Zukunft als Menschen, die auch mit 80 noch im Arbeitsleben stehen und sich engagiert um den Erhalt ihrer Gesundheit und Leistungskraft kümmern? Oder das düstere Bild vom Krieg der Generationen, einem kollabierten Renten- und Gesundheitssystem und einer Gesellschaft, in der es Gettos für arme Alte und den Trend zum vorzeitigen Ableben gibt?

Vermutlich sind beide Visionen gleichermaßen unrealistisch. Denn auch, wenn uns solche Szenarien im Moment von den Medien in immer detaillierterer Form präsentiert werden, haben doch alle eine grundlegende Schwäche, die typischerweise auftritt, wenn der Mensch in die Zukunft blickt: Ein Großteil dessen, was wir dort sehen, zeigt schlicht unsere Erfahrungen, Beobachtungen und Überzeugungen von heute, aufgepeppt mit etwas futuristischem Flair. Wirklich Innovatives sehen wir wenig.

Das glauben Sie nicht? Vielleicht überzeugen Sie die Studien von Kathleen McDermott, Leiterin des Cognition Lab an der Universität Washington, ihrem Kollegen Karl Szpunar und einigen weiteren Wissenschaftlern, die seit Jahren erforschen, wie das „In-die-Zukunft-Denken" eigentlich funktioniert.

Unser Blick in die Zukunft – geklaut in der Vergangenheit

Nur der Mensch beschäftigt sich so gerne, ausdauernd und intensiv mit Gedanken an seine Zukunft. Kein noch so schlaues Tier plant bewusst, wo es im nächsten Jahr den Sommer erleben möchte, oder verbringt Zeit damit, sich vorzustellen, wie man ein noch nie dagewesenes Gebäude gestalten könnte. Menschen tun das laufend – und diese Fähigkeit ist die Grundlage für all die erstaunlichen Innovationen, die der Mensch in die Welt gebracht hat: Nur weil Menschen sich vorstellen konnten, in der Zukunft zum Mond zu fliegen, konnte die passende Technik dafür entwickelt werden. Nur weil Menschen so intensiv in die Zukunft denken, können sie Katastrophenschutz-Programme für zukünftige Erdbeben und Tsunamis entwickeln, die Weltreise in drei Jahren planen, den nächsten Karriereschritt vorbereiten oder eben das Leben in einer Gesellschaft, in der viele Menschen sehr alt werden. Daniel Gilbert, Professor für Psychologie und Direktor des „Social Cognition and Emotion Lab" geht sogar so weit zu sagen: „Wir Menschen denken in einer Weise an die Zukunft, wie es kein anderes Tier tut oder jemals getan hat, und dieses einfache, allgegenwärtige Verhalten ist ein Bestimmungsmerkmal unseres Menschseins."[3] Und der amerikanische Philosoph und Bewusstseinsforscher Daniel Dennett beschreibt das menschliche Gehirn als „Antizipationsmaschine", also als ein Organ, das uns vor allem dabei hilft, uns vorzustellen, was auf uns zukommt – sodass wir uns optimal an die Veränderungen in unserer Umwelt anpassen können. „Der Entwurf von Zukunft" ist dementsprechend das wichtigste Produkt, das unser Gehirn fabriziert.

Schon lange fragen sich Forscher deshalb, was eigentlich genau im Gehirn passiert, wenn wir an die Zukunft denken. Wenn wir über Dinge nachdenken, die es noch nicht gibt, oder auch unser Leben in 20 Jahren. Wie unterscheiden sich Erinnerungen von Zukunftsgedanken – beide nehmen wir ja als bildhafte, plastische Vorstellungen wahr. Wie treffsicher sind unsere Aussagen über zukünftige Ereignisse und Entwicklungen?

Die modernen bildgebenden Verfahren, mit denen man dem Gehirn in gewisser Weise beim Denken zuschauen kann, bieten den Wissenschaftlern seit einigen Jahren ein Handwerkszeug, mit dem man diesen Fragen genauer als je zuvor auf den Grund gehen kann. Die Gehirnforscher Kathleen B. McDermott und Karl K. Szpunar sind Pioniere in dieser Forschung. Für ihr Experiment konzipierten sie eine einfache Zukunfts-Denkaufgabe[4]: Die Studienteilnehmer sollten sich zuerst ein gewöhnliches Ereignis vorstellen, dass sie bereits erlebt haben, zum Beispiel ihre letzte Geburtstagsparty. Dann sollten sie in Gedanken ihre nächste Party planen, also ein zukünftiges Ereignis. Während des Versuchs wurde die Gehirnaktivität der Versuchspersonen mithilfe von Gehirn-Scans (funktioneller Magnet-Resonanz-Tomografie, fMRT) aufgezeichnet. Das Ergebnis: Ganz gleich, ob die Probanden sich erinnerten oder in die Zukunft planten, im Gehirn waren beide Male bestimmte Regionen aktiv – jene Nervennetzwerke, die für unsere Erinnerung an persönliche Erlebnisse zuständig sind und das sogenannte episodische Gedächtnis bilden. Die Bilder vom denkenden Gehirn zeigten sehr deutlich: Wenn wir an die Zukunft denken, dann sehen wir ein Bild, das sich vor allem aus unseren Erinnerungen speist. Bei den Gedanken an die Zukunft waren lediglich einige zusätzliche Gehirnareale aktiv, die vermutlich für den „Time-Shift", das heißt die Zeitverschiebung, der Vorstellung zuständig sind. Schließlich wissen wir persönlich immer ganz genau, ob wir uns gerade mit einer Erinnerung oder einer Zukunftsvision beschäftigen.

Die Studien der Psychologen aus dem Cognition Lab in Washington bestätigten letztlich eine Annahme sehr differenziert und handfest, die Forscher schon in verschiedenen Studien über das menschliche Zukunftsdenken formuliert hatten. Demnach sind unsere Bilder von der Zukunft vergleichbar mit Ausmalvorlagen: Wir kennen einige Eckdaten und vervollständigen den Rest der Vorlage mit Bildern und Emotionen aus unserem Fundus an Erinnerungen und Erfahrungen.

Unser Gehirn füllt quasi die Lücken zwischen den Fakten mit unserer Erinnerung – und erschafft so ein stimmiges und plausibles Bild von einem zukünftigen Ereignis. Bei der Vorstellung an eine zukünftige Party bedient es sich im Bilderfundus der letzten Partys. Beim Gedanken an den Urlaub füllt das Gehirn die Lücken mit Urlaubserinnerungen. Beim Gedanken an unser Alter oder die alternde Gesellschaft bedienen wir uns dementsprechend bei unseren Erinnerungen an alte Menschen, die wir persönlich erlebt haben, oder auch bei Informationen und Bildern aus den Medien. Schließlich speichern wir auch diese Informationen in unserem Gehirn ab und sprechen ihnen einen Wahrheitsgehalt zu.

Man kann sich leicht vorstellen, dass die Wahrscheinlichkeit, mit der unsere Vorstellung von der Zukunft der tatsächlichen Zukunft entspricht, stark davon abhängt, wie viel Erfahrung und Wissen wir um die Situation haben, die wir uns vorstellen. Wenn sich eine Landratte vorstellt, wie es wohl sein wird, drei Monate auf einem Schiff zu leben, wird das Zukunftsbild bestimmt rund, bunt und vollständig sein – aber vermutlich völlig an der Realität vorbeigehen. Anders bei einem Seemann, der zum zigsten Mal zur See fährt.

Sozialer Kollaps oder alles beim Alten?

Wenn Sie sich vor diesem Hintergrund noch einmal die Zukunftsszenarien von vorhin ansehen, werden ihre Schwächen schnell deutlich. Nehmen Sie zum Beispiel das Szenario des modernen Globetrotters von Dr. Frank Ruff: Hier ähnelt der ältere Mensch im Auslandsjob beispielsweise verblüffend einem jungen Manager von heute auf Geschäftsreise. Ganz offensichtlich ist Ruff davon überzeugt, dass auch 60- und 70-Jährige fit sein können. Heute schon – und morgen sowieso. Das mobile Telefon von heute entwickelt sich in seinem Zukunftsblick einfach weiter zum superpotenten Minicomputer, der in jede Jackentasche passt. Ansonsten bleibt einfach alles beim Alten: Businessmenschen treffen sich genau wie heute hektisch am Flughafen zum Termin – und versuchen die Verspätungen von Flug- und Bahngesellschaften so gut und effizient wie möglich zu nutzen.

Im Szenario „Aufstand der Alten" ähneln die armen Alten von morgen dagegen verblüffend den Obdachlosen von heute. Vermutlich deshalb, weil das derzeit die ärmste Gruppe der Gesellschaft ist. Und wenn wir ein Zukunftsbild malen wollen, in denen ältere Menschen als die Ärmsten der Armen erscheinen, dann zeichnen wir sie einfach wie Obdachlose. Die Menschen in diesem Szenario verhalten sich passiv, angepasst und irgendwie erschöpft – so wie wir es vielleicht von der eigenen Oma im Pflegeheim kennen. In

diesem Szenario werden außerdem nicht die technischen Möglichkeiten, sondern die Ellbogengesellschaft und die Schere zwischen Arm und Reich, zwischen leistungsfähig und hilfsbedürftig
in krasser Weise gedanklich ausgebaut. Eine Diskussion, die heute
schon im Rahmen der Hartz-IV-Diskussion, Arbeitslosen- und
Armutsdebatte bekannt ist – und in dieser Zukunftsvision einfach
zugespitzt und auf die älteren Menschen ausgeweitet wird.
   Letztlich fällt an beiden Szenarien vor allem auf, dass sie einen
sehr begrenzten Blickwinkel einnehmen: Entweder werden die
älteren Menschen so dargestellt, als würden sie in gewisser Weise
gar nicht altern und bis zum Schluss das beruflich geprägte Leistungsideal der Gesellschaft erfüllen. Oder die Menschen ab 65
werden als alt und abhängig gezeigt, ihr Leben in den düstersten
Farben skizziert und die gesamte Gruppe der Älteren als große
Belastung für die Jüngeren präsentiert.

„Die Alten" gibt es längst nicht mehr

Beide Sichtweisen auf das Alter decken aber schon heute in keiner
Weise die Vielfalt ab, mit denen Menschen ihr Leben jenseits der
65 leben. In unserer individualisierten Gesellschaft gibt es schon
lange keine Gruppe mehr, auf die der Begriff „die Alten" zutrifft. Viel
zu unterschiedlich sind die Lebensläufe der Menschen – und was
die Menschen daraus machen. Das zeigt die Studie „50+" aus dem
Jahr 2008 besonders deutlich[5]. Für die Untersuchung wurden 7000
Teilnehmer, im Alter zwischen 50 und 70, die zwischen 1938 und
1958 geboren wurden, unter der Leitung von Prof. Dieter Otten,
Professor für Soziologie an der Universität Osnabrück, befragt.
   Dabei stellte Otten fest, dass man heute jenseits der 50 fast alle
Lebensstile und Lebenswege finden kann, die auch jüngere Men-
schen leben: Die Generation 50plus gründet Firmen und Familien.
Menschen jenseits der 50 leben ohne Trauschein mit einem Part-
ner oder auch in einer Wohngemeinschaft. Sie wechseln den Beruf
oder beginnen sogar ein Studium. Sie sind mobil, kompetent am
Computer und ändern den Wohnort oder sogar das Land, in dem
sie leben. Sie erlernen Trendsportarten und buchen Tauch- und
Wellnessurlaube. Ein Großteil der Menschen ab 50 stellt sich seine Zukunft vor allem aktiv und gesellschaftlich engagiert vor. Ein
Großteil würde gerne auch nach der Rentengrenze weiter berufs-

tätig sein oder einer berufsähnlichen Aufgabe nachgehen. Im Unterschied zum Leben vor der Rente will man allerdings gerne seine Zeit selbst einteilen und sich so von Zwängen befreien, ohne sein vorheriges Leben völlig aufzugeben.

Otten schließt aus seiner Analyse: „Es gibt keine altersbedingten Faktoren, die so etwas wie eine Homogenisierung der Lebensbedingungen vollbringen könnten, heute nicht und in Zukunft noch weniger." Vielmehr werden die Menschen in den meisten Fällen in ähnlicher Weise alt, wie sie gelebt haben: Wer in jüngeren Jahren politisch engagiert und sozial interessiert ist, bleibt das – und damit auch offen für aktuelle Entwicklungen in der Politik. Wer sich für seine Berufstätigkeit begeistert hat, möchte auch nach dem 60. Geburtstag nur selten den ganzen Tag die Füße hochlegen. Wer sich mit 40 um seine Fitness gekümmert hat, ist auch mit 60 aktiv an seiner Gesundheit interessiert und kümmert sich darum. Wer bereits in der individualisierten Gesellschaft groß geworden ist, hat überhaupt keine Lust, im Alter in ein Altenheim abgeschoben zu werden. Wohnprojekte und alternative Wohnideen standen bei den Studienteilnehmern als Möglichkeit hoch im Kurs.

Das individuelle Leben der Menschen hat die Bilder vom Älterwerden, die unsere Köpfe und damit unsere Vorstellung von der Zukunft bevölkern, längst überholt. Unsere Zukunftsszenarien sind deshalb bereits jetzt hoffnungslos veraltet. Sie sind in der Regel furchtbar eindimensional, beschreiben die Menschen ab 65 als homogene Gruppe mit vorhersagbaren, berechenbaren Bedürfnissen. Sie zitieren häufig Altersbilder, die aus dem vorletzten Jahrhundert stammen – als die Lebenserwartung noch bei 45 Jahren lag – und schon längst nicht mehr auf das Leben der heutigen Menschen ab 50 zutreffen. Und die noch weniger auf unser Leben in 20, 30 oder 40 Jahren zutreffen werden.

Vielmehr zeichnen sich beim genaueren Blick auf die Menschen, die bereits heute 60 und älter sind, viele positive Entwicklungen ab: zum Beispiel, dass sich nicht nur unsere Lebenszeit verlängert hat, sondern auch unsere Lebenskraft heute häufig bis ins hohe Alter hinein enorm ist. Dass es viele Möglichkeiten und auch schon eine Reihe Ideen gibt, wie Menschen das lange Leben für sich im positiven Sinne nutzen – und zum Teil auch zum Gewinn für die Gesellschaft machen: durch ehrenamtliches Engagement, durch Unterstützung der Jüngeren und ganz schlicht auch durch Konsum.

Falsche Szenarien schüren die Angst

Tragisch nur, dass diese negativen Bilder sich trotzdem so sehr verbreiten, dass bereits ein großer Teil der Bevölkerung darauf reagiert. Vor allem mit Angst vor dem persönlichen Alter und der alternden Bevölkerung. 70 Prozent der Jugendlichen halten das Altern der Gesellschaft für ein großes oder sogar sehr großes Problem, zeigt die Shell-Jugendstudie (2006), die eine repräsentative Gruppe von Zwölf- bis 25-Jährigen befragte[6]. Der 16-jährige Llewellyn Reichman aus Berlin, Schüler einer Waldorfschule, gibt den Ängsten eine Stimme, wenn er in Gedanken an sein zukünftiges Leben im Jahr 2030 sagt: „Wir Jungen werden dann alle Alten ernähren müssen. Immer mehr Menschen werden in den Städten leben, und dass es mit dem ewigen Wachstum vorbei sein wird, merkt man jetzt schon an der Finanzkrise. Meine Generation wird es schwerer haben, reich zu werden. Irgendwie wird alles weniger: das Geld, die Ressourcen, die Jungen. Nur die Älteren werden immer mehr."[7]

54 Prozent der Deutschen haben Angst davor, im Alter zum Pflegefall zu werden, zeigt die Umfrage „Die Ängste der Deutschen", die die R+V Versicherung unter 2400 Deutschen ab 14 Jahren seit 1991 jährlich durchführt.[8] Damit ist diese Angst derzeit die fünftgrößte – nach den Sorgen um die wirtschaftliche Lage Deutschlands, steigender Arbeitslosigkeit, steigenden Lebenshaltungskosten und Naturkatastrophen. Unter den persönlichen Ängsten nimmt die Furcht vor der Pflegebedürftigkeit sogar die Top-Position ein – und das schon seit Jahren. Noch vor der Angst, in jüngeren Jahren schwer zu erkranken (49 Prozent) oder arbeitslos zu werden (48 Prozent). Überhaupt zeigen diese Top Ten auffällig viele Ängste rund um das Alter – auch davor, dass im Alter der Lebensstandard sinkt und man vereinsamt.

Mit der realen Bedrohung haben diese Ängste nur bedingt zu tun. Die Berliner Altersstudie zeigte, dass letztlich etwa 90 Prozent der Menschen, die zwischen 70 und 100 Jahre alt sind, völlig selbstständig oder mit sehr wenig Unterstützung zu Hause leben[9]. Knapp zehn Prozent der Älteren brauchen mehr Unterstützung. Etwa die Hälfte dieser Menschen lebt trotzdem zu Hause und wird von Angehörigen und Pflegediensten unterstützt. Die andere Hälfte dieser Menschen lebt in Heimen. Meist sind dies sehr alte Menschen. Die Gefahr, arbeitslos zu werden, dürfte um einiges höher sein als die Gefahr, im Alter zum Pflegefall zu werden.

Sehr viele Menschen sind heute außerdem bis weit in das achte Lebensjahrzehnt mit ihrer Gesundheit zufrieden oder sogar sehr zufrieden, zeigt die Berliner Altersstudie. Auch sind nicht alle Älteren einsam oder bekommen angesichts des Älterwerdens eine Depression. Der Anteil der Menschen mit Depression ist bei Jungen und Alten etwa gleich. Und viele ältere Menschen pflegen regelmäßig Kontakte zu Freunden und Familie. Die Verbundenheit der Generationen untereinander ist so groß wie noch nie. Viele Eltern und Großeltern helfen der Generation 30plus, wo sie nur können, unterstützen sie mit Geld für die langen Ausbildungen oder übernehmen als Großeltern einen Teil der Kinderbetreuung[10]. Einen Generationenkrieg kann kein Soziologe beobachten. Nur die Medien verbreiten das Bild immer weiter.

Sogar das Rentenproblem ist kein unlösbares Naturgesetz. Schon wenn mehr Menschen als heute tatsächlich bis zur Rentengrenze arbeiten würden (derzeit steigen die Deutschen im Schnitt mit 62 aus dem Berufsleben aus), wenn die Quote der berufstätigen Frauen höher und die Jugendarbeitslosigkeit geringer wäre, würde eine Menge mehr Geld in die Rentenkassen strömen. Der Bedarf wäre für Menschen mit einer Ausbildung oder einem akademischen Abschluss schon jetzt da und wächst in den nächsten Jahren rasant, betont das interdisziplinäre Expertengremium „Akademiengruppe Altern in Deutschland" anhand seiner Analysen von Arbeitsmarktdaten[11].

Was tun? Einfach auf diese Zukunftsvorstellungen verzichten?

Nein. Da sind sich Psychologen und Gehirnforscher einig. Denn nur die konkrete Vorstellung von unserer Zukunft ist die Basis für unsere Handlungsfähigkeit: „Unser Verhalten setzt voraus, dass wir so tun, als hätten wir konkrete Vorstellungen von der Zukunft", erklärt Markus Kiefer, Psychologe und Hirnforscher an der Universität Ulm. Denn nur diese konkreten Vorstellungen von unserer Zukunft geben uns ein Gefühl von Berechenbarkeit und damit von Kontrollierbarkeit und Sicherheit in Bezug auf unsere Zukunft. Und dieses Gefühl von Kontrollierbarkeit ist für den Menschen extrem wichtig. Dabei ist es für unsere Handlungsmotivation nicht einmal entscheidend, ob wir uns die Zukunft eher rosig oder eher grau ausmalen. Natürlich empfinden wir es als angenehmer, wenn wir uns auf ein schönes zukünftiges Erlebnis freuen. Aber auch die Gewissheit, dass wir ein absehbares Problem kontrollieren können, gibt uns ein Gefühl von Wohlbefinden.

Die Lebenslaufforscherin Ursula Staudinger von der Jacobs University in Bremen folgert deshalb: „Es ist wichtig, die immer noch in unseren Köpfen und in der Öffentlichkeit lebendigen Bilder von herkömmlichen Lebenswegen und von einem einseitig negativ geprägten Alter zu revidieren." Denn diese Bilder haben großen Einfluss auf unser alltägliches Leben. „Sie prägen das, was sich Menschen zutrauen, und haben starken Einfluss auf die tatsächliche Leistungsfähigkeit, ja sogar auf die Lebensdauer selbst."[12] Wir brauchen also nicht weniger, sondern mehr, dafür aber bessere Vorstellungen vom Leben und einer Gesellschaft der Langlebigen.

Das bedeutet, wir brauchen handfeste Informationen darüber, was das Leben heute eigentlich kennzeichnet und beeinflusst. Wie sich unser Leben, unsere Lebensweise und unsere Bedürfnisse mit den Lebensjahren verändern – und was vielleicht auch gleich bleibt. Wir brauchen Informationen darüber, wie und in welchen Grenzen wir selbst dafür sorgen können, wie zufrieden und gesund wir alt werden können.

Spannend wären auch Pilotprojekte, die uns eine Vorstellung davon gäben, wie es mit der Gesundheit, dem Wohnen, dem Sozialleben im Alter aussehen kann, wenn es gut läuft. Die uns also plastisch und praktisch zeigen, welche Maßnahmen von Politik und Gesundheitssystem wirklich sinnvoll wären. Anhand dieser Eckpunkte könnten wir uns besser vorstellen, welche Art der Altersvorsorge zu uns passt, inwieweit wir in unsere Lebensplanung auch das Alter aktiv einbeziehen und in welchen Bereichen wir das Alter einfach auf uns zukommen lassen.

Geschichten aus dem wirklichen Leben von Menschen mit Lebensläufen, die zu diesem langen Leben passen, könnten uns helfen, uns ein realistischeres Bild von unserer persönlichen Zukunft zu machen. Umso vielfältiger diese Entwürfe für ein langes Leben wären, umso besser – denn nur dann entsprechen sie zumindest ansatzweise der Vielfalt der Menschen.

In den nächsten Kapiteln können Sie Ihre Sicht auf das Älterwerden erweitern. In den Themenkapiteln zu Beginn des Buches haben wir uns auf die wichtigen Aspekte Gesundheit, Beruf, Geld, Freundschaft und persönliche Entwicklung konzentriert. In den anschließenden Kapiteln erfahren Sie, was unser Leben und unser Lebensgefühl mit 40, 50, 60, 70 und 80 besonders beeinflusst und auf welche Aspekte wir besonders achten sollten, wenn unser Ziel ist, möglichst gesund und zufrieden alt zu werden. In kurzen Protokollen erzählen Menschen, wie sie ihr ganz persönliches Leben und Älterwerden gestalten.

Am Ende des Buches werden Sie wissen, warum es sich lohnt, schon mit 40 an sein Leben als 80-Jährige oder 80-Jähriger zu denken – und warum es das Leben sogar auf der Stelle bereichern kann.

Zu alt? Gibt es nicht mehr

Noch vor 100 Jahren war die Forschung über das Älterwerden der Menschen ein Fach für Exoten. Was gab es da schon zu erforschen? Man wurde geboren, wuchs mit etwas Glück zum Erwachsenen heran, ging eine Partnerschaft ein, bekam Kinder, tat seine Arbeit – und starb meist zwischen 45 und 60. Es gab nicht besonders viele Menschen, die sehr alt wurden. Und wenn, wurde das eher einer besonders robusten Gesundheit oder dem guten Willen Gottes zugeschrieben.

Natürlich haben sich die Menschen schon immer Gedanken über das Älterwerden gemacht – und sogar in der Antike wurde scharf darüber diskutiert, ob das Altwerden nun eher von Vorteil sei, weil es Weisheit und Lebenserfahrung mit sich bringen kann, oder doch eher von Nachteil, weil auch Krankheit und Beschwerden mit den Jahren zunehmen können. Der römische Schriftsteller und Philosoph Cicero (106–43 v. Chr.) ließ sich von der Debatte sogar zu einer Schrift hinreißen, in der er die Meinung vertrat, dass ja wohl meist diejenigen das Alter als beschwerlich empfinden, die auch schon in jüngeren Jahren eher unglücklich gewesen seien[13].

Doch erst 1933 machte die Psychologin Charlotte Bühler, Privatdozentin an der Universität Wien und erster weiblicher Professor in Europa, den Versuch, den menschlichen Lebenslauf als Ganzes zu beschreiben und empirisch zu untersuchen. Dazu sammelte sie über 250 Lebensgeschichten in Form von Biografien oder Autobiografien. Viele darunter waren Persönlichkeiten des öffentlichen Lebens, aber 50 Lebensgeschichten stammten auch von einfachen Menschen aus einem Wiener Altenheim. Aus den Lebensgeschichten der Menschen, die zwischen 1600 und 1900 gelebt hatten, entwickelte Bühler die Idee von „fünf Erlebnisphasen": Kindheit, Jugend, ein jüngeres und ein späteres Erwachsenenalter und das Lebensende. Im späteren Erwachsenenalter, zwischen 45 und 60, schien das Leben der untersuchten Menschen „fertig". Das Lebensergebnis trat im Positiven wie im Negativen zutage. Eine Korrektur war in der Regel nicht mehr möglich. Ab 60 stand das Leben der Menschen unter dem Thema der „Vorbereitung auf das Ende". Schon ab 45 waren die ersten Anzeichen des Abbaus sehr deutlich und nur selten trat in diesem Lebensalter noch etwas Neues im Leben der Menschen auf.

Erik H. Erikson, Psychoanalytiker und Professor für Entwicklungspsychologie an der Universität Harvard, entwickelte diese Idee der Lebenslauforschung in den 1950er- und 1960er-Jahren anhand von eigenen Langzeitstudien und durch die Auswertung vieler Daten aus verschiedenen Kulturen weiter. Sein Stufenmodell der psychosozialen Entwicklung untergliedert den Lebenslauf des Menschen von seiner Geburt an bis zum Tod in acht Phasen. Es ist das erste Modell, das das gesamte Leben eines Menschen, inklusive der späten Lebensjahre, als Möglichkeit zur persönlichen Entwicklung darstellt. In seinem Modell ist das Alter nicht mehr ausschließlich durch Abbau und Verluste gekennzeichnet, sondern eben auch durch Möglichkeiten des Gewinns auf persönlicher und gesellschaftlicher Ebene: Erfahrung, Weisheit und das Interesse am Wohl der Mitmenschen sind für ihn wichtige Persönlichkeitseigenschaften, die eher ältere Menschen auszeichnen.

In den letzten Jahrzehnten wurde das Älterwerden von der Wissenschaft immer genauer unter die Lupe genommen. Vor allem, weil es immer mehr ältere Menschen gibt. Zu den Entwicklungspsychologen gesellten sich Demografen, Gesundheitswissenschaftler, Mediziner, Soziologen und auch Volkswirte. Die Gerontologie, die Wissenschaft vom Altern, entstand als eigener Forschungszweig. Und die Tatsache, dass die Menschen immer länger leben, und die Frage, wie sich diese Veränderung auf unser tägliches Leben auswirkt, ist zu einem der zentralen Gesellschaftsthemen geworden.

Inzwischen sind fast alle Forschungsdisziplinen in das Großforschungsprojekt „Älterwerden" eingebunden. Die Psychologie schaut sich an, wie sich Menschen über das gesamte Leben hinweg entwickeln. Die Biologie untersucht die Prozesse des Älterwerdens auf der Ebene von Zellen, Geweben und Organen. Die Medizin beobachtet, wie Älterwerden und Erkrankungen zusammenhängen. Die Pflegewissenschaft untersucht, wie ältere

Menschen optimal versorgt und unterstützt werden können. Die Soziologie schaut sich an, welchen Einfluss die Gesellschaft darauf hat, wie Menschen alt werden. Die Arbeitswissenschaft untersucht die Leistungsfähigkeit der Menschen jenseits der 60. Die Volkswirte rechnen Rentenkosten aus.

Dabei häufen sich in den letzten Jahren immer mehr Daten, die vieles, was man bisher über das Älterwerden zu wissen glaubte, infrage stellen. Zum Beispiel die Annahme, dass die menschliche Persönlichkeitsentwicklung ab irgendeinem Alter abgeschlossen sei. Oder dass das Leben sich in einer Art Kurve entwickelt: Ab der Babyzeit geht es kontinuierlich bergauf mit der körperlichen und geistigen Kraft, zwischen 30 und 40 Jahren erreicht diese Kurve einen Höhepunkt – danach beginnt der Abstieg. Widerlegt ist inzwischen auch die Auffassung, Erkrankungen wie Arthritis, Demenz, Herz-Kreislauf-Probleme entstünden unweigerlich mit zunehmendem Alter. Nicht richtig ist ebenfalls, dass alte Menschen nichts Neues mehr lernen können, sich mehr oder weniger in ihre kleine, private Welt zurückziehen möchten und sich vor allem mit Gedanken an die Vergangenheit oder den nahenden Tod beschäftigen.

Einige der spannendsten neuen Erkenntnisse über das Älterwerden und das Alter in Industriegesellschaften seien hier in aller Kürze dargestellt:

Hätten Sie es gewusst, ...

... dass wir jedes Jahr gleich viel altern? Unsere biologische Reserve schrumpft ab 30 jedes Jahr um 1,5 Prozent.
... dass unsere durchschnittliche Lebenserwartung in den letzten 150 Jahren um 45 Jahre zugenommen hat? (Die sinkende Kindersterblichkeit macht dabei statistisch etwa 15 Jahre aus. Die restlichen 30 haben sich an die zweite Lebenshälfte angehängt: aufgrund von gesünderer Ernährung, gesundheitsbewussterem Leben, besserer medizinischer Versorgung und Früherkennung von Erkrankungen.)
... dass ein Kind, das heute geboren wird und dessen Mutter bereits 40 Jahre alt ist, vermutlich sehr viel mehr Jahre zeitgleich mit der Mutter leben wird als die allermeisten Kinder vor 100 Jahren?

... dass sich die meisten Menschen heute mit 65 Jahren fünf bis 15 Jahre jünger fühlen – und im Vergleich zur vorherigen Generation biologisch und gesundheitlich auch rund fünf Jahre jünger sind?

... dass die Zeit, in der Menschen aufgrund des Alters sehr schwach und kränklich werden, also die Zeit kurz vor dem Tod, ständig schrumpft? (Von den letzten neun Jahren im Leben der Menschen waren im Jahr 1987 im Schnitt gut vier Jahre von Krankheit geprägt. Im Jahr 2005 waren es nur noch gut drei.)

... dass die Scheidungsrate der langjährigen Paare über 60 seit Jahren steigt? Vor allem Frauen wollen angesichts der gestiegenen Lebenszeit nicht ihr ganzes Alter mit einem ungeliebten Mann verbringen.

... dass unsere Fähigkeit, Gefühle zu empfinden, gar nicht altert?

... dass die Leistungskraft von Menschen im Beruf bei guten Arbeitsbedingungen nicht vor dem 60. Lebensjahr nachlässt? Zwar sinkt ab etwa 30 die Reaktionsschnelligkeit, dafür steigt mit den Jahren im Job die Erfahrung und die Fehlerquote sinkt – das gleicht die Leistung wieder aus.

... dass ein Drittel der Menschen ab 50 nach der Berentung gerne weiter in ihrem Beruf arbeiten würden? Fast 60 Prozent möchten zwar nicht in ihrem Beruf arbeiten, aber gerne etwas mit berufsähnlichem Charakter in einem anderen Tätigkeitsfeld machen. Nur etwa zehn Prozent möchten von Job und Verpflichtung nichts mehr wissen.

... dass Menschen, die in Frührente gehen, im Schnitt acht Jahre weniger leben als Menschen, die bis zur Rentengrenze arbeiten?

... dass die Lernfähigkeit mit den Lebensjahren nur wenig oder sehr lange Zeit gar nicht abnimmt, wenn man in seinem Leben die Kunst des Lernens kontinuierlich pflegt?

... dass Menschen, die eine positive Einstellung zum Älterwerden haben, im Schnitt sieben Jahre länger leben, als Menschen, die mit dem Älterwerden vor allem die Vorstellung von Verlusten, Krankheiten und Abbauprozessen verbinden?

... dass die subjektiv empfundene Gesundheit besser vorhersagt, wie lange jemand lebt, als die objektiven Krankheitsdaten?

... dass Dauerstress und Einsamkeit wie Turbo-Beschleuniger auf das Altwerden und den körperlichen und geistigen Abbau wirken?

... dass auch in Deutschland immer noch die Menschen mit wenig Einkommen und wenig Bildung am frühesten sterben? Menschen mit gutem Einkommen leben im Schnitt fünf Jahre länger als arme Menschen.

... dass ältere Menschen genauso oft Momente des Glücks und der Zufriedenheit erleben wie junge Menschen?

... dass Erkrankungen, die lange Zeit als typisch für das Alter galten, heute bei vielen Menschen als vermeidbar gelten, wenn die Vorsorge früh genug beginnt, etwa Diabetes mellitus Typ II (auch Altersdiabetes genannt), Herz-Kreislauf-Erkrankungen, einige Formen der Demenz?

... dass bei allen Menschen das Jahr vor dem Tod das – aus medizinischer Sicht – teuerste Jahr ist? Das gilt für Menschen mit einer Krebserkrankung ebenso wie für sehr alte Menschen.

... dass die Kosten für die Behandlung Schwerkranker im mittleren Erwachsenenalter die Kosten der Behandlung von Hochbetagten weit übersteigt?

... dass die niedrigere Lebenserwartung von Männern keine genetische oder natürliche Ursache hat, sondern vor allem mit dem unterschiedlichen Lebensstil von Männern und Frauen zusammenhängt? Männer leben tendenziell weniger gesundheitsförderlich, rauchen mehr, trinken mehr Alkohol, achten weniger auf Körpersignale und medizinische Vorsorge.

... dass die Menschen, die zurzeit in Deutschland zwischen 50 und 70 Jahre alt sind, politisch eher links stehen?

... dass Ökonomen ausgerechnet haben, dass die deutsche Wirtschaft auch im demografischen Wandel den Anschluss an Leistungsstärke und Produktivität halten kann, wenn die Erwerbsquote der 55- bis 64-Jährigen in den nächsten Jah-

ren auf mindestens 65 Prozent ansteigt (derzeit 54 Prozent, Tendenz steigend)? Zum Vergleich: In Schweden und der Schweiz sind etwa 70 Prozent der Menschen in dieser Altersgruppe noch berufstätig.
... dass, wenn man das ehrenamtliche Engagement älterer Menschen mit knapp zwölf Euro pro Stunde vergüten würde, die Gruppe der 60- bis 85-Jährigen über 40 Milliarden Euro im Jahr erarbeitet?[14]

Vieles, was wir über das Alter und das Älterwerden zu wissen glaubten, stimmt also nicht mehr. Und viele Annahmen über die Menschen jenseits der 60, die in den Zukunftsszenarien als Fakten angenommen werden, sind längst veraltet.

An manchen Stellen kann man schon beobachten, wie sich das neue Wissen in veränderten Vorstellungen niederschlägt. Allerdings erst langsam und zaghaft und vielfach eher subtil: Zum Beispiel rutscht die Grenze, ab welchem Alter jemand als „alt" gilt, weil er sich nicht mehr „jung" verhält, in der Wahrnehmung der Menschen immer weiter nach oben. „Gegenwärtige Surveys (Befragungen) zeigen, dass auf die Frage, wann das Alter beginnt, sowohl die Jüngeren als auch die Älteren selbst meist 70 bis 75 nennen, also eine Schwelle, die weit höher liegt als die lange Zeit bei 60 angenommene Altersschwelle", erklärt Josef Ehmer, Professor für Wirtschafts- und Sozialgeschichte an der Universität Wien und Experte für den Wandel der Vorstellungen vom Alter in der Gesellschaft.

Nach und nach wird diese Entwicklung unser Altersbild noch ein Stück mehr auf den Kopf stellen: „Im Jahr 2050 werden die 60-Jährigen zu den Jüngeren gehören – statistisch, in der öffentlichen Wahrnehmung und vor allen Dingen im Selbstbild. ‚60 Jahre und kein bisschen weise' – wahrscheinlich wird man die Pointe dieses Liedes von 1975 dann überhaupt nicht mehr verstehen", vermutet Professor Stephan Lessenich, Soziologe an der Universität Jena, der sich zurzeit im Schwerpunkt mit dem Forschungsgebiet „Kulturelle Kontexte des Alterns" beschäftigt[15].

Das chronologische Alter ist nicht mehr zeitgemäß

Und die Entwicklung ist noch nicht am Ende angelangt. Die Wissenschaftler sind sich einig darüber, dass die Stellschrauben für Gesundheit und Lebensqualität noch einigen Spielraum haben. Und insofern könnte es sein, dass der Spruch „Dafür bin ich zu alt" in einigen Jahren kaum noch jemand kennt. Denn die modernen Menschen sind für ziemlich wenig zu alt.

Ursula Staudinger, Expertin für Lebenslanges Lernen an der Jacobs University Bremen und Sprecherin des Expertenzirkels „Altern in Deutschland", geht im Gespräch mit der Zeitschrift „Neon" sogar so weit zu sagen: Wenn man sich partout zu alt für etwas Neues fühlt, sollte man sich immer erst einmal fragen, „... ob Sie sich wirklich zu alt fühlen oder ob Sie es einfach zu anstrengend finden oder Angst haben vor einem grundlegenden Wechsel." Die Kategorie „zu alt" erklärt ihrer Ansicht nach nichts und ist fast immer eine Ausrede. Staudinger fordert beherzt dazu auf: „Das chronologische Alter! Vergessen Sie die Zahl." Und sie ist sich sicher, dass genau das immer mehr Menschen tun werden – auch wenn sie dafür einige gesellschaftliche Widerstände überwinden müssen: „Dadurch dass mehr Menschen älter werden, und das bei besserer Gesundheit, wird sich das, was ‚man' in einem bestimmten Alter tut oder nicht tut, sehr verändern."

Sie und ihre Kollegen sehen keinen Sinn mehr darin, das Alter als Indikator für die Leistungskraft, den Lebensstil oder die Wünsche eines Menschen zu verwenden. Denn nach dem Jugendalter verliert diese Zahl für den heutigen Menschen immer mehr an Aussagekraft. In Studien zeigt sich beispielsweise, dass so mancher 60-Jährige andere 40-Jährige in der intellektuellen Leistungskraft schlägt und sogar der ein oder andere 40-Jährige kaum mit den 80-Jährigen mithalten kann.

Die Unterschiede erklären sich die Wissenschaftler damit, dass es eben nicht ein biologisches Programm ist, das uns entlang unseres chronologischen Alters altern lässt. Im Gegenteil: Umso älter wir werden, umso weniger festgelegt ist unsere Entwicklung durch einen festen Plan der Biologie und umso stärker beeinflussen wir selbst, unser Lebensstil und unser soziales und gesellschaftliches Umfeld, wie gesund, handlungsfähig und zufrieden wir durch die Welt gehen.

Und es ist dementsprechend nur logisch, dass wir uns auch selbst immer weniger über unser kalendarisches Alter definieren, sondern eher über unsere Entwicklungsschritte, die wir gemeistert haben und über unser momentanes Lebensgefühl. So fühlt sich Studentin Maria W., 23, oft eher wie 30 oder sogar älter: „Im Vergleich zu meinen Kommilitonen bin ich eher ernsthaft und Äußerlichkeiten interessieren mich weniger als viele in meinem Alter." Birte L., Quality-Assistentin und 50 Jahre alt, fühlt sich auch wie 50, weil sie einfach „Erfahrungen gemacht hat, wie sie die meisten 30- oder 40-Jährigen noch nicht erlebt haben." Auch Steuerfachmann Hermann S. fühlt sich so alt wie er ist: 51. Weil er „viel Lebenserfahrung und einen großen Erinnerungsschatz" hat. Dagegen fühlt sich Beraterin Annette T., 43, wie 25, seitdem die Babyzeit vorbei ist: „Ich gehe wieder zu Popkonzerten, habe mit Hip-Hop-Tanzen angefangen, jogge, gehe Wellenreiten." Katharina Matz, Jahrgang 1930, Schauspielerin, stellt für sich fest: „Innerlich ist man irgendwo stehen geblieben bei 40 oder 50."

Menschen zwischen 30 und 80 fühlen sich nicht vor allem „jung" oder „alt". Das Gefühl für das persönliche Alter kann wechseln. Je nach Lebenssituation und relativ unabhängig vom kalendarischen Alter. Doch alle verbindet die Gemeinsamkeit, dass sie sich als Erwachsene fühlen. Und damit als Menschen, die, so gut es geht, für sich selbst sorgen, ein selbstbestimmtes Leben führen möchten.

Dass man in der öffentlichen Diskussion trotzdem immer noch durch ein bestimmtes Lebensalter in eine bestimmte Kategorie gesteckt wird, indem beispielsweise alle ab 65 als „nicht mehr im erwerbsfähigen Alter" und „alt" eingestuft werden, mutet angesichts dieser Entwicklungen fast hinterwäldlerisch an.

Die Altersforscherin Ursula Lehr spitzt Staudingers Aussage deshalb sogar noch weiter zu und fordert: „Man müsste den Altersbegriff abschaffen (...) Es gibt fitte 100-Jährige genauso wie hinfällige 50-Jährige." Andere Faktoren, wie Bildungshintergrund, berufliche Laufbahn, sozialer und gesundheitlicher Status, sind viel aussagekräftiger geworden als das kalendarische Alter.

Länger leben – aber wie?

Wie könnten diese Leben aussehen, in denen das chronologische Alter keine Rolle mehr spielt? Ist das überhaupt realistisch? Will man nicht auch irgendwann alt sein, den Ruhestand genießen?

Die Daten zeigen: In den letzten Jahren hat sich unser Leben grundlegend verändert. Vor allem die Lebensphase, in der wir einfach erwachsen sind, also selbst für uns sorgen, unser Leben selbst bestimmen und gestalten, hat sich extrem verlängert. Für viele dauert sie 60 Jahre! Und wer genau hinsieht, kann bereits erkennen, dass sich immer mehr Menschen kreativ mit dieser gewonnenen Lebenszeit auseinandersetzen. Sie sprengen die alten Raster vom normalen Lebenslauf, schöpfen die Möglichkeiten der längeren Lebenserwartung auf eine ganz neue Art aus. Und genau diese Menschen können uns eine Vorstellung davon liefern, was heute möglich ist – und damit auch eine Auswahl an Bildern, mit denen wir unsere Zukunft in der Gesellschaft der Langlebigen ausmalen könnten.

Zum Beispiel der Orthopäde: Klaus K. ist Orthopäde. Immer noch. Dabei ist er 67 Jahre alt und könnte eigentlich die Rente genießen. Will er aber nicht. Oder zumindest nicht ausschließlich. „Ich bin nicht krank und nicht abgearbeitet", sagt er und arbeitet auf einer 80-Prozent-Stelle weiter: „Meine Arbeit war immer auch so etwas wie Hobby. Warum sollte ich aufhören? Ich operiere aufgrund meiner Erfahrung schneller als die Jungen." In den fast drei Monaten, die er pro Jahr frei hat, reist er viel und besucht die Enkel. Mindestens noch zwei Jahre will er so weitermachen. Dann will er schauen, wie er sich fühlt und wie zufrieden er ist.

Zum Beispiel die Landfrau: Erika D. ist 81 Jahre und versorgt nach wie vor den Fünf-Personen-Haushalt ihrer Familie in Mecklenburg. Inzwischen setzen sich die fünf Köpfe aus drei Generationen zusammen: Sie und ihr Mann, der Sohn mit seiner Frau und einem Kind. Dass Erika D. so fit ist, macht den jungen Leuten möglich, dass beide berufstätig sind. „Natürlich geht manches etwas langsamer. Und manchmal setze ich mich zum Ausruhen hin", sagt Erika D. Aber dass sie ihre Aufgaben hat, genießt sie jeden Tag. Und ansonsten freut sie sich, wenn ein Geburtstag naht, für den sie eine unterhaltsame Rede verfassen kann. „Ich habe schon immer gerne geschrieben", erklärt Erika D. Ihr Mann, Gerhard D., früher kaufmännischer Angestellter, hat ebenfalls keine Lust, seinen Rentnertag mit Nichtstun zu verbringen. Mit 74 Jahren hat er sich das erste Mal einen Computer angeschafft – weil er eine Digitalkamera geschenkt bekommen hatte. Heute, mit 81, versorgt er seine Familie und sein Dorf gerne mit Foto- und Glückwunschkarten aller Art. Hat er technische Probleme, ruft er den Enkel an. Ansonsten kommt er gut selber klar. Und beide 81-Jährigen sind davon überzeugt: „Man muss einfach in Bewegung bleiben."

Zum Beispiel die Studentin: Monika B., 62, hat das getan, was Arbeitswissenschaftler eine „zweite Karriere" nennen. Die medizinisch-technische Assistentin arbeitete lange in ihrem Beruf, wegen der Kinder meist in Teilzeit. Dann bewarb sie sich mit 52 Jahren bei einem Mobilfunkunternehmen – und wurde genommen. Mit 57 musste das Unternehmen Mitarbeiter entlassen. Darunter auch Monika B. Nach einigem Suchen musste sie feststellen, dass der Arbeitsmarkt keinen Platz mehr hatte für sie. Sie schloss mit dem Vollzeit-Berufsleben ab und wendete sich ihrer nächsten Leidenschaft zu: dem Studium der Philosophie.

Zum Beispiel das Paar, das sein Haus verkaufte: Charlie und Ina L. sind 70 und 65 Jahre alt. Bis vor drei Monaten lebten sie in einem großen Haus in einem Hamburger Vorort. Mit großem Garten. Ihre drei Kinder sind hier aufgewachsen. Trotzdem haben sie sich von dem Haus getrennt und wohnen jetzt in drei Zimmern mitten in Hamburg. „Das hatten wir uns von Anfang an so überlegt", erklärt Charlie. Nie wollten sie in diesem Haus alt werden. Die Vorstellung, dass man dort sitzt und für jeden Kinoabend ins Auto steigen muss, war ihnen ein Graus.

Zum Beispiel die Firmengründerin: Regina W. war 72 Jahre alt, als sie in Berlin die Firma „teller, tisch & tasse" gründete, die Geschirr an Filmsets und für andere Großveranstalter verleiht. Mittlerweile beschäftigt sie zehn Angestellte, davon drei Menschen mit Behinderung. teller, tisch & tasse ist dabei nicht einmal ihre erste Firmengründung. Mit 53 machte sich die gelernte Finanzbuchhalterin das erste Mal selbstständig. Sie sagt: „Wissen Sie, Erfolg macht Spaß! Die Lethargie in unserer Gesellschaft ist mir fremd. Jeder Einzelne hat doch nicht nur Verantwortung für sich allein, sondern wir sind Teile einer Gesellschaft. Man kann sein Leben gestalten! Die Freude am Tun, der Kontakt mit Menschen – das sind meine Triebkräfte."[16]

Zum Beispiel die Frau, die mit 40 Mutter wird: Eigentlich wollten Bettina (40) und Sven (37) nie Kinder. Beide sind selbstständig und im kreativen Bereich tätig. „Erst im letzten Jahr haben wir gemerkt, dass uns eigentlich vor allem Ängste davon abgehalten haben, an Kinder zu denken." Manche von diesen Ängsten waren gar nicht mehr aktuell, wie zum Beispiel die Frage, ob zwei Freiberufler genug Geld für eine Familie verdienen können. Schließlich leben beide seit Jahren von ihren Jobs. Und dann beschloss das Paar, dass es doch gerne ein Kind hätte. Es hat geklappt. Sie sagen: „Natürlich sind wir keine jungen Eltern. Aber jetzt ist genau der richtige Zeitpunkt."

Zum Beispiel die Frau, die ein Jahr im Job aussteigt: Als international verantwortliche Personalchefin in einem amerikanischen Unternehmen war Sandra J. (45) sehr gefordert. Der Druck nahm ständig zu. Irgendwann schien ihr der Ausstieg als Notwendigkeit. „Ich weiß nicht, wohin der Zug sonst mit mir gefahren wäre." Der Druck durch das amerikanische Management war einfach zu hoch. Das Jahr hat ihr Leben verändert. Nachdem sie sich einige Zeit erholt hatte, hat sie Dinge getan, die ihr wichtig waren: im Chor singen, lesen, ehrenamtlich Menschen beraten, kleine Unternehmen coachen. „Ich bin froh, dass ich den Schritt gegangen bin und mein Berufsleben noch einmal neu sortiert habe, bevor ich völlig am Ende war. Schließlich will ich noch viele Jahre lang arbeiten."

Zum Beispiel der Fotograf, der mit 40 Arzt wird: Olaf Z., 40, ist bekannt für seine guten Fotoreportagen. In Geo und anderen Magazinen erscheinen seine Bilder. Preise hat er als Fotograf bekommen. Doch das ist vorbei. Jetzt büffelt Olaf Z. mit Kommilitonen, die nur halb so alt sind wie er, die Muskelstränge und Nerven des Körpers. Er studiert Medizin. Wieder. Schon einmal hatte er damit angefangen, dann aber das Studium für seine Leidenschaft, die Fotografie, an den Nagel gehängt. Doch jetzt möchte er in Zukunft lieber ein Stethoskop als eine Kamera um den Hals hängen haben. Und er freut sich in gewisser Weise darauf, den ganzen Sommer in seiner Wohnung zu lernen, statt um die Welt zu reisen.

Der Orthopäde, das Ehepaar, das sein Haus gegen eine Wohnung eintauschte, die Studentin, die späte Mutter, die Aussteigerin, der angehende Arzt – sie stellen nur einen kleinen Ausschnitt der vielfältigen Lebensentwürfe dar, die bisherige Ansichten über einen gangbaren Lebensweg über den Haufen werfen. Heute wirken diese Leben noch ein wenig exotisch, extravagant. So als würden diese Menschen ihrem Leben noch etwas „extra" obendrauf setzen. Oder als würde ihnen das „normale" Leben nicht genügen. Und irgendwie stimmt das ja auch. Sie spüren offensichtlich, dass mehr Leben in ihrem Leben steckt, als die üblichen Lebensentwürfe vorsahen. Und man kann wohl sagen, dass sie in gewisser Weise Zeitreisende sind: Sie sind ihrer Zeit, unserer Zeit, vorausgereist und leben einen Lebensstil, den es bisher offiziell noch gar nicht gibt, aber bereits von Lebenslaufforschern wie Ursula Staudinger oder Ursula Lehr als Möglichkeit benannt wird: das alterslose Alter.

Diese Menschen verbinden in ihrem Leben einfach viele Altersstufen

Klaus K. genießt mit 67 immer noch seinen Beruf als Arzt. Er liebt das Tempo, die Operationen. Doch parallel zu diesem Berufs-Alter-Ego hat er längst auch ein Rentner-Selbst aufgebaut: Wenn die Enkel Geburtstag haben, dann ist er dabei. Auf die Ruhezeiten seiner Urlaubstage und mehrwöchige Reisen möchte er auch nicht mehr verzichten.

Erika und Gerhard D. sind trotz ihrer über 80 Lebensjahre in gewisser Weise jung geblieben und interessieren sich für jede Neuerung in ihrem Umfeld: das neue Theaterstück, das im Kulturhaus aufgeführt wird, neue Filme, die Möglichkeiten des Computers und der Digitalfotografie. Und zugleich übernehmen sie eine sehr traditionelle Rolle älterer Menschen: Sie steuern viel dazu bei, um die Gemeinschaft, die sie umgibt, zusammenzuhalten – in der Familie, aber auch im nachbarschaftlichen Umfeld.

Monika B. führt mit 62 ihr studentisches Leben, so wie Tausende von Studenten auch: zwischen Studienarbeit, Selbstzweifeln, ob man das Projekt packt, angeregten Gesprächen mit Kommilitonen und vielen Stunden in der Bibliothek. Und zugleich verbringt sie ehrenamtlich Zeit im Altenstift, um Menschen mit Demenz zu betreuen, setzt sich selbst intensiv mit der Frage auseinander, wie sie als Single leben möchte, wenn sie sehr alt ist.

Regina W. fragt sich schlicht nicht, ob es sich wohl noch lohnt, mit über 70 ein Unternehmen zu gründen. Schließlich stellt sich ja relativ schnell heraus, ob ein Laden läuft oder nicht. Und der Laden läuft. Ihr Unternehmergeist und ihre langjährige Erfahrung im Umgang mit Kunden sind genau die richtige Mischung für den Erfolg ihrer Geschäftsidee vom Geschirrverleih. Ihr Alter macht sich höchstes im Motiv für die Unternehmensgründung bemerkbar: sie selbst hatte ihre Rente und Erspartes bzw. ihren Mann. Aber sie wollte nicht, dass die anderen auf der Straße sitzen. Und weil sie wusste, dass sie es kann, hat sie es auch getan.

Charlie und Ina L. haben mit 70 und Mitte 60 wieder Lust, ein eher jugendlich, unabhängiges Leben zu führen. Ohne die Verantwortung für Haus und Garten. Zugleich nehmen sie jedoch auch als Großeltern sehr wohl die Rolle der ruhigen, verlässlichen Älteren ein, die die Jüngeren unterstützen, indem sie Zeit mit den Enkeln verbringen.

Bettina, die sich mit 40 entschließt, doch noch ein Kind zu bekommen, hat keine Zweifel daran, dass sie nicht zu alt ist. Sie fühlt sich fit und jung genug – und genießt zugleich die Sicherheit, dass sie ihren Partner schon lange kennt und beruflich so etabliert ist, dass die Rückkehr nach der Babypause kein Problem sein wird.

Sandra J., die ein Jahr im Job ausstieg, spürte, dass Durchhalten nicht der richtige Weg sein kann, wenn man noch 30 Jahre lang arbeitsfähig sein möchte. Für sie war die Jobpause eine wichtige Zeit der Erholung, aber auch der Neujustierung im Beruf. Ihr ist klar, dass die Zeit, in der sie wieder eine Art Anfängerin im Job ist, anstrengend ist. Aber das nimmt sie in Kauf.

Olaf Z., der mit 40 die Fotografenkarriere für das Physikum sausen lässt, kam als Kreativer irgendwann an den Punkt: noch weitere 40 Jahre Fotos machen? Das geht nicht. Dafür fühlte er sich zu alt. Zugleich fühlte er sich jung und wissensdurstig. Deshalb begann er das Medizinstudium: „Ich wollte wieder lernen, etwas tun, was mich wirklich fordert." Er vertraut darauf, dass er auch mit Mitte 40 als Arzt Fuß fassen wird.

Die Beispiele der Menschen über 50 zeigen, dass es für viele längst nicht mehr so ist, dass nach dem Beruf das große Ausruhen kommt. Sie möchten lieber weiter aktiv sein, fühlen sich auch einfach noch nicht müde, gesundheitlich belastet oder bereit, um ins Private abzutauchen. Sie möchten am ganz normalen gesellschaftlichen Leben, an Bildungsangeboten, an beruflichen Perspektiven teilhaben. Das ist für sie Lebensqualität.

Die Beispiele der Menschen unter 50 zeigen erste Ideen davon, was möglich wird, wenn man die 20 gewonnenen Jahre wirklich als Zugewinn an Lebenszeit begreift – und sich von alten Bildern und Altersvorgaben als verpflichtend für bestimmte Lebensaufgaben löst: Warum sollte man nicht mit 40 noch ein Kind bekommen, wenn man biologisch eher 35 ist und die Aussichten, dass man 80 Jahre alt wird, gut sind? Warum sollte man nicht sein Berufsleben nach einiger Zeit im Job neu justieren? Schließlich arbeitet man vermutlich sowieso nicht lebenslang in einem Job oder in einer Firma. Ist es da nicht besser, sich auch freiwillig Auszeiten zu nehmen, statt nur die zwanghaft verordneten hinzunehmen, wenn ein Unternehmen Stellen abbaut und man mit der Kündigungswelle hinausgeschwemmt wird?

Alle zusammen zeigen im Kleinen, was unsere Gesellschaft bald im Großen bestimmen könnte: Die Lebensstile der jüngeren und älteren Erwachsenen werden sich immer weniger unterscheiden. Die Aufgabe, die auf uns zukommt, ist in Wirklichkeit nicht die Frage, wie wir unser „Alter" gestalten wollen, sondern vielmehr die Frage, wie wir unser langes Leben als Erwachsene gestalten wollen – und können.

Denn das ist letztlich das, was der Orthopäde, die Leute vom Lande, die späten Eltern und die Berufsaus- und umsteiger vorleben: Auch als fortgeschrittene Erwachsene leben sie ein Leben, das der individualisierten Gesellschaft entspricht. Sie nutzen ihr Potenzial, ihre Interessen und ihre Möglichkeiten und setzen sie aktiv in ihrem Leben um. Sie führen das individualisierte Leben weiter, mit dem sie groß geworden sind. Schließlich gehen wir schon lange nicht mehr vorgeschriebene Wege, sondern können unseren Lebensweg selbst bestimmen.

Gesundheit und Wohlbefinden in einem langen Leben

„Wie alt sind Sie wirklich?", fragt der Online-Test des Magazins Focus und verspricht mir, mein biologisches Alter auszurechnen. Und ich beantworte flott die 20 Fragen, die mir Herr Prof. Dr. med. Christoph M. Bamberger, Professor für Endokrinologie und Stoffwechsel des Alterns und Direktor des Medizinischen Präventions-Centrums Hamburg am Universitätsklinikum Hamburg-Eppendorf, stellt. Ich will wissen, wie alt mein Körper ist. Nach dem Kalender bin ich 41 Jahre alt. Man klickt sich durch die Fragen: „Wie viel Portionen Obst und Gemüse essen Sie durchschnittlich pro Tag?", „Wie oft bewegen Sie sich mindestens 30 Minuten lang?", „Rauchen Sie?", „Wie hoch ist Ihr Blutdruck?", „Wie hoch liegt Ihr Body-Mass-Index?", „Haben Sie Tätigkeiten, die Sie wirklich interessieren?", „Wie viele Menschen stehen Ihnen wirklich nahe?", „Wie zufrieden sind Sie mit Ihrem Sexleben?" Und am Ende erfahre ich: Mein biologisches Alter beträgt 35 Jahre. Sechs Jahre jünger als in meinem Pass. Nicht schlecht. Und stimmt schon: Ich fühle mich fit und gesund – und bin mindestens so aktiv wie mit 35.

Den meisten Menschen geht es ähnlich. Etwa ab der Mitte des Lebens sind wir im Schnitt biologisch fünf Jahre jünger als die Generationen vor uns. Die heute 60-Jährigen sind so fit und leistungsfähig wie die 55-Jährigen der letzten Generation, erklärt die Bremer Lebensspannenforscherin Ursula Staudinger.

Und diese gewisse Verjüngung bleibt bestehen. Auch die 70- und 80-Jährigen sind heute gesünder als die Generation vor ihnen. Das kann man leicht im Alltag überprüfen: Immer mehr Menschen über 70 und 80 bewegen sich ganz selbstverständlich in der Stadt, gehen auf Reisen und leben in großer Selbstständigkeit. Auch im öffentlichen Leben gab es wohl noch nie so viele ältere Herrschaften, die mit ihrer Präsenz und Vitalität auch noch die Jungen mitreißen. Man denke nur an den Rolling-Stones-Front-

mann Mick Jagger, der inzwischen 67 Jahre alt ist, an Tina Turner
(71), Udo Jürgens (76) oder auch an Politiker wie Helmut Schmidt
(92) und Nelson Mandela (92) – Datengrundlage ist 2010.
Besonders deutlich zeigt sich der Trend zur besseren Gesundheit und Leistungsfähigkeit natürlich an der Spitze der Leistungs-
beweise. Zum Beispiel beim Marathonlauf: Die Kanadierin Gwen
Mc Farlan brauchte mit 75 Jahren nur drei Stunden 57 Minuten und
30 Sekunden für die Marathonstrecke. Bestzeit in ihrer Altersklasse 70plus. Der schnellste Mann dergleichen Altersklasse, Hernan
Barreneche aus Kolumbien, lief die Strecke in nur drei Stunden,
einer Minute und 27 Sekunden. Wahnsinnszeiten. Vor allem, wenn
man bedenkt, dass die alten Läufer damit nur wenig langsamer
sind als die jungen Leistungssportler vor 100 Jahren: Im Jahr 1908
lief der 22-jährige Amerikaner John Hayes nach 2 Stunden, 55
Minuten und 18 Sekunden als Sieger ins Londoner Olympiasta-
dion. Der 22-jährige Olympiasieger damals war also nur etwa zwei
Minuten schneller als der über 70-jährige Kolumbianer heute.

Gesund mit 80 – Wunsch oder Wirklichkeit?

Für den Normalbürger muss es mit über 70 ja vielleicht nicht mehr
die Marathon-Fitness sein. Aber schön wäre es ja schon, wenn
man auch im Alter noch selbst seine Brötchen kaufen und sein
Bett machen könnte. Wenn man auch mit 80 und älter die Kraft
hätte, um in Konzerte zu gehen, mit Freunden Kaffee zu trinken
oder die eine oder andere Reise zu unternehmen. Wie kann man
das schaffen?
     Zum einen muss man sagen, dass die Chancen dafür gar nicht
schlecht stehen, wenn man schaut, wie die heutigen Älteren leben –
nämlich oft viel selbstständiger und mit besserer Gesundheit, als
man das angesichts der Mediendiskussion vielleicht denken
könnte: Nahezu 80 Prozent der über 70-Jährigen führen ihr Leben
fast vollständig ohne fremde Hilfe, zeigt die Berliner Altersstudie.
Auch viele 90-Jährige versorgen sich noch weitgehend selbst und
leben zu Hause. Letztlich sind unter den 65- bis 80-Jährigen von
heute nur ein Prozent so krank, dass sie eine intensive Pflege
benötigen. Bei den über 80-Jährigen sind es knapp sieben Prozent.
Dazwischen gibt es natürlich viele Stufen der Unterstützung durch
Familie, Freunde oder Pflegekräfte, die stundenweise helfen.

Doch die Lebenszeit, in der altersbedingte Krankheiten das Leben bestimmen, weil sie einen stark einschränken, vielleicht sogar ans Bett fesseln, wird im Leben der Einzelnen tendenziell immer kürzer und verschiebt sich immer weiter nach hinten im Lebenslauf. Alternsforscher nennen dieses Phänomen „Kompression der Morbidität", also eine zeitliche Verdichtung der typischen Alterserkrankung: „Von den letzten neun Jahren im Leben der Menschen waren im Jahr 1987 im Schnitt gut vier Jahre von Krankheit geprägt. Im Jahr 2005 waren es nur noch gut drei", erklärt Lebensspannenforscherin Ursula Staudinger von der Jacobs University auf der Tagung „Alter und Arbeit" in Berlin im Oktober 2009. Das bedeutet für den Einzelnen: „Ein heute 65-Jähriger kann durchaus noch 20 fitte Jahre erleben." Gute Aussichten dafür, dass ein langes Leben heute tatsächlich ein Gewinn sein kann und keine Bürde.

Für die Gesellschaft bedeutet diese Veränderung: Es stimmt zwar, dass die Pflegekosten in den nächsten Jahren vermutlich steigen werden, weil immer mehr Menschen sehr alt werden. Aber es könnte gut sein, dass die Kosten für Pflege pro Kopf tendenziell eher sinken, weil viele Menschen länger gesund bleiben und ohne intensive Pflege zurechtkommen. Aber auch, weil immer mehr Erkrankungen auch bei älteren Menschen gut behandelt werden können, Operationen tendenziell schonender vonstatten gehen als früher. Noch vor einigen Jahren war es gar nicht so selten, dass ein Sturz mit Oberschenkelhalsbruch bei älteren Patienten direkt vom Krankenhausbett in den Gehwagen führte. Heute werden viele Betroffene wieder sichere Fußgänger.

Andere Experten sind allerdings der Ansicht, dass gerade die moderne Medizin dafür sorgt, dass auch sehr alte, sehr kranke, bettlägerige Menschen immer länger am Leben bleiben, und deshalb die Pflegekosten in den nächsten Jahren explodieren. Man kann sich letztlich wohl dem Fazit der Journalistin Elisabeth Niejahr anschließen, die in ihrer umfassenden Analyse der alternden Gesellschaft „Alt sind nur die anderen" schreibt: „In politischen Debatten wird häufig davor gewarnt, die demografische Entwicklung werde das heutige Gesundheitswesen auf Dauer unbezahlbar machen. Tatsächlich sind solche Prognosen für kaum einen Bereich so schwierig. Die Alterung allein sorgt nicht zwangsläufig für dramatisch höhere Kosten."

Wie gelingt lebenslange Gesundheit?

Wenn sich der Trend zum gesünderen Alter stabilisieren soll, wäre es allerdings wichtig, dass wir unser Leben gesundheitlich vom Modus Sprint auf Modus Dauerlauf umstellen. Denn man weiß heute, dass die effektivste Gesundheitsmaßnahme für das Alter die frühzeitige Vorsorge ist: „Gesunde Ernährung, Verzicht auf Rauchen und die Vermeidung von Übergewicht, körperliche Aktivität, mentales Training und soziale Einbindung sind die wichtigsten verhaltensbezogenen Präventivmaßnahmen, mit denen die Lebenserwartung erhöht und gleichzeitig die Manifestation einer Reihe von Alterskrankheiten, besonders von chronisch-degenerativen, das heißt nicht auszuheilenden Krankheiten, verzögert werden kann", erklärt Dr. Dr. Kurt Kochsiek, emeritierter Professor vom Institut Innere Medizin der Universität Würzburg und Mitglied der Forschungsgruppe „Altern in Deutschland".

Eine große Studie aus Finnland weist sogar ganz explizit darauf hin, dass sogar die Gefahr, im Alter an gravierenden Gedächtnisproblemen wie einer Demenz zu erkranken, extrem sinkt, wenn man relativ gesund lebt oder zumindest ab dem 50. Geburtstag das Rauchen aufgibt, auf seinen Blutdruck, Cholesterinwerte und Gewicht achtet und körperlich in Bewegung kommt.[17] Wenn man bedenkt, dass Demenzen der häufigste Grund sind, warum alte Menschen ihre Selbstständigkeit aufgeben und ins Pflegeheim gehen (müssen), ist diese Studie eine bahnbrechende Neuigkeit für alle, die gerne gesund alt werden möchten.

Dabei ist vieles von dem, was Kochsiek und die finnischen Forscher sagen, eigentlich nichts Neues zum Thema Gesundheit. Dass Rauchen ungesund ist, weiß man ja schon lange. Und dass man am besten fünf Mal am Tag Obst und Gemüse essen sollte, wenn man sich einigermaßen gesund ernähren möchte, wissen auch viele, ebenso dass zu viel Speck auf den Rippen eher ungesund und Bewegung gesund ist. Doch wie groß der Effekt für das lange Leben sein kann, wenn man mehr auf diese schlichten Faktoren achtet, zeigen Langzeitstudien sehr eindrucksvoll: „Große epidemiologische Langzeitstudien weisen darauf hin, dass allein durch eine Änderung der Lebensgewohnheiten 90 Prozent der Erkrankungen an Diabetes Typ II (Altersdiabetes), 80 Prozent der

Fälle von koronaren Herzkrankheiten sowie 70 Prozent der Schlaganfälle vermeidbar wären", erklärt Kochsiek[18].
Neu ist allerdings die Feststellung, dass die Gesundheitsmaßnahmen nicht nur den Körper, sondern auch den Geist vor Erkrankungen schützen können. Und neu sind auch ein paar Aspekte, die man bisher nicht als so wichtig für die Gesundheit empfunden hatte, sondern eher unter dem Thema momentanes Wohlbefinden einordnete. Unter dem Blickwinkel auf das lange Leben gewinnen sie aber eine völlig neue Bedeutung: Vor allem Gelassenheit, gute soziale Beziehungen und geistige Aktivität haben sich als wahre Anti-Aging-Mittel herausgestellt – und werden viel zu oft vernachlässigt. So nimmt man heute an, dass Dauerstress sowohl den Körper als auch das Gehirn frühzeitig verschleißt. Die Stresshormone scheinen für die Zellen Gift zu sein, wenn sie im Übermaß den Körper fluten. Auf Dauer kann Stress deshalb sowohl körperliche Erkrankungen als auch Gedächtnisprobleme vorantreiben. Umgekehrt korreliert die Kunst, sich entspannen und abschalten zu können, mit einer besseren Gesundheit und einem besseren Gedächtnis. Die sogenannte Active-Studie konnte dagegen zeigen, dass Menschen ab 65, die ihr logisches Denken aktiv einsetzen – zum Beispiel, weil sie gerne diskutieren –, mental leistungsfähiger bleiben als die denkfaulere Vergleichsgruppe[19]. Andere Studien stützen die These, dass geistig anregende Tätigkeiten unser Gehirn bis ins hohe Alter gesund und in gewisser Weise jung halten. Auch soziale Interaktion tut vor allem unserem Gehirn gut, Einsamkeit dagegen macht uns krank.
Gesundheit entsteht vor allem auf lange Sicht nicht nur, weil man gesund lebt, sondern auch, wenn man sich wohl in seinem Leben fühlt, eingebunden in einen Kreis von Menschen, die man mag, und auf angenehme Art gefordert.

Lernen von den Inselbewohnern Japans

Die Japaner zeigen wohl am eindrucksvollsten, was alles möglich ist, wenn man sich tatsächlich unaufgeregt diesem gesunden Lebensstil annähert: Japan ist das Land mit der höchsten Lebenserwartung mit durchschnittlich 84 Jahren. Im Land von Sushi und Zen-Meditation gibt es überdurchschnittlich viele 100-Jährige. Und ganz besonders viele Menschen mit 100 und mehr Lebensjahren

leben im südlichen Zipfel des Landes, auf der Inselgruppe Okinawa – und die meisten sind bei guter Gesundheit. Typische Alters-
erkrankungen wie brüchige Knochen, Probleme mit dem Blutzucker oder dem Herzen sind ebenso wie Demenzen sehr selten. Weil
diese „Insel der Hundertjährigen" so außergewöhnlich ist, werden
die Einwohner bereits seit den 1970er-Jahren von Wissenschaftlern
bei ihrem traditionellen Tagewerk als Fischer, Kleinbauer, Gärtnerin
und Marktfrau begleitet. Und inzwischen ist klar: Die Menschen in
Okinawa haben keine besonderen Gene oder einen schützenden
Stern. Vielmehr lässt sie ihr Lebensstil und ihre Ernährung so
gesund sehr alt werden: Frische und Vielfalt auf dem Teller sind den
Inselbewohnern wichtig – verschiedene Gemüse, Meeresalgen,
Fisch und vielerlei Gewürze werden immer wieder neu kombiniert.
Jedoch isst man traditionell immer nur so viel, dass man gerade
satt ist. Hier sagt man kleinen Kindern nicht, dass das Wetter
schön wird, wenn der Teller leer ist, sondern dass ein zu 80 Prozent
gefüllter Magen das Ideal einer guten Mahlzeit ist, berichtet die
Autorin Jane Kennedy in ihrem Buch „Das Okinawa-Prinzip". Die
Inselbewohner sind ganz selbstverständlich ihr Leben lang aktiv,
und den Begriff „Ruhestand" kennen sie nicht. Wohl aber schätzen
sie die Ruhe im Tagesablauf in Form von 30 Minuten Mittagsschlaf
und Meditation. Bewegung gehört ganz selbstverständlich zum
Leben dazu. Viele Wege werden zu Fuß zurückgelegt. Mit Freunden
und Bekannten trifft man sich nicht zum Kaffeetrinken, sondern
um gemeinsam zu singen, den traditionellen Tanz zu tanzen, der
an fließende Tai-Chi-Bewegungen erinnert, oder ein Ballspiel, bei
dem man einen Ball durch kleine Tore schießt, zu spielen.
Besonders wichtig: Seine Freizeit verbringt man nicht einsam, sondern in Gesellschaft. Treffpunkt ist der Seniorenklub, den es fast in
jedem Dorf gibt. Die Tradition, das Gefühl der Verbundenheit zu
pflegen, ist so zentral, dass es dafür einen Begriff gibt: Yuimaru.
Außerdem bezeichnend für die alten Menschen auf Okinawa: Sie
sind gelassen und sehen eher das Gute als das Schwierige. Ebenfalls eine kulturelle Tradition auf der Insel, die als Wiege der Kampf-
kunst gilt. Die jüngeren Menschen auf Okinawa leben nicht mehr
das traditionelle Leben, sondern eher einen amerikanisch geprägten Alltag zwischen Hektik und Hamburger-Fast-Food. Bei ihnen
steigen die Fälle von Diabetes, Herz-Kreislauf-Problemen und
anderen Beschwerden schon in jungen Jahren rasant an.

Anti-Aging für den Alltag

In aller Kürze kann man also sagen: Wer gut älter werden und möglichst lange gesund bleiben will, für den gilt: öfter mal Salat oder Sushi statt Schweinshaxe, Kaugummi statt Kippe und Freunde treffen statt Fernsehen.

Wer zusätzlich noch zwei- bis dreimal in der Woche Zeit findet für eine halbe Stunde Ausdauersport – das kann auch ein flotter Spaziergang sein – und lernt, auch mal abzuschalten vom Alltagsstress, der tut schon ziemlich viel für sein langes Leben. Und wenn man es dann noch schafft, regelmäßig beim Arzt zur Vorsorgeuntersuchung vorbeizuschauen, dann kann man sich selbst die Fit-For-Age-Plakette auf die Brust kleben.

Die regelmäßige Vorsorge bahnt der Gesundheit dabei vor allem den Weg, weil sie im Notfall Genesung möglich macht. Denn viele Erkrankungen fangen ja erst einmal klein an – und sind dann mithilfe der modernen Medizin oft ganz gut zu behandeln. Nur die fortgeschrittenen Stadien verkürzen das Leben empfindlich: Bluthochdruck führt zu Herz-Kreislauf-Erkrankungen, schädigt die Nervenzellen im Gehirn und führt im schlimmsten Falle zu Herzinfarkt und Schlaganfall. Ständig erhöhte Blutzuckerwerte zerstören Blutgefäße und Organe. In Gelenken, die sich über Jahre in einer Fehlstellung bewegen, kann die schmerzhafte Arthrose (Gelenkverschleiß) entstehen. All diese Erkrankungen zeigen sich in der Regel Jahre zuvor als Ungleichgewicht im Körper: hoher Blutdruck, erhöhter Blutzucker oder Cholesterinspiegel, orthopädische Probleme. Und dieses Ungleichgewicht ist häufig durch eine Änderung im Lebensstil (Ernährung, Bewegung, Stress) oder mithilfe von Medikamenten gut behandelbar. Sogar viele Krebserkrankungen sind heute heilbar, wenn sie frühzeitig entdeckt werden.

Besonders ein erhöhter Blutdruck und erhöhte Blutzuckerwerte werden in Deutschland allerdings ziemlich oft nicht frühzeitig erkannt – und lassen einen vorzeitig altern. Zum einen schädigen beide Ungleichgewichte die Blutgefäße und das Herz. Zum anderen schädigen sie auch die Nervenzellen des Gehirns und können die Vergesslichkeit im Alter bis hin zur Demenz beschleunigen.

Insofern sollte es gerade in der älter werdenden Gesellschaft eigentlich Routine des Arztes sein, Blutdruck und Blutzucker im Auge zu behalten – und Abweichungen möglichst gut zu behandeln. Dem ist aber derzeit noch nicht so. Das liegt allerdings nicht nur an der Faulheit des Patienten, sondern auch an einer gewissen Oberflächlichkeit der Ärzte, zeigt der Gesundheitsbericht der Bundesregierung: „Nur 30 Prozent der Männer und 51 Prozent der Frauen mit Bluthochdruck werden überhaupt behandelt, eine leitliniengerechte Blutdrucksenkung unter 140/90 mm Hg fand sich bei weniger als zehn Prozent der diagnostizierten Fälle von Bluthochdruck."[20] Also: Beim Arzt darf gerne auf eine gute Abklärung dieser Gesundheitsparameter gedrängt werden.

Und für jeden Einzelnen würde es sich lohnen, seinen Lebensstil auf das lange Leben umzustellen. Denn umso älter wir werden, umso größer ist die Möglichkeit, dass uns chronische Erkrankungen wie Altersdiabetes, Herz-Kreislauf-Erkrankungen, Krebserkrankungen, Probleme mit Muskeln, Knochen und unserer geistigen Leistungskraft bis hin zur Demenz zu schaffen machen. Allerdings treten diese gesundheitlichen Probleme meist nicht plötzlich auf, sondern sind in gewisser Weise die Folge von Ungleichgewichten, die bereits lange Zeit bestanden haben. „Somit entscheiden der individuelle Lebensstil sowie die äußeren Lebensbedingungen wesentlich mit darüber, wann und in welchem Ausmaß diese Beeinträchtigungen auftreten", erklärt Susanne Wurm vom Deutschen Zentrum für Altersfragen in Berlin.

Unsere Gene spielen übrigens für das Altern eine eher untergeordnete Rolle. „Der nicht beeinflussbare genetische Einfluss wurde in der Vergangenheit überschätzt", erläutert Kurt Kochsiek. „Er hat nur einen Anteil von etwa 20 bis 30 Prozent am Altersprozess." Der größte Teil wird durch andere Faktoren beeinflusst, wie unser Verhalten oder unsere Lebenssituation, also „grundsätzlich beeinflussbare Faktoren".

Oder anders ausgedrückt: Das Alter ist kein fernes Land, in dem man irgendwann und etwas plötzlich ankommt und wo alles anders ist als bisher. Das Alter ist vielmehr unser ganz persönliches Alter: die Summe all dessen, was wir gelebt, erlernt, geliebt, getan und unterlassen haben.

Mit 40 ist es Zeit, die Weichen zu stellen

Ab etwa 40 wird es deshalb höchste Zeit, die Weichen in Richtung gesundes Alter zu stellen, empfiehlt der Gesundheitswissenschaftler und Psychologe Professor Dr. Toni Faltermaier von der Universität Flensburg: „Im Kern geht es dabei um die Frage: Kann ich meinen Lebensstil so weitertreiben, muss ich nicht, wenn ich eine Lebensqualität im Alter haben möchte, in bestimmten Punkten gegensteuern und vielleicht neue Akzente setzen?" Professor Dr. Hans-Werner Wahl, einer der bekanntesten Altersforscher Deutschlands vom Psychologischen Institut Heidelberg pflichtet ihm bei: „So früh wie möglich Risikofaktoren vermeiden und Schutzfaktoren fördern. Es gehört heute zu einer vielfach empirischen Einsicht, dass die Vermeidung von Risikofaktoren möglichst frühzeitig im Leben überaus viel mit dem Verlauf des Alternsprozesses zu tun hat."

Im Kopf wissen viele, dass dieses Umdenken wichtig ist. Schließlich spüren die meisten auch zwischen 35 und 40 das erste Ziepen im Rücken, das nicht mehr von allein verschwindet. Der Stress macht einem zu schaffen. Abschalten fällt schwer. Der Schlaf will nicht klappen, wie er soll. Der Bauch wächst oder der Blutdruck steigt.

Nur logisch, dass das Interesse an den kurzen Gesundheitskursen der Krankenkassen riesig ist. Auch die Urlaubsangebote mit Tai-Chi-Kurs und Jogging-Workshop, die von den Krankenkassen subventioniert werden, kommen gut an. Fitnesscenter haben Mitgliederzahlen wie nie zuvor. Und nie waren Themen wie Ernährung, Fitness, Entspannung und gesundes Leben bei allen über 40 so angesagt wie heute. Immer neue Wissens- und Gesundheitsmagazine erklären uns jeden Monat, wie wir unser Leben gesünder gestalten könnten.

Nur scheint es mit der Gesundheit ein wenig so zu sein wie mit den Kochsendungen im Fernsehen: Man schaut gerne zu, informiert sich gerne. Träumt vom tollen Menü. Aber deshalb bringt man noch lange nicht selbst regelmäßig ein Drei-Gänge-Abendessen für sich und seine Lieben auf den Tisch. Im Alltag ist nur Zeit für die unkomplizierte Nudelpfanne. Die Zahlen sprechen für sich: 40 Prozent der 20- bis 50-Jährigen achten heute stark bis sehr stark auf ihre Gesundheit, etwa 50 Prozent halten regelmäßigen Sport für wichtig und auch der Ernährung wird eine große Bedeutung zugemessen. Aber nur vier Prozent der Altersgruppe können sagen, dass sie auch konsequent gesundheitsbewusst leben. Die Gründe sind immer gleich: Es mangelt an Zeit und Motivation.

Und häufig bleibt es bei der Idee: Nächste Woche fange ich echt mit Laufen/Schwimmen/gesünder Essen/Entspannungsübungen an. Aber so ist das ja oft mit den Dingen, die sich vor allem „auf lange Sicht" besonders lohnen. Man kann von ihnen heute noch nicht so begeistert sein, weil der große Gewinn einfach zu weit weg liegt. Die Currywurst schmeckt einfach gut – was interessiert mich da, dass die asiatische Suppe mit Reis und Tofu meinem Stoffwechsel in der Zukunft guttun würde? Der Abend mit dem Tatort entspannt einen ja auch und der Aufwand, sich stattdessen einen Tanzabend zur aktiven Entspannung zu organisieren, scheint nicht zu lohnen.

Würde es etwas ändern, wenn man wüsste, was einen später erwartet? Wenn man erleben könnte, wie es sich anfühlt, 75 zu sein, wenn man gesundheitlich nicht so gut beieinander ist? Wenn das Knie steif und der Gang unsicher ist. Wenn die Finger arthritisch schmerzen? Vielleicht wäre es dann einfacher, Herz, Muskeln und Nerven ein wenig mehr Aufmerksamkeit zukommen zu lassen?

Leben mit 80 – ein Selbstversuch

„Hoffentlich klebt an dem Geländer kein ekliges Kaugummi", ist mein letzter Gedanke, bevor ich zugreife. Die Treppe in den U-Bahn-Schacht ist düster. Instinktiv packe ich das Geländer fester, während ich einen Fuß vor den anderen setze. Geschafft! Unten in den Gängen ist es zum Glück heller. Ich würde mich ja gerne einen Moment ausruhen. Aber da gibt es keine Bank weit und breit. Nicht mal die gekachelte Wand bietet mir einen Absatz zum Anlehnen. Also weiter zu den Zügen. Im Zug kann ich endlich sitzen. Eine Fahrt mit der U-Bahn ist ein Kraftakt. Zumindest, wenn man so wie ich einen Helm mit gelbem Visier auf dem Kopf hat.

Der Helm gehört zu einem Spezialanzug, dem Age-Explorer, einer Erfindung des Meyer-Hentschel Instituts[21]. Ein Anzug, der auch jungen Menschen das Gefühl vermittelt, alt zu sein. Die Arme und Beine des grellroten Anzugs sind mit Gummimanschetten versteift und mit Gewichten beschwert. Jeder Schritt fühlt sich an wie Wattwandern. Schwer. Das Visier des Helms ist aus gelbem Kunststoff und im unteren Bereich mattiert. Wer durchschaut, sieht alles in abgedunkelten Falschfarben und den Fußboden nur verschwommen. Gelbe Schrift auf weißem Grund ist so fast gar nicht lesbar. Der graue Himmel über Hamburg sticht einem plötzlich grell in die Augen. An den Seiten ist das Blickfeld einfach abgeschnitten. Die Handschuhe aus Neoprenmaterial versteifen die Finger und machen die Fingerspitzen unsensibel. Innen sind sie mit speziellem Fleece gefüttert, der piekst. Man kann erahnen, wie es sich mit ungünstig abgenutzten Fingergelenken lebt: Immer, wenn man etwas anfasst, piekt es. Unangenehm. Auch dick gepolsterte Kopfhörer gehören zu dem Altersanzug. Jeder hat sie schon einmal bei Bauarbeitern gesehen. Durch sie dringen alle Geräusche nur gedämpft ans Ohr.

Ein Gang im Age-Explorer ist nichts für Feiglinge: Man fühlt sich eingeschränkt, abgeschnitten von der Umwelt, ein wenig wie in einem Kokon – und ist schnell verunsichert. Hat mich die Frau neben mir gerade angesprochen? Läuft hinter mir jemand und ich höre ihn nicht? Stehe ich im Weg, weil ich hier ein Päuschen einlege? Was steht da auf der Leuchtanzeige? Hoffentlich stolpere ich jetzt nicht noch, weil ich so unbeweglich bin! Und, ja: Eine Bank wäre jetzt schön! Die Beine sind so schwer!

Der Ausflug als 80-Jährige ist aufschlussreich. Schlechte Sicht, schmerzende Beine – so fühlt es sich also an, wenn man sich als alter Mensch durch die Welt bewegt? Mir wird schlagartig klar, warum Ältere ihre Schwierigkeiten mit Bankautomaten und Handys haben: Die Tasten sind so klein, dass man mit etwas steifen Fingern dauernd danebentrifft und die Displays sind für gealterte Augen kaum zu entziffern. Jetzt verstehe ich auch, warum ältere Menschen immer so überpünktlich am Bahnhof sein möchten: Das ist keine überzogene Pünktlichkeit. Das ist vielmehr Notwendigkeit. Wenn die Jungen spät dran sind, dann rennen sie einfach zum Zug. Aber mit leicht beschwertem Gang gewöhnt man sich das Rennen ab. Man will ja auch nicht stürzen. Und kommt deshalb lieber pünktlich. Sehr pünktlich. Schließlich muss man auch noch die Gleisnummern auf der Leuchttafel entziffern. Eventuell jemanden finden, der einem den Koffer die Treppe runterhievt, falls die Rolltreppe nicht funktioniert. Und ich entwickle das erste Mal Mitgefühl für die älteren Damen auf dem Fußgängerweg, die zu Furien werden, wenn man auf dem Bürgersteig mit dem Fahrrad an ihnen vorbeifährt – sie erschrecken sich fürchterlich, weil sie einen nicht kommen hören.

Der Age-Explorer erweitert den Horizont in mehrfacher Hinsicht. Man spürt die möglichen Auswirkungen des Alters und denkt fast unweigerlich in zwei Richtungen weiter. Zum einen steigt das Verständnis für die Bedürfnisse älterer Menschen: gutes Licht, große Tasten, Plätze zum Ausruhen. Zum anderen motiviert das Erlebnis, selbst etwas dafür zu tun, um möglichst lange fit zu bleiben: Ich fange nicht nächste Woche an mit dem Spaziergang in der Mittagspause, sondern heute. Ich werde bei zukünftigen Stresssituationen überlegen, ob es sich wirklich lohnt, für diese Aufgabe frühzeitig zu altern. Ich werde mir eine Obstschale auf den Tisch stellen. Ich habe gespürt: Es wird sich lohnen!

Vielleicht würde es einige Prioritäten dauerhaft an die richtige Stelle rücken, wenn man sich immer mal wieder klarmacht, dass das Leben zu lang ist, als dass man seine Gesundheit zwischen 40 und 50 im Hamsterrad verschleißt. Wer den Blick auf das lange Leben richtet, hat vielleicht schon heute mehr Kraft, um sich dafür einzusetzen, dass es auch Momente der Gelassenheit und Entspannung im Leben gibt, Zeit für Freunde, Sport und persönliche Interessen. Schließlich kann man sich diese Investition vorstellen wie eine ziemlich sichere und gute Geldanlage. Man investiert jetzt ein bisschen, aber regelmäßig – und in einigen Jahren kriegt man viel zurück.

Leben hinterlässt Spuren

Natürlich gibt es mit steigendem Alter auch körperliche Veränderungen, die nicht abgefangen, sondern höchstens hinausgezögert werden können. Auch die relativ gesunden Senioren aus Okinawa werden diese Veränderungen spüren. Das Älterwerden läuft nicht spurlos ab, auch wenn man chronische Erkrankungen vielleicht wirklich weitgehend vermeiden kann, so gibt es doch Veränderungen, die wohl jeder Mensch erlebt. Ganz gleich, wie gesund er lebt. Schon ab 40 oder 50 macht sich für viele das erste Mal bemerkbar, dass sich die 1,5 Prozent, die unser Körper ab dem 30. Geburtstag jedes Jahr an Regenerationsfähigkeit verliert, zu einem Sümmchen auswachsen, das man spüren kann: Die Altersweitsichtigkeit setzt ein, weil die Linse des Auges nicht mehr so elastisch ist und sich weniger gut auf Nahsicht einstellen kann. Muskelkraft und Knochendichte nehmen tendenziell ab – auch wenn man den Verlust noch mit viel Training wieder aufholen kann. Häufig lässt das Hörvermögen etwas nach. Vor allem im Bereich der hohen Töne. Das Hormonsystem verabschiedet sich langsam von der Aufgabe der „Fortpflanzung", bei Männern geht die Testosteron-Produktion zurück, bei Frauen das Östrogen und Progesteron. Die Wechseljahre beginnen – und heute nimmt man an, dass diese Zeit der hormonellen und oft auch seelischen Umstellung von „jung" auf „älter" nicht nur Frauen, sondern auch Männer intensiv beschäftigt. Manche Wissenschaftler sehen in den Veränderungen im Hormonhaushalt sogar einen der wichtigsten Motoren für die menschliche Alterung.

Auch das Immunsystem wird im hohen Alter schwächer. Krebserkrankungen treten häufiger auf, weil die körpereigene Abwehr die entgleisten Zellen nicht mehr so treffsicher aussortiert. Man hat häufiger mit Infektionen zu kämpfen und es erwischt einen oft heftiger als die Jungen. Eine Grippe kann einem große gesundheitliche Probleme bereiten. Und weil das Immunsystem nicht mehr so fit ist und nicht mehr so stark reagiert, wirken auch Impfungen schlechter. Experten denken deshalb über neue Impfstoffe nach, die speziell auf das Immunsystem älterer Menschen abgestimmt sind. Doch das ist heute noch Fiktion. Aber in ein paar Jahren vielleicht schon Realität.

Was macht man, wenn das Alter irgendwann doch seine Spuren hinterlässt? Ist man dann enttäuscht vom Leben? Verliert man die Lebensfreude? Ich erzähle meinem Vater von meinem Ausflug im Age-Explorer. Er ist 80. Wie fühlt er sich? Ich bin überrascht. Ja, er sieht schlechter, vor allem, wenn das Licht schummrig ist oder sehr grell. Manchmal hat er starke Schmerzen in Schultern und Nacken. Und die Situation, dass er sich unsicher auf den Beinen fühlt, die kennt er auch. Eine Reise ohne Fremdenführer und Bus würde er sich nicht mehr zutrauen. Gerne soll auch ein Arzt dabei sein. Man weiß ja nie.

Und dennoch empfindet er all diese Einschränkungen nicht als so gravierend, wie ich sie empfinden würde. Er sagt: „Obwohl ich selbst schon 40 Mal stationär im Krankenhaus war, und das fast ausschließlich nach dem 60. Lebensjahr, haben dadurch meine Stimmung und Laune nicht dauerhaft gelitten." Beinbrüche, Infektionen, Herzprobleme – die Liste der Erkrankungen meines Vaters ist lang. Aber er fühlt sich dennoch ausreichend gesund, um am

Leben Freude zu haben und sich viele Wünsche zu erfüllen: Reisen, Radfahren, Spazieren, Lesen, Freundschaften pflegen, karitatives Engagement, den Garten in Ordnung halten, Kontakt zu Kindern und Enkeln. Und: Angesichts der Beschwerden kümmert er sich inzwischen ziemlich intensiv und stetig um sein Wohlbefinden. Nimmt die Medikamente ein, die ihm verschrieben wurden. Geht zum Arzt, wenn es ihm nicht gut geht. Informiert sich selbst über seine Erkrankungen. Geht viel und regelmäßig spazieren und steigt auf sein Fahrrad.

Was meinem Vater gelingt, schaffen viele ältere und alte Menschen: Sie fühlen sich subjektiv gesünder, als sie es objektiv sind. Immerhin leiden in Deutschland rund 20 Prozent aller Menschen über 65 an einer dauerhaften Krankheit oder Behinderung. Bei den über 70-Jährigen sind es schon über 30 Prozent, die mehrere chronische Gesundheitsprobleme haben, zeigt die Berliner Altersstudie. Auch Schmerzen sind häufig. Zugleich zeigte diese Studie aber auch, dass die älteren Menschen im Schnitt ebenso häufig wie junge Menschen positive Gefühle empfinden und im Durchschnitt genauso zufrieden mit ihrem Leben sind wie jüngere Menschen. Das Phänomen ist so verbreitet, dass es bereits einen Namen hat. Im Fachjargon nennt man es das „Wohlfühlparadox".

Die subjektive Gesundheit zählt

Dabei hängt das subjektive Gefühl, gesund zu sein, stark von der allgemeinen Lebenssituation ab. Wenn den Beschwerden ein grundsätzliches Wohlbefinden und Lebenszufriedenheit gegenüberstehen, empfinden sie viele Menschen nicht einmal als Belastung – subjektive Gesundheit entsteht. Unterstützt wird dies noch dadurch, wenn man sich im Leben eingebunden und das Leben insgesamt als sinnvoll empfindet, wenn man sich im Vergleich zu den anderen der gleichen Altersgruppe fit fühlt und sich aussöhnen kann mit der Veränderung im eigenen Leben.

In gewisser Weise hilft uns unsere psychische Entwicklung mit steigendem Alter diese subjektive Gesundheit zu erhalten: Irgendwann nach der Mitte des Lebens ändern beispielsweise viele Menschen ihren Blick auf ihre Gesundheit. Man misst sich nicht mehr an seiner körperlichen Fitness mit 40, sondern blickt eher in die Runde der Gleichaltrigen. Oder man konzentriert sich stärker als zuvor auf die persönlichen Möglichkeiten als auf die Einschränkungen. Oder man stellt sich darauf ein, Beschwerden wahrzunehmen und möglichst früh etwas dagegen zu tun. Das Knie zwickt? Ich gehe zum Arzt und dann zur Krankengymnastin, um der Arthritis etwas entgegenzusetzen. Das Bergsteigen macht mir zu schaffen? Ich wechsle von Bergtouren zu Rundwanderwegen im flacheren Gelände. Fachleute beschreiben diese Fähigkeit als „Resilienz" oder psychische Widerstandskraft. Und man kann sagen, dass diese Anpassungsfähigkeit eine Kernkompetenz des guten Lebens im Alter ist.

So ist es nicht selten, dass 65-Jährige wie Christa L. sagen: „So fit und vital wie heute fühlte ich mich noch nie." Dabei hatte sie in einem Satz vorher noch angemerkt, dass sie inzwischen darauf achtet, genug Erholungszeiten zwischen ihren Aktivitäten einzuplanen. Doch in der Gesamtsicht fühlt sie sich gesundheitlich stabiler und besser als in jungen Jahren, in denen sie zwar eine durchwachte Nacht besser wegstecken konnte, aber Sorgen und Stress einen großen Platz im Leben einnahmen.

Und auch unter den 70- bis 79-Jährigen sind 50 Prozent der Männer und 44 Prozent der Frauen mit ihrer Gesundheit zufrieden bis sehr zufrieden, zeigt der Bundesgesundheitsbericht von 2002.

Interessanterweise gibt diese subjektiv empfundene Gesundheit auch eine bessere Auskunft darüber, ob ein Mensch in absehbarer Zeit sterben wird oder nicht, als die objektiven Gesundheitsdaten.[22]

Man ist so alt, wie man sich denkt

Dabei haben wir selbst einen relativ großen Anteil daran, ob wir diese positive Sicht auf unser Leben pflegen und insofern unsere Gesundheitskompetenz und unsere Lebensfreude für unser Leben als Ältere stärken oder schwächen. Mehrere Studien der Psychologin Becca R. Levy vom Institut für Gesundheit der Universität Yale zeigen, dass vor allem eine positive Einstellung zum Älterwerden dafür sorgt, dass man auch tatsächlich gesund und munter alt wird. Levys bekannteste Untersuchung analysiert die Lebensläufe von 660 Männern und Frauen, die 23 Jahre vorher als gesunde Menschen im mittleren Lebensalter (ab 50 Jahre) für eine

Langzeitstudie ausgewählt worden waren[23]. Das Ergebnis: Die Menschen, die eine positive Einstellung zum Älterwerden hatten, lebten im Schnitt 7,5 Jahre länger als die Menschen, die im Älterwerden vor allem Verlust und Abbau sahen – und das völlig unabhängig von anderen Gesundheitsfaktoren. „Der Effekt des positiven Selbstbildes in Bezug auf das eigene Älterwerden war größer als physiologische Faktoren, wie niedriger Blutdruck und Cholesterinspiegel, die beide mit einer längeren Lebenserwartung von etwa vier Jahren assoziiert sind", erklärt Levy. Die Lebensoptimisten ließen sogar die Nichtraucher, die Superschlanken und die Sportskanonen weit hinter sich.

Dabei zeigte sich das positive oder negative Selbstbild der Studienteilnehmer in schlichten Annahmen und Überzeugungen, die wohl jeder kennt und deren Tragweite man vermutlich nicht ahnt. Die typischen Ansichten der Langlebigen klingen etwa so: „Ich bin heute genauso glücklich wie in jüngeren Jahren." Oder: „Ich fühle mich dieses Jahr genauso schwungvoll wie letztes Jahr." Die tendenziell kurzlebigen Studienteilnehmer pflegten dagegen Überzeugungen wie: „Das Leben wird mit dem Alter schlechter." Oder: „Wenn man älter wird, ist man weniger wert."

Ob man eher positiv oder negativ auf das Älterwerden blickt, ist allerdings nicht auf Anhieb erkennbar. Es kann gut sein, dass die Alters-Pessimisten ebenso wie die Alters-Optimisten sagen: „Wenn ich alt bin, möchte ich noch eine Weltreise machen!", wenn man sie direkt fragen würde, welchen Traum sie für die Zeit nach dem Arbeitsleben haben. Der Unterschied ist nur: Die einen glauben wirklich daran. Die anderen eher nicht.

Und auch wenn es von außen manchmal gar nicht sichtbar ist, so nagt diese pessimistische Überzeugung doch stetig an den persönlichen Kräften: Weil man sich schon darauf eingestellt hat, dass alles schlechter wird, wird auch alles schlechter.

Der negative Blick auf das Älterwerden ist eine typische selbsterfüllende Prophezeiung, die den Lebenswillen systematisch zerstört, erklären die Wissenschaftler. Im Extremfall verfallen die Menschen sogar in eine gewisse Lebens-Lethargie und treiben so Abbauprozesse aktiv voran. Weil man vom Älterwerden sowieso nur Übles erwartet, nimmt man Beschwerden und Zipperlein eher hin, statt zum Arzt zu gehen und sich konsequent um eine gute Behandlung zu kümmern. Nach dem Motto: Nutzt doch eh alles nichts. Es geht eben bergab. Wozu sich gesund ernähren, wenn man sowieso bald stirbt? Wozu noch langfristige Pläne schmieden, wenn man sowieso bald alt und schwach sein wird? Wozu sich noch sozial engagieren, wenn man als alter Mensch doch sowieso nichts mehr wert ist?

Der positive Blick aufs Älterwerden gab den Menschen dagegen offensichtlich Lebenskraft. Sie konnten die Dinge sehen, für die es sich zu leben lohnt – und sorgten aktiv für sich, ihre Gesundheit und ihr Lebensgefühl. Damit bastelten sie in gewisser Weise ebenso fleißig an ihrer selbsterfüllenden Prophezeiung. Denn gerade das Interesse am Leben, die Neugier auf Neues und eine gute persönliche Gesundheitsvorsorge halten uns körperlich wie seelisch vital, zeigen inzwischen viele Studien.

Auch konnte Levy in weiteren Untersuchungen feststellen, dass die Menschen mit dem positiven Blick aufs Älterwerden seltener einen Herzinfarkt hatten als die lebenskritischere Vergleichsgruppe. Warum? „Ein Herzinfarkt ist eine typische Erkrankung bei Stress. Die positive Gruppe berichtete über weniger Stress im Leben – das hat das Herz geschützt."

Wer positiv aufs Älterwerden blickt und den Fokus mehr auf die Möglichkeiten als auf die möglichen Schwierigkeiten richtet, hat in jeder Hinsicht mehr vom Leben.

Arbeiten bis 67 –
Zukunft oder Zumutung?

Rosa Finnegan ist 97 Jahre alt und hasst es, wenn sie einen Tag
lang nicht zur Arbeit gehen kann. Für ihre Kollegen ist die Dame
mit dem weißen Haar und den flinken Fingern die Königin der
Werkbank: Sie setzt an einem Vormittag so viele technische Teile
zusammen, wie andere einen ganzen Tag schaffen. Ihr Kollege
Tom Convoy ist 74 Jahre alt, ehemals Sportlehrer und jeden Tag
der Erste im Betrieb. Sein Lieblingsjob: der Packtisch. Weil man da
in Bewegung ist. Bill Ferson ist 89, arbeitet seit 20 Jahren im
Betrieb und macht gerne Witze über seine Ersatzteile: ein künst-
liches Kniegelenk, ein Herzschrittmacher. Ans Aufhören denken
alle drei Senioren nicht. So sehr schätzen sie ihre Arbeit und ihren
Arbeitgeber „Vita Needle", ein mittelständischer Betrieb in der
Nähe von Boston, USA. Vita Needle ist darauf spezialisiert, besondere Spritzen herzustellen. Zum Beispiel die robusten Riesen-
spritzen, mit denen Wale im Zoo geimpft werden. Besonders ist
auch die Belegschaft: Über 90 Prozent der Mitarbeiter in der Produktion sind Senioren aus der Region. Das Durchschnittsalter der
Belegschaft liegt bei 71 Jahren. Damit dürfte die Firma wohl das
weltweit älteste Unternehmen sein.

Um klarzumachen, dass das ungewöhnliche Konzept keine
Wohlfahrtsveranstaltung, sondern eine Wirtschaftsidee ist, betont
Geschäftsführer Frederick Hartmann, der das Familienunterneh-
men aus dem Jahr 1932 in der vierten Generation führt, immer wieder gerne: „Wir sind sehr produktiv." Nach seinen Angaben steigen
die Umsätze der Firma seit den 1980er-Jahren stetig. Der Grund
nach Ansicht des Firmenchefs: Die Mitarbeiter sind sehr gut ein-
gearbeitet, engagiert und als Senioren-Teilzeitkräfte günstig.

Dafür hat sich die Firmenleitung auf die Besonderheiten der
Belegschaft 70plus eingestellt. Statt Hektik herrscht bei Vita
Needle die Kultur der gemäßigten Betriebsamkeit. Gerne unter-
brochen durch einen freundschaftlichen Plausch über Enkel und

Gesundheit. Manager Michael LaRosa, der mit seinen etwas über 50 Jahren so etwas wie ein Küken im Unternehmen ist, achtet darauf, dass jeder das macht, was er gut kann, und genau die Menge an Arbeit bekommt, die er gut schafft. Und wenn einer nicht zur Arbeit erscheint, dann ruft LaRosa zu Hause an. Nimmt niemand den Telefonhörer ab, fährt er vorbei.

Alle älteren Mitarbeiter haben Verträge auf Lebenszeit. Der Arbeitsvertrag endet, wenn einer keine Lust mehr aufs Arbeiten hat – oder wenn die Beine zu schwach werden, um die Holztreppe, die in den ersten Stock des Firmengebäudes führt, allein zu bewältigen. Dann muss man wortwörtlich vor der Türe bleiben[24].

Als exotisches Unternehmen mit „Silber-Faktor" wird Vita Needle in vielen Magazinen vorgestellt. Und fast alle, die von dem Unternehmen hören, das älteren Menschen eine Chance gibt, sind begeistert. Irgendwie möchte man gerne auch so geschätzt und unterstützt werden, wenn man mal alt ist. Dann wäre man auch bereit, dafür einer Firma Gewinn reinzuarbeiten.

Mit Krückstock in die Firma?

Noch ist Vita Needle ein Einzelfall in der Welt der Wirtschaft. Aber vielleicht gewährt uns die Firma auch einen Blick in die Zukunft. Schließlich fordern Arbeitsforscher und Demografen in Deutschland ja ohne Unterlass und mit immer größerem Nachdruck, dass die Deutschen länger arbeiten müssen, wenn man den finanziellen Supergau durch den demografischen Wandel noch abwenden wolle.

Die Fakten der Demografie sprechen klare Worte. Heute sind etwa 55 Prozent der Deutschen zwischen 20 und 60 Jahre alt – und damit im besten Alter für die Arbeit. 35 Prozent sind älter als 60, 20 Prozent jünger als 20. Im Jahr 2050 werden nur noch 45 Prozent der Deutschen zwischen 20 und 60 Jahre alt sein – also zehn Prozent weniger als heute. Dafür werden es mit 40 Prozent der Bevölkerung anteilig wesentlich mehr ältere Menschen sein. Und die Zahl der Jungen wird auf 15 Prozent fallen. Das bedeutet unterm Strich zwei Dinge: Die Beschäftigten in den Betrieben werden im Schnitt älter sein als heute. Und weniger Menschen müssen das Geld erarbeiten, das unsere Wirtschaft und den Staat am Laufen hält.

Besonders rasant wird dieser Wandel ab dem Jahr 2015 bis zum Jahr 2035 vonstatten gehen. In diesem Zeitraum geht die Baby-Boomer-Generation in Rente. Und danach wird sich das Verhältnis zwischen den Arbeitenden und den Ruheständlern extrem gewandelt haben. Während heute auf 100 Personen im Erwerbsalter 30 Ältere kommen, die nicht mehr erwerbstätig sind, werden es im Jahr 2035 wohl 55 bis 60 Ältere auf 100 Jüngere sein – also etwa doppelt so viele wie heute. Diese Tendenz bleibt auch bestehen, wenn man berücksichtigt, dass ständig Menschen aus anderen Ländern nach Deutschland einwandern und natürlich auch Kinder mitbringen oder bekommen.

Man muss wirklich kein Mathegenie sein, um sich auszurechnen, dass bei dieser Gleichung am Ende vermutlich unterm Strich weniger Geld für alle rauskommt – wenn alles so weiterläuft wie bisher. Denn dann müssen alle, die arbeiten, mehr schuften und haben am Ende doch weniger in ihrem Geldbeutel, weil sie mehr an die Gemeinschaft abgeben müssen. Und die meisten, die nicht (mehr) arbeiten, müssen mit einer Minirente klarkommen. Keine schönen Aussichten.

Als Expertenprognose liest sich das dann so: „Bei unverändertem Erwerbsverhalten – wenn also das Berufseintrittsalter und das Alter beim Austritt aus dem Erwerbsleben bzw. das Renteneintrittsalter gleich bleiben – und bei gleichbleibender Arbeitsproduktivität würde das zahlenmäßige Verhältnis von Produzenten und Konsumenten in den nächsten drei Jahrzehnten um etwa ein Drittel sinken, und um etwa den gleichen Prozentsatz auch unser Lebensstandard gemessen am Pro-Kopf-Einkommen, relativ zu einer Situation ohne Alterung", erklärt Prof. Axel Börsch-Supan, Ökonom und Direktor des Mannheim Research Institute for the Economics of Aging[25].

Demografie ist kein Schicksal

Im Gegensatz zu vielen Medienberichten, bleibt Börsch-Supan jedoch nicht bei diesem düsteren Bild stehen. Schließlich ist er einer von 23 Wissenschaftlern aus verschiedenen Forschungsdisziplinen, die sich zum Forschungsprojekt „Altern in Deutschland" zusammengetan haben. Ihr Ziel war es, Studien über alle Facetten der alternden Gesellschaft zusammenzutragen und herauszuarbeiten, was passieren müsste, damit der demografische Wandel zur positiven Entwicklung für Deutschlands Gesellschaft und Wirtschaft wird – und nicht, wie so oft befürchtet, zum Desaster. Die deutsche Akademie der Naturforscher Leopoldina und die Deutsche Akademie der Technikwissenschaften (acatech) gaben den Anstoß. Die Jacobs Foundation Zürich stellte 2,5 Millionen Euro Projektgeld zur Verfügung. Es ist das bisher größte interdisziplinäre Forschungsprojekt zum demografischen Wandel in Deutschland. Drei Jahre lang waren die Wissenschaftler am Werk. Im April 2009 legten sie dem Bundespräsidenten die Quintessenz ihrer Arbeit in Form des 100-seitigen Buches „Gewonnene Jahre" mit ihren Empfehlungen für die Praxis vor[26].

Wer darin liest, schöpft etwas Mut. Zum Beispiel, weil Börsch-Supan und seine Kollegen sich die Mühe gemacht haben, ganz konkret auszurechnen, an welchen Stellschrauben man drehen könnte, um das prophezeite Loch in Deutschlands Portemonnaie rechtzeitig zu stopfen. Dabei sind sie als Erstes auf die Erwerbsquote der Älteren gestoßen. Denn die ist in Deutschland extrem niedrig.

Politiker rufen ja derzeit viel nach der Rente mit 67 – aber Börsch-Supan und seine Kollegen wären schon zufrieden, wenn mehr Deutsche überhaupt bis zur heutigen Rentengrenze, also bis 65, im Arbeitsleben bleiben würden. Denn das tun die wenigsten. Im Durchschnitt steigen die Deutschen derzeit mit 62 Jahren aus dem Berufsleben aus. Die Beschäftigungsquote der 55- bis 64-Jährigen liegt bei 54 Prozent, und dies schließt diejenigen ein, die in Blockalterszeit oder Nullkurzarbeit gar nicht arbeiten. In unseren Nachbarländern wie der Schweiz und Norwegen sind 67 Prozent der Älteren noch im Erwerbsleben aktiv. In Schweden sind es sogar 73 und in Dänemark 75 Prozent. Das wirkt sich sehr direkt auf das Einkommen der gesamten Volkswirtschaft aus. Schon heute investieren die Deutschen im Vergleich zu anderen EU-Ländern 17 Prozent weniger Arbeitskraft in ihre Volkswirtschaft. Im Vergleich zu den USA sogar 26 Prozent weniger. In gewisser Weise leben wir also schon heute über unsere Verhältnisse und nicht erst in Zukunft. Die zukünftigen Entwicklungen werden das Problem nur verstärken.

Man muss dabei allerdings anmerken, dass die Beschäftigungsquote in Deutschland in den letzten Jahren bereits rasant angestiegen ist – 2004 lag sie noch bei 42 Prozent, also zwölf Prozent niedriger. Nach Ansicht der Ökonomen müsste die Erwerbsquote der 55- bis 64-Jährigen aber noch einmal um gute zehn Prozent ansteigen, also auf 65 Prozent – kein utopischer Wert, wenn man in unsere Nachbarländer schaut. Damit wäre viel gewonnen. Und das demografische Loch im Geldbeutel der Deutschen schon ein ganzes Stückchen kleiner.

Wenn es dazu noch gelänge, die Erwerbsquote der Frauen auf das Niveau der Männer anzugleichen – wenn also 80 Prozent statt der heute 70 Prozent der Frauen berufstätig wären und Deutschland bei der Produktivität etwas zulegen könnte, dann hätten wir den demografischen Wandel zum Gewinn genutzt: „In Zahlen ausgedrückt würde eine Erhöhung der Erwerbsquote um zehn Prozentpunkte auf das dänische Niveau plus eine Erhöhung des Produktivitätszuwachses von 1,5 auf ca. 1,8 Prozent pro Jahr die Auswirkungen des demografischen Wandels auf unseren Lebensstandard ausgleichen", erklärt Börsch-Supan. Wenn das gelingt, müssten wir nicht auf Wohlfahrt und Wohlstand verzichten, auch wenn die Bevölkerung aus vielen langlebigen Menschen besteht. Die Horrorszenarien vom verarmten, vergreisten Deutschland würden unter diesen Bedingungen zerplatzen wie Seifenblasen.

Die Ideen des Ökonomen sind nicht wirklich neu. Schon Norbert Blüm formulierte, als er noch Arbeitsminister war, die Annahme, dass die höheren Rentenzahlungen mithilfe einer höheren Erwerbsquote und höherer Produktivität ausgeglichen werden könnten. Bisher hat es nicht geklappt. Dabei scheint es prinzipiell wohl möglich zu sein.

Beispielsweise haben Länder, in denen viele Ältere noch im Job sind, ein überdurchschnittliches Bruttoinlandsprodukt pro Kopf[27]. Eine Wirtschaft mit älteren Beschäftigten scheint also potenziell mindestens genauso leistungsfähig zu sein wie eine Wirtschaft mit Jüngeren. Es könnte sogar sein, dass sie leistungsfähiger ist, weil sich die Arbeits- und Leistungsbedingungen für alle verbessern, wenn man sich die Mühe macht, Ältere bei der Job-Stange zu halten. Studien zeigen beispielsweise, dass die Produktivität von Beschäftigten in der Autoindustrie bis zum Rentenalter nicht merklich nachlässt, wenn die Arbeit gut strukturiert ist. Und von einer guten Struktur profitieren natürlich auch die Jungen. Experten vermuten außerdem, dass eine bessere Kultur der Aus- und Weiterbildung in Deutschland der Schlüssel zu einer höheren Produktivität der Wirtschaft wäre, denn viele Arbeitnehmer könnten bessere Arbeit leisten, wenn sie besser qualifiziert wären. Auch Arbeitslose mit guter Ausbildung haben heute und auch in Zukunft sehr viel bessere Aussichten auf einen neuen Job als gering Qualifizierte[28].

Wie lange kann man arbeiten?

Spannend für jeden Einzelnen ist jedoch die Frage: Wie soll man das schaffen? Arbeiten bis 65, 67 – und eventuell sogar länger, wenn die kleine Rente nicht zum Leben reicht?

Diese Frage kommt zukünftig auf uns alle zu. Gerade wurde der Zuschuss zur Altersteilzeit von der Arbeitsagentur gestrichen. Das bedeutet, dass es für Unternehmen sehr viel uninteressanter wird, den frühen Ausstieg aus dem Job mitzufinanzieren. Außerdem wurde das frühestmögliche Alter für die Inanspruchnahme einer Altersrente wegen Arbeitslosigkeit oder nach Altersteilzeit für Versicherte der Geburtsjahrgänge 1946 bis 1948 vom 60. auf das 63. Lebensjahr angehoben. Alle ab Jahrgang 1949 können ohnehin frühestens ab 63 eine Altersrente in Anspruch nehmen. Und viele werden auch gar nicht mehr wild darauf sein, sehr früh aus dem Beruf auszusteigen, denn nach der Rentenreform ist das Rentenniveau insgesamt sowieso gesunken. Und jeder Monat, den man früher in Rente geht, kostet Abschläge.

Stefanie Wahl, Projektleiterin der Studie „Lebensstandard im Alter" des Deutschen Instituts für Altersvorsorge, hat ausgerechnet, was das für die Haushaltskasse jedes Einzelnen bedeutet: 1998 entsprach das Einkommen der Rentner ihrem Bedarf für das Leben. Im Jahr 2020 wird im Geldbeutel des Rentnerhaushaltes im Schnitt aber nur noch genug Geld sein, um 82 Prozent des Bedarfes zu decken[29]. 18 Prozent muss man dazuverdienen – oder verzichten. Für die Zukunft gilt deshalb: Es geht nicht nur darum, bis zur Rente leistungsfähig und im Beruf zu bleiben. Besser wäre es, wenn man auch nach dem 65. Geburtstag noch fit genug ist für ein bisschen Arbeit. Und wenn man im Laufe der Berufslaufbahn Fähigkeiten erworben hat, die auf dem Arbeitsmarkt auch aktuell noch gefragt sind. Für alle Fälle.

Das gelingt bisher bei Weitem nicht allen. Über eine Millionen Menschen beziehen derzeit eine Frührente, weil sie aufgrund gesundheitlicher Einschränkungen vorzeitig aus ihrem Beruf ausscheiden mussten. Entweder hat sie eine schwere Krankheit aus dem Arbeitsleben geworfen oder aber die Arbeit hat sie so krank gemacht, dass sie ihren Beruf nicht mehr ausüben können. Der Arbeiter auf dem Bau hat sich in der Regel aufgrund der schweren Arbeit mit den Jahren den Rücken ruiniert, während die Beschäftigten in Büros und Dienstleistungsbetrieben immer häufiger aufgrund von chronischer Stressbelastung psychische Probleme wie ein Burn-out, eine Depression oder Ängste entwickeln und frühzeitig aus dem Berufsleben ausscheiden. Momentan fühlen sich je nach Umfrage 60 bis 80 Prozent der Deutschen von ihrem Job gestresst. Die psychischen Erkrankungen – allen voran Erschöpfungsdepressionen – haben die Rückenleiden inzwischen sogar überholt und sind Grund Nummer eins für eine Frühberentung. Man kann sagen: Während die Bau- und Industriearbeiter seinen Körper im Job ruiniert, riskieren die Büroarbeiter und Dienstleister ihren Verstand.

Viele Unternehmen in Deutschland nehmen trotzdem billigend in Kauf, dass ihre Mitarbeiter sich schnell verschleißen, weil sie viel zu wenig Wert auf eine gesunde Arbeitsatmosphäre legen, es keine aktiven Maßnahmen gegen Dauerstress und Überforderung gibt. Etwa ein Drittel der Beschäftigten sind nicht der Ansicht, dass sie ihre „jetzige Tätigkeit bis zum Rentenalter ausüben können", zeigt die Studie „Was ist gute Arbeit" aus dem Jahr 2005, in der über 5000 Beschäftigte befragt wurden[30]. Und die Rentenkasse weiß: Viele werden recht behalten. Der Kommentar eines Krankenpflegers in einem Online-Forum spricht wohl vielen aus der Seele: „Ich arbeite als Krankenpfleger im OP eines mittleren Krankenhauses in privater Trägerschaft. Entweder gibt man alles oder man verschwindet. Nur scheinbar wird auf Behinderung oder Alter Rücksicht genommen. Trotz bester Gesundheit gerate ich als fast 61-Jähriger immer öfter an die Grenzen meiner Leistungsfähigkeit."[31] Dieser Mann kann sich absolut nicht vorstellen, seinen Job länger als bis zum 65. Lebensjahr zu machen. Er beißt die Zähne zusammen und hofft, dass er auf diese Weise durchhält, bis er seine volle Rente bekommt.

In manchen Unternehmen kann man gut alt werden

Aber muss das so sein? Müssen wir kollektiv die Zähne zusammenbeißen und uns bis zum bitteren Ende mit 65 oder 67 an den gleichen Schreibtisch oder die gleiche Maschine schleppen? Egal, wie mies wir uns dabei fühlen? Dann wäre der Preis für das Gelingen des demografischen Wandels aus Sicht der Nation für den Einzelnen extrem hoch. Oder gibt es wirklich Wege, um für ein langes Arbeitsleben gesund und leistungsstark zu bleiben – und Arbeit zu finden?

Bei Vita Needle scheint doch beispielsweise beides zu funktionieren. Die Menschen sind zufrieden mit ihrer Berufstätigkeit im Alter von 70plus, und das Unternehmen floriert auch. Allerdings tut die Firma auch einiges, damit sich die älteren Herrschaften wohlfühlen und optimal arbeiten können.

Wie steht es mit den Unternehmen in Deutschland? Gibt es auch hier Firmen, die Rahmenbedingungen schaffen, die es ermöglichen, dass man lange arbeitet, gute Leistung bringt und dabei gesund und bei guter Laune bleibt? Eigentlich hört man ja meist nur von Unternehmen, die jeden Mitarbeiter maximal einspannen, niemanden über 40 einstellen und intern jeden ab 45 aufs Abstellgleis oder lieber noch ganz ins Aus schieben.

Tatsächlich gibt es ein kleines bisschen Vita Needle inzwischen auch in Deutschland. Und wie bei der kleinen Firma in den USA klappt auch hier der demografische Ansatz, wenn beide Seiten das Gefühl haben, von den Bemühungen zu profitieren. Die Älteren, weil sie gut behandelt werden und ihre Erfahrung anerkannt wird. Das Unternehmen, weil es auf die Mitarbeiter 50plus in gewisser Weise angewiesen ist. Zum Beispiel die Firma Fahrion Engineering, ein Unternehmen mit 100 Mitarbeitern, das Fabriken plant. Unternehmer Otmar Fahrion brauchte Fachkräfte, am besten mit Erfahrung und realistischen Gehaltsvorstellungen. Er schaltete eine Anzeige: „Mit 45 zu alt, mit 55 überflüssig?", und suchte so gezielt nach älteren Ingenieuren, Physikern und Architekten. Er ist begeistert. Die Ingenieure 50plus seien nicht nur extrem erfahren und gerade deshalb sehr schnell in verantwortlichen Positionen einsetzbar, sondern entgegen den gängigen Vorurteilen auch nicht öfter krank als die Jungen. „Die Älteren haben ihre Zipperlein, die Jüngeren fallen vom Mountainbike", sagt Fahrion auf dem KörberForum „Unternehmen: Alter hat Zukunft." Auch der Handelskonzern Metro AG stellt häufiger als andere Unternehmen ältere Menschen ein. Man strebt ganz offiziell eine altersausgewogene Belegschaft an. Bereits heute gehören fast 27 Prozent der rund 126 000 inländischen Beschäftigten zur Altersgruppe 50plus. Das betriebliche Gesundheitsmanagement wird deshalb ausgebaut, ebenso der Bereich Aus- und Weiterbildung für Beschäftigte jenseits der 50 und der Wissensaustausch zwischen Alt und Jung. Personalchef Jürgen Pfister erklärt, wozu die Mühe: „Die Kundengruppe 50plus gewinnt an Bedeutung und wir gehen davon aus, dass diese von älteren Mitarbeitern noch besser beraten werden kann."

Die Direktbank ING-DiBa AG hat sogar ein Ausbildungsprogramm „Azubis 50+" entwickelt, weil es einfach zu wenig ältere Bankmitarbeiter gibt. Während eines zwölfmonatigen Praktikums werden die Interessierten zur „Servicekraft für Dialogmarketing". In neun Monaten gelingt die Ausbildung zum Bankassistenten. Nach erfolgreicher Ausbildung erhalten die Azubis 50plus einen Arbeitsvertrag.

Beim Autohersteller Audi AG wurde mit einigem Aufwand ein altersübergreifendes Entwicklungsprojekt ins Leben gerufen: „Silverline". Hier arbeiten junge und ältere Beschäftigte gemeinsam am neuen Prestigeobjekt, dem Sportwagen R8. Die Arbeitsbedingungen wurden bewusst so angepasst, dass die anspruchsvolle Arbeit gerade auch für ältere erfahrene Mitarbeiter attraktiv ist. Außerdem wurden die Beschäftigten vorher für die Tätigkeit speziell vorbereitet, von fachlichen Fragen bis hin zu Gedächtnistricks – um sich die komplexen Arbeitsabläufe besser merken zu können. Alle Beschäftigten sind außerdem auf verschiedenen Arbeitsplätzen geschult, sodass die Arbeit abwechselungsreich für Kopf und Körper ist. Die ganze Produktion wurde wieder und wieder ergonomisch verbessert, der Automatisierungsgrad der Produktion ist relativ gering, das bedeutet weniger Hektik am Arbeitsplatz. Das liegt auch den Älteren. Der Altersdurchschnitt im R8-Team liegt bei 39 Jahren – normalerweise fühlen sich in solchen Entwicklungsteams eher jüngere Beschäftigte wohl. Man habe jedoch nicht auf das Erfahrungswissen der älteren verzichten wollen, erklärt Fertigungsleiter Dr. Ulrich Eritt.

Was in großen Firmen funktioniert, kann auch in ganz kleinen Unternehmen umgesetzt werden. So erzählt Heinz Kowalski, Demografie-Experte und Geschäftsführer des Instituts für Betriebliche Gesundheitsförderung in Köln, von einer Schreinerei, die sich Hilfe im Institut holte: vier Mitarbeiter, alle großen körperlichen Anforderungen ausgesetzt, einer davon 50 und von Rückenproblemen geplagt. Die Lösung: Die Frau des Chefs, selbst tätig im medizinischen Bereich, bildete sich in Sachen Rückenschule weiter. Jetzt macht der ganze Betrieb nach der Mittagspause Rückengymnastik. Und der 50-jährige Schreiner sagt: „Vor ein paar Monaten dachte ich nicht, dass ich noch lange arbeiten kann. Aber jetzt schon."

Die Festo AG in Esslingen, ein Unternehmen, das Automatisierungstechnik herstellt, machte vor ein paar Jahren sogar einen ganz großen Schritt in Richtung Zukunft und packte das Thema Demografie mit dem Personalentwicklungskonzept „Lifecycle Management" rundum an. Weiterbildungsangebote, die speziell auf das Lernverhalten älterer Mitarbeiter zugeschnitten sind, wurden entwickelt. Denn es ist inzwischen bekannt, dass ältere Menschen nicht unbedingt weniger lernfähig sind als jüngere. Aber sie lernen anders. Zum Beispiel ist es ihnen extrem wichtig, dass der Lernstoff direkten Bezug zur Praxis hat. Einfach etwas Neues zu lernen, ohne praktischen Bezug, interessiert Menschen mit viel Erfahrung einfach weniger als junge Menschen. Dazu passend wurden Positionswechsel gezielt unterstützt. Damit hatten die Beschäftigten einen realen Grund, um sich neue Qualifikationen anzueignen. Diese sogenannte Job-Rotation kann verhindern, dass Beschäftigte durch einseitige physische und psychische Belastung gelangweilt oder sogar krank werden. Auch Gesundheitsförderung und Wissensmanagement waren Teil der Demografie-Offensive. In generationenübergreifenden Arbeitsgruppen geben die Älteren ihr Prozess- und Erfahrungswissen an die Jüngeren weiter. Vorher konnten die älteren Mitarbeiter ein Seminar „Train the Mentor" belegen. Denn auch Plaudern aus dem Nähkästchen der Arbeitswelt will gelernt sein, wenn die Jüngeren nach dem Gespräch wirklich etwas Brauchbares mit in ihren Arbeitsalltag nehmen wollen.

Engagement für Ältere zahlt sich aus

Das Modell zeigte Erfolg: Im Jahr 2007 waren 7,5 Prozent der Beschäftigten bei Festo über 55 Jahre alt. Sehr viel mehr als in vergleichbaren anderen Betrieben. Für den „ganzheitlichen Ansatz" wurde Festo 2007 sogar im Rahmen des BMWi-Wettbewerbs (BMWi = Bundesministerium für Wirtschaft und Technologie) „Chancen durch Erfahrung" ausgezeichnet. Angesichts der Krise wurden viele Maßnahmen der ganzheitlichen Mitarbeiterpflege allerdings wieder zurückgeschraubt. Schade. Denn Firmen wie Festo sind Vorreiter im besten Sinne. Das Pilotprojekt zeigte: Der Clou an der Umstellung eines Unternehmens auf eine Arbeitskultur, die auch ältere Menschen einbindet, ist, dass die Arbeitsatmosphäre für alle im Unternehmen besser wird, weil mehr auf Gesundheit, Kommunikationskultur, Austausch von Wissen und Weiterbildung geachtet wird. Und davon profitieren nicht nur die Älteren, sondern auch die Jungen. Unternehmen, die umfassend für eine gute Arbeitsatmosphäre sorgen, stellen fest, dass ihre Beschäftigten überdurchschnittlich loyal und produktiv sind.

Eine Analyse von Professor Joachim Fischer, Leiter des Instituts für Public Health an der medizinischen Universität Mannheim, lässt vermuten, dass man diese Beobachtung verallgemeinern kann. Unternehmen, in denen sich die Beschäftigten partnerschaftlich geführt fühlen, entwickeln eine hohe Identifikation und überdurchschnittlich häufig finden sich solche Unternehmen wirtschaftlich in der Topriege. Sie ernten schon jetzt die Früchte ihrer Investition in die Zukunft. Folgerichtig empfiehlt das Bundesministerium für Wirtschaft und Technologie in seiner Broschüre „Ratgeber Demografie" den Unternehmern und Geschäftsführern auch: „Richten Sie die Maßnahmen auf das gesamte Berufsleben und auf alle Altersgruppen aus! Maßnahmen ‚nur für Ältere' machen wenig Sinn. Zum einen wegen der langfristigen Wirkung vieler Maßnahmen. Zum anderen, weil eine gute Mischung in der Belegschaft zum größten Erfolg führen wird."[32]

Unsere Nachbarn zeigen: Da geht mehr!

Ein Blick in unsere Nachbarländer im Norden zeigt, was alles möglich ist. In Dänemark, Schweden oder Finnland kann man sehen, dass es kein Hexenwerk und auch kein unlösbares Problem ist, den demografischen Wandel ohne wirtschaftliche Katastrophe zu bewältigen. In Finnland half beispielsweise das fünfjährige Nationalprogramm „Älter werdende Arbeitnehmer" der Sache auf die Sprünge, erklärt der Demografie-Experte Mirko Sporket vom MaxNetAging, einem Forschungsnetzwerk des Max-Planck-Instituts, auf dem KörberForum „Unternehmen: Alter hat Zukunft". Bereits 1998 wurde die Frühverrentung abgeschafft und das landesweit aktive Institut für Gesundheit baute den Bereich „Age Management" auf. Tausende Führungskräfte in den Unternehmen wurden geschult, wissenschaftliche Berater unterstützten die Firmen bei Fragen zu Ergonomie und Weiterbildung. Medienkampagnen warben speziell für ältere Mitarbeiter. Innerhalb von gut zehn Jahren stieg die Rate der Erwerbstätigen in der Altersgruppe von 55 bis 64 von 35,6 Prozent im Jahr 1997 auf 56,8 im Jahr 2009 – also um über 21 Prozent[33].

Man kann bestimmt davon ausgehen, dass auch in unseren Nachbarländern nicht alle vom ersten Tag an begeistert waren vom neuen Wind in der Jobwelt. Auch hier wurde die Abschaffung der Altersteilzeit oder der Dreh am Rentenalter nicht unbedingt bejubelt. Menschen wie Unternehmen müssen sich erst einmal darauf einstellen, dass man länger arbeiten soll, Mitarbeiter gesund erhält statt ausbeutet und ältere Beschäftigte besonders fördert. Aber es scheint mit der Zeit zu gelingen, wie die Zahlen zeigen. Die Dänen schwärmen inzwischen sogar von ihrem System der „Flexicurity", was die Kombination aus lockerem Kündigungsschutz und intensiver Betreuung und Hilfe bei der Suche nach einem neuen, passenden Arbeitgeber umschreibt. Längst schätzt man in den nordischen Unternehmen die älteren Mitarbeiter und alle finden es normal, dass man eigentlich nie zu alt ist, um sich in einem neuen Job zu etablieren. Der Unterschied zu Deutschland ist so krass, dass sogar immer mehr Deutsche jenseits der 50 im skandinavischen Ausland einen beruflichen Neustart wagen. Die Bundesagentur für Arbeit hat eine Broschüre „Beschäftigungschancen für ältere Arbeitnehmer" herausgegeben, die altersfreundliche Länder mit ihren Jobchancen vorstellt und Erfolgsgeschichten von Busfahrern, Krankenschwestern und Ingenieuren erzählt, die mit über 50 den Schritt über die Grenze und in einen neuen beruflichen Erfolg gewagt und geschafft haben[34].

In den meisten Unternehmen ist man ab 50 nicht mehr gern gesehen

Nur in Deutschland kommt die Wirtschaft immer noch nicht so richtig an den Start. Auch wenn es inzwischen Initiativen wie das „Demographie Netzwerk" gibt, das im Jahr 2006 auf Initiative des Bundesministeriums für Arbeit und Soziales (BMAS) gegründet wurde und in dem sich inzwischen 200 Unternehmen und Institutionen zusammengetan haben, um die nötigen Veränderungen aktiv und flotter als der Rest anzugehen[35]. Darunter auch Marktführer wie SAP oder die Deutsche Bahn. Aber was sind 200 Unternehmen gegen den großen Rest?

Nicht viel. Zwar arbeiten inzwischen immerhin in den meisten größeren Unternehmen Menschen über 50. Aber bei den Neueinstellungen sieht es für Ältere immer noch mies aus. Und die 50plus, die einen festen Job haben, sind nicht besonders zufrieden mit der Anerkennung ihrer Fähigkeiten und den Möglichkeiten der Entwicklung. Das zeigt eine Umfrage der Unternehmensberatung Accenture unter 500 Beschäftigten über 50 aus dem Jahr 2009. Nur jeder Dritte ist mit den Weiterbildungsmöglichkeiten in seiner Firma zufrieden. Fast 40 Prozent klagen regelrecht über die schlechten Möglichkeiten, sich zu entwickeln, und fühlen sich auch von den Führungskräften nicht motiviert, heißt es dort. Keine gute Grundlage für eine lange berufliche Laufbahn.

Und ob sich das in absehbarer Zeit ändern wird, ist fraglich. Die obigen Beispiele zeigen, dass sich eigentlich fast ausschließlich die Unternehmen um den demografischen Wandel kümmern, in denen der Fachkräftemangel schon jetzt richtig zwickt, wo man sich die Ingenieure, Techniker und IT-Fachkräfte zurückwünscht, die man vor ein paar Jahren in Frührente geschickt hat. Hier wird zumindest punktuell in Gesundheit, Weiterbildung und Anerkennung investiert. Doch dieser Fachkräftemangel wird ja nur in wenigen Branchen aktuell und betrifft nur die sehr gut ausgebildeten Arbeitnehmer. Ob es im Bereich der Office-Manager oder Medienschaffenden wirklich jemals so eng wird, dass Firmen ihre Beschäftigten sorgsam pflegen, statt sie zu verschleißen, darf bezweifelt werden. Genug Arbeit wird es dagegen – zumindest für alle mit einer Ausbildung oder einem akademischen Abschluss – wohl schon geben, schätzen Experten. Schließlich sinkt mit dem demografischen Wandel die

Anzahl der Erwerbstätigen in Deutschland. Die Frage ist dann vor allem, ob die Menschen, die arbeiten möchten, die Qualifikationen und Fähigkeiten haben, die im Unternehmen gefragt sind.

Bei einem 100-Meter-Lauf mit dem Ziel „gelungener demografischer Wandel" würde Professor Ursula Staudinger die Bundesrepublik bei Meter 40 einordnen. Wir sind gestartet, aber noch lange nicht am Ziel.

Selbst ist der Demograf – der persönliche biografische Wandel

Vielleicht ändert sich vieles sehr schnell, wenn immer mehr Beschäftigte in den Personalabteilungen selbst in das Alter kommen, das sie heute als „zu alt" für Förderung und Herausforderung empfinden. Denn mit dem eigenen Alter ändert sich die Wahrnehmung häufig stark. Ein Personalverantwortlicher erzählt: „Als der Personalchef noch unter 30 war, bewarb sich ein 50 Jahre alter Herr um einen Posten. Man fand, dass er zu alt sei dafür, und bevorzugte einen Jüngeren. Ich befürwortete dies, weil ich ebenso jung war. Aber heute muss ich eingestehen, dass man bis ins hohe Alter agil bleiben und aufgrund seiner Erfahrung sogar mehr leisten kann als die Jüngeren. Verständlicherweise ist dafür Voraussetzung, auch körperlich gesund zu sein – das trifft aber genauso für die jüngere Generation zu. Inzwischen weiß ich: Die neue Generation bedarf des Rates und der Erfahrung der Älteren. Wenn man lernt, Senioren richtig einzuschätzen, gewinnen beide Seiten. Das Unternehmen erfährt eine echte Bereicherung und die jüngeren Angestellten profitieren ebenso davon."[36]

Doch wer nicht zu den gefragten Fachkräften gehört (also die meisten) und auch nicht warten möchte, bis die Personalverantwortlichen ihren 45. Geburtstag hinter sich gebracht haben und von selbst ihre Vorurteile ablegen, kann sich natürlich aktiv die persönliche Frage stellen: Wie möchte ich meinen persönlichen demografischen Wandel gestalten? Wie mache ich das Beste aus meinem – eventuell recht langen – Berufsleben? Wie bleibe ich gesund? Wie finde ich eine neue Tätigkeit, wenn ich das möchte oder muss?

Mit diesen Fragen kommen viele Menschen zu Svenja Hofert, Coach, Bestsellerautorin von Berufsplanungsbüchern und Inhaberin der Beratungsfirma „Karriere und Entwicklung". Ihre Klienten merken im Berufsalltag, dass irgendetwas nicht mehr stimmt – und im Gespräch mit Hofert kommen sie der Tatsache auf die Spur, dass es nicht darum geht, wie man als Älterer den Anschluss an den Turboalltag hält, sondern dass ihre Tätigkeit eigentlich nicht mehr zu ihrem Leben passt. Sie sind dem Job entwachsen, wie einem Anzug, der einem zu klein geworden ist. „Es gibt Berufe, die sind eher geeignet für den Anfang des Berufslebens, und andere sind eher geeignet für später", ist Hofert überzeugt. Häufig ist der Beruf für das jüngere Ich nicht der gleiche wie für das ältere Ich. „Deshalb wird für viele in der mittleren Lebensphase ein größerer Schritt der beruflichen Veränderung nötig", erklärt Hofert. Und das gilt nicht nur für die Kreativbranche, wo alle davon ausgehen, dass sich beispielsweise ein Werber ab Mitte 30 noch einmal neu orientiert, weil er sich zu alt oder gelangweilt vom temporeichen Business der Jungen fühlt. Hofert beobachtet vielmehr, dass es in allen Branchen so ist, dass junge Menschen andere Wünsche an den Job haben als ältere – und dass der Wechsel oft nicht auf dem gleichen Posten gelingen kann. Zum Beispiel der Unternehmensberater: Von ihm wird in gewisser Weise Jugendlichkeit verlangt. Er soll mobil, international einsetzbar, immer auf Abruf, gerne auch nachts erreichbar sein. Das ist ein typischer Job, in dem sich jüngere Menschen wohlfühlen. Oder auch die hoch spezialisierte Personalfachfrau für internationales Personalmanagement: Morgens konferiert man per Videokonferenz mit Menschen aus ganz verschiedenen Ländern. Mittags geht der Flieger nach London, übermorgen ist man schon in Madrid zur Stelle. Hier gilt, Tempo und Abwechselung kombiniert mit sehr guter Bezahlung machen den Reiz der Arbeit aus.

Ab 40: Der Wunsch, einen Gang runter- oder beruflich umzuschalten

Doch ab Mitte 30 oder 40 haben viele das Gefühl, dass sie ein ruhigeres Fahrwasser bräuchten. „Man kann nicht dauerhaft auf der Hochtourigkeit leben", erklärt Hofert. „Am Anfang will man das sogar. Aber irgendwann auch nicht mehr." Erst im Gespräch mit ihr wird diesen Klienten klar, dass es nicht nur darum geht, ein bisschen am Job zu verändern, sondern dass es um eine grundlegendere Veränderung geht. Dass man einen Beruf möchte, in dem die Lebenserfahrung eine größere Rolle spielt und auch das Wissen, das man sich im Laufe des Berufslebens aufgebaut hat. Dabei ist das Gefühl keine Luxusallüre, sondern Ausdruck von gesundem Menschenverstand. Studien zeigen, dass vor allem die Beschäftigten bis ins Rentenalter arbeitsfähig bleiben, die sich subjektiv gesund fühlen. Und das bedeutet, dass man das Gefühl hat, man wird gefordert, aber nicht permanent überfordert, man lebt seine Werte auch im Joballtag, kann sich entwickeln und bekommt für seine Arbeit Anerkennung. Eine Umfrage der Bertelsmannstiftung aus dem Jahre 2006 zeigte deutlich, dass viele Menschen ab 50 ziemlich genau wissen, was sie brauchen, um sich bis zur Rente im Berufsleben wohlzufühlen. Sie möchten Familie und Beruf vereinbaren können, wollen Tätigkeiten, die gesundheitlich weniger belastend sind, wollen ihre Leistung anerkannt wissen, möchten die Möglichkeit haben, die wöchentliche Arbeitszeit irgendwann zu reduzieren, und wollen neue Aufgaben, die sie fordern[37].

Und weil die meisten Unternehmen genau diese Mischung aus Entwicklungsperspektiven und Möglichkeiten von Entlastung nicht bieten, entwickeln viele Menschen ab 40 oder 45 alternative Ideen für ihre zukünftige berufliche Laufbahn. Sie denken über Weiterbildungen oder ein Zusatzstudium nach, das ihnen einen Jobwechsel auf einen passenderen Posten ermöglicht. Sie prüfen die Möglichkeiten für ein Sabbatjahr oder den Schritt in die Selbstständigkeit.

Manchmal ist schon alleine die Ruhe in der Reflexion Gold wert. Wenn man wieder spürt, was man wirklich gut kann und gerne tut, dann ergeben sich zum Teil von allein neue Chancen und eine neue Selbstsicherheit im Vorstellungsgespräch. Zumindest beobachtet Sylke Jehna, die gut ausgebildeten Personen nach ihrer Entlassung bei der Neuorientierung hilft: „Oftmals bedeutet der Wechsel letztlich eine Verbesserung auch in finanzieller Hinsicht."

Für andere ist die Idee, die sich bei der Neuorientierung abzeichnet, aber auch nicht so leicht umzusetzen, denn häufig sprengen die neuen Gedanken die alten Denkmuster: So wie bei dem Fotografen Olaf Z., der mit 40 sein Leben als Fotograf zu mobil und intellektuell nicht mehr befriedigend fand und deshalb sein Medizinstudium wiederaufnahm. Experten wie der Soziologie-Professor Dr. Ansgar Weymann von der Universität Bremen sind zwar der Ansicht, dass sich ein Studium bis zum Alter von 45 Jahren durchaus noch finanziell im späteren Berufsleben auszahlt, aber erst einmal heißt der Wechsel vom Fotoprofi zum Vollzeitstudenten natürlich, dass man seinen Lebensstandard für einige Jahre völlig einschränken muss. Nicht selten bedeutet der neue Wunschberuf auch generell, dass man weniger verdienen wird. „Das Problem bei der Neuorientierung ist beispielsweise häufig, dass der neue Beruf mit einem gewissen Verlust an Einkommen verbunden wäre", weiß Hofert. Jemand, der jahrelang im Verkauf tätig war und entdeckt, dass er gerne weiter mit Sprache arbeiten würde, aber beispielsweise lieber als Logopädin und nicht mehr im Verkauf, wird im neuen Beruf vermutlich um einiges weniger verdienen als im alten. Hofert findet so einen Schritt durchaus überlegenswert. Aber noch passt so eine Wende wenig in unsere Vorstellung von einer „gelungenen" beruflichen Entwicklung. „Viele können diesen Schritt innerlich nicht gehen", so Hofert. Sie arrangieren sich lieber weiter mit dem alten Beruf – allerdings oft auf Kosten des Engagements und der Zufriedenheit.

Ein sehr deutsches Phänomen, wie Hofert feststellt. Sie erzählt von einem amerikanischen Klienten, den sie seit einiger Zeit berät. Der ist IT-Fachmann und möchte mit 41 ein Architekturstudium beginnen. Einfach, weil ihn das interessiert. Noch weiß er nicht, wofür diese Ausbildung gut sein wird, aber er ist sich sicher, sein Interesse und seine Begeisterung werden ihn richtig leiten und auch beruflich werden sich durch das Thema Architektur für ihn neue Perspektiven entwickeln. Schließlich hat er viele Bekannte in Amerika, bei denen Entwicklung im Berufsleben genau so funktioniert. Seine Freunde in Amerika sagen dementsprechend: „Great! Go for it!". Seine deutschen Freunde dagegen fragen ihn: „Spinnst du?"

In deutschen Köpfen ist der gerade Weg immer noch der bessere. Und viele wählen auch deshalb eine Spezialisierung, wenn sie sich beruflich verändern möchten. Der Wunsch dahinter: Wenn man noch besser qualifiziert ist, fühlt man sich sicherer und kann sich den Job aussuchen. Doch das ist ein Irrtum. Für Spezialisten gibt es gute Jobs – aber häufig nur auf internationaler Ebene eine gute Auswahl. Deshalb ist der Weg in die Spezialisierung oft eine Art Sackgasse, wenn man sich eigentlich vom Rattenrennen im

Job verabschieden möchte, wie Hofert beobachtet. Das Spezial-
wissen schneidert das persönliche Profil immer schärfer auf ganz
bestimmte Arbeitsplätze zu – und es kann leicht passieren, dass
es den passenden Job eher in London als in Lübeck gibt –, und
schon ist man wieder im Mobilitätszwang. „Im Zweifel ist der
Schritt zurück in die Generalisierung oft besser, wenn man seine
weitere Berufslaufbahn in ruhigere Bahnen lenken möchte", hat
die Karriereberaterin festgestellt. Allerdings scheint es auch ein
wenig so zu sein, dass der stete Blick auf Effizienz bei der Weiterbildung die Lust am Lernen auf Dauer empfindlich lädiert. Das
Nullachtfünfzehn-Seminar lockt einen irgendwann einfach nicht
mehr. Verständlicherweise. Vielleicht wäre eine etwas buntere Auffassung von Weiterbildung, die auch das Verfolgen von Interessen
mit einschließt, ein gesünderer Ansatz.

Das persönliche Interesse als roter Faden

Aber was konkret soll man denn nun tun, wie seine Ausbildung
und Karriere steuern, wenn man mit seinem persönlichen Wandel gut klarkommen will? Die Erfahrung der Experten und der-
jenigen, die schon mittendrin stecken, zeigen, dass es letztlich
darum geht, sich wieder mehr an den persönlichen Interessen als
an vermeintlich „sicheren" Ausbildungswegen, Branchen oder
Unternehmen zu orientieren. Heute bietet kein Unternehmen
und keine Branche mehr Sicherheit. Wer Sicherheit empfinden
möchte, kann sie nur in sich selbst finden. Zum Beispiel, weil
man weiß, was man gut kann, was man gerne macht – und den
Mut hat, die berufliche Richtung zu wechseln, wenn sich die
Interessen oder das Leben verändern. „Wichtig sind die Vorlie-
ben", erklärt Soziologe Dr. Ansgar Weymann[38]. Häufig hatte man
als Jugendlicher einen ganz guten Kontakt zu seinen Interessen
und konnte sich stundenlang mit etwas beschäftigen. Im Arbeitsleben geht diese Verbindung zu sich selbst aber häufig im Alltagsstress verloren. Doch eine Rückbesinnung auf diese Fähigkeiten lohnt, wenn man trotz aller Veränderungen für sich persönlich einen roten Faden der beruflichen Laufbahn entwickeln
möchte. Denn letztlich speist sich unsere Motivation, unser
Wohlgefühl und damit auch unsere Arbeitsfähigkeit zu einem
großen Teil aus dem guten Zusammenspiel von beruflichen Auf-

gaben und persönlichen Interessen. Studien zeigen, dass die subjektive Gesundheit mehr darüber aussagt, ob ein Mensch eher bis zum regulären Rentenalter arbeiten kann oder eher früher aus gesundheitlichen Gründen ausscheiden wird. Sich in seinem Beruf und in der Branche, in der man arbeitet, überwiegend wohlzufühlen, ist also eine wichtige Voraussetzung dafür, dass man bis 67 sein Geld verdienen kann. „Umorientierung lohnt sich", ist Weymann deshalb überzeugt. Und manchmal heißt das heute einfach, dass man sich mit 40 oder auch mit 50 beruflich in eine neue Richtung bewegt, vielleicht inhaltlich, vielleicht auch durch eine Phase der Selbstständigkeit, dass man vielleicht zwischendurch oder in den 60ern bewusst von Vollzeit auf Teilzeitarbeit wechselt, weil es gerade besser zum Leben passt.

Bewerben neu lernen

Allerdings stellt sich vielen, die beherzt Neues wagen, gleich die nächste Frage: Wie finde ich dann einen neuen Job? Schließlich sind deutsche Unternehmen dafür bekannt, dass sie nur sehr selten Menschen über 45 einstellen. Und Studien zeigen, dass viele Personaler zwar von sich selbst der Meinung sind, dass sie die Vorzüge älterer Bewerber sehr schätzen – zum Beispiel die meist vorhandene Erfahrung, die emotionale Stärke und auch die höhere Loyalität zum Unternehmen. Aber in der Praxis laden sie fast immer die jüngere Person zum Bewerbungsgespräch ein, wenn sich zwei Personen mit identischer Qualifikation, identischer Gehaltsvorstellung und unterschiedlichem Alter bewerben.

In der Praxis heißt das, wer sich nach seinem 40. Geburtstag beruflich verändern möchte, muss das Bewerben neu lernen. Denn die Hürde aus Vorurteilen kann man aushebeln, wenn man mit den Personalverantwortlichen ins direkte Gespräch kommt. Und das gelingt zum Beispiel relativ einfach, wenn man Branchenkongresse oder Messen besucht. „Unsere Klienten haben häufig Erfolg, wenn sie direkt mit Menschen aus den Unternehmen Gespräche führen", weiß Lars Hahn, von der LVQ Weiterbildung GmbH in Mühlheim an der Ruhr. Die Weiterbildungseinrichtung bietet neben fachlichen Qualifizierungen auch Nachhilfe in der Suche nach dem passenden Job an. Gerade ältere Jobinteressenten hätten das richtige Standing für informelle Bewerbungsschritte. Hahn nennt es auch die Kunst des „systematischen Kaffeetrinkens". Genauso effektiv kann es sein, im weiteren Bekanntenkreis nach Branchenkontakten Ausschau zu halten. Manchmal kann eine Empfehlung über einen Bekannten die Tür für ein erstes Gespräch im Wunschunternehmen öffnen. Sogar der Spaziergang durchs Industriegebiet um die Ecke kann ein erster Schritt in Richtung Job sein, wenn man seine Unterlagen dabei hat und beherzt beim Inhaber ins Geschäftszimmer marschiert. Wovon Hahn ebenso wie Hofert jedem über 40 völlig abrät, sind Zeitung kaufen und Anzeigen lesen. Denn davon sei man unweigerlich enttäuscht.

Allerdings haben immer mehr Ältere auf beruflichen Selbstfindungspfaden gar keine Lust, sich wieder in den Kosmos eines Unternehmens einzufügen. Der Schritt in die Selbstständigkeit wirkt mit Erfahrung und Können fast attraktiver. Zum Beispiel die Personalfachfrau Sandra J. (45). Die Germanistin und Personalentwicklerin hat sich in einem amerikanischen Konzern zur internationalen Personalleiterin entwickelt. Ist ständig in der Welt unterwegs – und merkt irgendwann, dass sie das nicht mehr möchte. Der Druck, die Flughallen und Konferenzen. Ihr reicht es. Sie kündigt, verbringt ein Sabbatjahr und möchte sich neu bewerben. Am liebsten auf einen Posten, der inhaltlich anspruchsvoll, aber weniger mobil ist. „Ich musste feststellen, dass es auf meinem Niveau keine Arbeitsplätze gibt, die einen weniger einspannen", erzählt Sandra J. Sie wäre sogar bereit gewesen, einen Job anzunehmen, der ihr Bildungsniveau unterschreitet. Aber das wollten die Unternehmer nicht. Letztlich entschied sie sich für den Schritt in die Selbstständigkeit als Outplacement-Beraterin. Da arbeitet sie auf hohem Niveau und kann trotzdem über ihre Zeit und ihr Leben bestimmen.

Der Schritt in die Selbstständigkeit als Ausweg

Immer mehr Menschen ergeht es wie der Personalfachfrau. „Häufig lässt sich in der Selbstständigkeit der Wunsch, die persönliche Erfahrung einzubringen und den Arbeitsalltag stärker selbst zu bestimmen, am besten vereinbaren", erläutert Hofert. Und die Zahl der Menschen, die jenseits der 40 tatsächlich den Schritt in die Selbstständigkeit wagen, steigt seit einigen Jahren stetig. Vor allem bei den Frauen ist das Gründungsmotiv oft „Selbstverwirk-lichung", wie die Bundesweite Gründerinnenagentur (bga) berich-tet.[39] Der Trendforscher Sven Gábor Jánszky vom forward2business-ThinkTank in Leipzig sieht in der Entwicklung, dass gut ausgebil-dete Fachleute sich eher als Selbstständige auf dem Arbeitsmarkt bewegen und projektweise mit Unternehmen kooperieren, sogar den größten Trend der nächsten Jahre. „Der Anteil der Selbststän-digen wird sich bis zum Jahr 2020 im Vergleich zu heute auf ca. 20 Prozent verdoppeln", lautet seine Meinung, denn in dieser Arbeitswelt wäre das Alter wirklich zweitrangig, nur die Passung ins Projekt und die Leistung wären relevant für den Auftrag-geber[40].

Immer mehr wählen auch den Mittelweg zwischen Sicherheit und Selbstständigkeit und ergreifen neben dem festen Job einen Zweitjob. So wie Petra S. (39). Die Rechercheredakteurin beim Fernsehen betreibt nebenbei einen Onlinehandel für handgefer-tigte Textilien und Babywäsche. Ihre Festanstellung mag sie. Ihr zweiter Job macht sie selbstbewusst und froh, sagt sie. Und wer weiß, vielleicht wächst sich das kleine Unternehmen ja auch irgendwann zum Hauptjob aus. Andere handeln mit dem Arbeit-geber Präsenz- und Telearbeitszeiten von zu Hause aus und ver-binden auf diese Weise Freiheit, selbstbestimmte Arbeitszeit und Sicherheit. Die mobile Technik macht es möglich. Aber auch die Tatsache, dass Firmen wie SAP oder Microsoft nicht mehr auf ihre Wissensträger verzichten möchten, wenn die beispielsweise Kin-der bekommen oder eben nicht dem Firmensitz hinterherziehen möchten. Auch für ältere Mitarbeiter könnten solche Arbeits-modelle in Zukunft interessanter werden.

Dass auch Unternehmen und Organisationen langsam, aber sicher die Vorteile der Beschäftigten sehen, die ihren Berufsweg selbstbestimmt gestalten, zeigt die Tatsache, dass es inzwischen auch vorkommt, dass ältere, erfolgreiche Selbstständige gefragt werden, ob sie nicht doch vielleicht eine Festanstellung haben möchten. So wie Frank P., der seit Jahren als freischaffender Bera-ter fest im Sattel saß und dann mit Anfang 50 die Geschäftsleitung eines Verbandes übernahm. Hier wollte der Arbeitgeber genau das, was der Ältere bot: Erfahrung und ausgereifte soziale Kom-petenz kombiniert mit großer Selbstständigkeit.

Ganz offensichtlich sind eine ganze Reihe der Generation 40plus und 50plus schon damit ausgesöhnt, dass sich die Arbeitswelt verändert, der gewählte Beruf nicht mehr ein Leben lang hält. Vor allem die gut Ausgebildeten sehen vermehrt die Chancen in dieser Entwicklung. Sie sind bereit, sich zu verändern, Neues zu lernen und zu wagen. Doch leider stehen ihnen dabei nicht nur die Vorurteile in den Unternehmen im Weg, sondern auch eine ganze Reihe struktureller Hindernisse im Bildungsangebot. Zum Beispiel werden sogenannte Bildungskredite nur bis zum 36. Lebensjahr gewährt. Auch die Agentur für Arbeit bietet keine Unterstützung für Menschen, die sich weiterentwickeln wollen – wenn es die Arbeitssituation nicht zwingend erforderlich macht. Noch bis 2004 gab es finanzielle Unterstützung für Menschen, die einen neuen Beruf erlernen wollten. Aber das Geld wurde gekürzt – ironischerweise fast zeitgleich mit der Erhöhung des Rentenalters. Gründerzentren gewähren häufig nur Menschen bis Mitte 30 Zutritt, sogar Studiengänge sind zum Teil altersbegrenzt. Zum Beispiel ist bei der Zulassung zu Tiermedizin mit 41 Schluss. Hofert hat deshalb eine klare Forderung: „Diese Altersgrenzen, die es im Bereich der Aus- und Weiterbildungen und für Gründer gibt, sind eine große Hürde und sollten abgeschafft werden."

Und in Zukunft? Das Drei-Phasen-Modell ist veraltet

Interessanterweise beobachten Personalleiter gerade bei der nächst jüngeren Generation, dass viele schon viel früher an ihre Kräfte denken und einen sehr viel höheren Anspruch an die Vereinbarkeit von beruflichen und persönlichen Interessen haben als die Generation vor ihnen. „Eine ganze Reihe von Führungskräften in der Forschung und Entwicklung hat gar kein Interesse, noch weiter im internationalen Konzern aufzusteigen", erzählt eine Personalfachfrau für Karriereentwicklung in einem Automobilzulieferer-Unternehmen. Die qualifizierten Nachwuchskräfte sind ganz zufrieden mit dem, was sie erreicht haben, und verzichten gerne auf den nächsten Karriereschritt, der sie zu rastlosen Fliegern zwischen den Standorten des Unternehmens machen würde. Vielleicht ein erstes Anzeichen dafür, dass der demografische Wandel sich eben doch positiv vollzieht. Leise und fast lautlos, aber mit Konsequenzen. Diesen jungen Fachkräften ist es offensichtlich

wichtiger, dass ihr gesamtes Leben in einer gesunden Balance ist –
eine sehr gute Voraussetzung für ein langes Berufsleben.

„Wenn Lernen, Arbeit und Freizeit stärker durchmischt werden
und sich in kürzeren Abständen abwechseln, als dies gegenwärtig
die Regel ist, könnte dies einen längeren Verbleib im Erwerbsleben
erleichtern und die persönliche Entwicklung und Produktivität
befördern", erklärt Ursula Staudinger. Das starre Drei-Phasen-
Modell aus Ausbildung, Arbeit und Ruhestand sei einfach veraltet.
Weiterbildung und berufliche Entwicklung müssten über die
gesamte Lebensspanne hinweg eine zentrale Rolle spielen, sodass
man bei Bedarf die Tätigkeit im Berufsleben wechseln kann – oder
sogar möchte.

Die Psychologin geht sogar so weit zu sagen, dass dieser Wandel im Verständnis von Arbeit unserer eigentlichen Natur entspricht: „Es ist unmenschlich, wenn Menschen ein Leben lang nur
eine Tätigkeit ausüben dürfen, weil sie dadurch ihre eigenen Entwicklungsmöglichkeiten nicht wahrnehmen können", erklärt Staudinger[41]. Die Entwicklungspsychologin ist fest davon überzeugt,
dass der Mensch ein Wesen ist, das letztlich für Abwechslung im
Leben gemacht ist – und nicht für 40 Jahre in demselben Job und
30 Jahre im Ruhestand: „Geist und Körper nutzen sich durch das
jahrelange Einerlei ab." Insofern wäre die neue Vielfalt im Berufsleben nicht in erster Linie eine Bürde, die den Beschäftigten auf-
geladen wird, sondern vielmehr eine längst überfällige Anpassung
unseres Lebensstils an unsere Lebenszeit.

Staudingers Idealbild vom modernen beruflichen Lebenslauf
sähe dann vielleicht so aus: Nach dem Abitur wählt man ein Studium, das einen interessiert, sagen wir Biologie. Im Studium sind
Auslandsaufenthalte und vielleicht auch Praktika in der Wirtschaft
der Normalfall. Aus diesen Kontakten ergibt sich im besten Falle
der Einstieg in den ersten Job: die Arbeit in der Forschungsabtei-
lung eines Kosmetikkonzerns. Viele Auslandsreisen, spannende
Jobs, viel Tempo. Weil man sich neben der täglichen Arbeit ständig weiterbildet, fällt einem auf, dass man ein sehr gutes Händ-
chen für Präsentationen hat. Und als der Job an der Spitze der
Forschung zu anstrengend wird, wechselt man leichtfüßig ins Präsentieren, sucht vielleicht ein neues Unternehmen oder macht
sich mit seinen Fähigkeiten selbstständig. Und auch das ist mög-
licherweise noch nicht das Ende der Berufstätigkeit. Vielleicht

engagiert man sich mit den Jahren auch stärker in der Ausbildung jüngerer Leute. Und dieses Engagement bringt einem sogar noch nach der Berufstätigkeit Freude – sei es als Ehrenamt oder bezahlter Job. Experten sprechen hier auch von einer „zweiten Karriere". Arbeiten bis ins hohe Alter bedeutet also nicht, dass man sich bis zum letzten Tag an irgendeinen ungeliebten Arbeitsplatz schleppt. Vielmehr geht es darum, immer wieder Interessen und Tätigkeiten zu entdecken und auszubauen und auf diese Weise im Idealfall lebenslang den passenden Job zu finden – Aktivität und Lust auf Lernen als Grundlage für das gute Leben.

Ähnlich bunte Lebensläufe kann sich Staudinger auch für Menschen ohne akademischen Abschluss vorstellen. Zum Beispiel der Dachdecker, der mit 50 vielleicht nicht mehr in schwindelerregender Höhe arbeiten möchte. Er könnte sich zum Vertriebsmann weiterentwickeln, zum Ausbilder oder auch einen Job ergreifen, der nur noch entfernt mit Handwerk zu tun hat, etwa Bauberater.

Dass erfolgreiche Berufsverläufe auch in sehr belastenden Berufen durchaus möglich sind, konnte Dr. Frauke Jahn vom BGAG-Institut Arbeit und Gesundheit der Deutschen Gesetzlichen Unfallversicherung in Dresden zeigen. Sie befragte Krankenschwestern und Bauarbeiter, um herauszufinden, was die Menschen auszeichnet, die aus einem belastenden Beruf einen für sie erfolgreichen und gesunden Berufsweg entwickeln können, beziehungsweise was Menschen auszeichnet, die in belastenden Berufen bis zur Rente arbeitsfähig bleiben. Jahnke fand dabei Berufsentwicklungen wie diese[42]:

Jochen D., 40 Jahre: „Ich habe 22 Jahre meinen Beruf als Straßen- und Tiefbauer ausgeübt, 10 Jahre gemeinsam mit meinem Vater in einem eigenen kleinen Familienbetrieb. Als mein Vater mit 59 Jahren aus gesundheitlichen Gründen einen Job als Bauleiter in einem größeren Bauunternehmen annahm, sind die körperlichen Belastungen alleine auf der Baustelle zu groß geworden. Zu den Rückenbeschwerden kam die Sorge um den Betrieb. Mein Unternehmen zu vergrößern, ging aus familiären Gründen nicht. Also habe ich mich mit 40 entschieden, meinen Beruf zu wechseln. Heute arbeite ich als Hausmeister in einer Schule. Körperliche Belastungen habe ich natürlich immer noch, aber diese wechseln sich mit körperlich weniger belastenden Tätigkeiten, wie z. B.

Transportfahrten, ab. Die Erfahrungen aus meinem erlernten Beruf kann ich in meinem neuen Job gut gebrauchen." Das Beispiel von Jochen D. lässt sich verallgemeinern. Alle erfolgreichen Berufswechsler, die Jahn befragte, zeichnete vor allem aus, dass sie „ein hohes Maß an Eigeninitiative" haben, immer wieder aktiv Lernchancen ergreifen, sich weiter qualifizieren und beherzt zu neuen Tätigkeiten greifen, wenn die alten nicht mehr passen. Diejenigen, die auf Dauer unzufrieden oder krank wurden, zeichnete dagegen aus, dass sie auf ihrem Job so lange ausharrten, bis im wahrsten Sinne des Wortes nichts mehr ging, dass sie aber auch Möglichkeiten der Entlastung nicht wahrnahmen und selbst ebenfalls nicht aktiv für ihre Gesundheit sorgten.

Die Bauarbeiter, die ihren Beruf bis zur Rente ausüben können, haben die Maßnahmen des Arbeits- und Gesundheitsschutzes in ihr Arbeitshandeln integriert. Sie nutzen ihre Freizeit zur aktiven Erholung und Entspannung und betreiben eigenaktiv Gesundheitsvorsorge. Diejenigen, die sich krank und extrem belastet fühlen und sich nicht vorstellen können, dass sie bis zur Rente durchhalten, zeichnete dagegen aus, dass sie auch in der Freizeit weiter schwer körperlich arbeiteten, zum Beispiel im Hausbau. Die wenige Erholungszeit verbrachten sie eher passiv und auf Gesundheitsvorsorge legten sie keinen Wert. Sogar die Arbeits- und Gesundheitsschutzmaßnahmen auf der Baustelle empfanden sie als behindernd und ignorierten sie, wenn möglich.

Allerdings kommt gerade in den Berufen mit besonderer Belastung den Firmen eine große Verantwortung zu. Denn zum einen können Beschäftigte Angebote des Gesundheitsschutzes nur gut annehmen, wenn sie ihnen klar und sinnvoll erscheinen und nicht als Behinderung im Arbeitsalltag wahrgenommen werden. Hier mangelt es oft an praxisnaher Aufklärung schon zu Beginn des Arbeitslebens. Denn erste Anzeichen von Erkrankungen wie Rückenbeschwerden und Stressüberlastung zeigen sich bereits bei den 40-jährigen Beschäftigten. Wenn hier die betriebliche Gesundheitsförderung nicht besser wird, ist es kaum abzuwenden, dass viele Beschäftigte nicht bis zur Rente durchhalten, weiß Demografie- und Gesundheitsexperte Heinz Kowalski. Und gerade in diesen Branchen können die Unternehmen über Gesundheitschecks und betreute Maßnahmen ein wichtiger Ort für ganz praktische Gesundheitsvorsorge sein, die Beschäftigte auch motiviert annehmen. Zum anderen mangelt es in vielen Firmen auch an Anreizen für eine Weiterentwicklung. Jahn konnte beobachten, dass im Moment vor allem die Eigeninitiative darüber entscheidet, ob Menschen in belastenden Berufen sich entwickeln können oder nicht. Hier könnte eine gesundheits- und entwicklungsfördernde Unternehmenskultur vermutlich viel bewirken.

Und Ursula Staudinger und ihre Kollegen sehen auch hier sehr wohl große Potenziale für eine Tätigkeit in einer zweiten Karriere. Der Bauarbeiter könnte im Anschluss an seine berufliche Laufbahn zum Beispiel ein Ehrenamt oder eine Selbstständigkeit anstreben, in der er einige Stunden pro Woche andere Menschen in Fragen rund um Haus und Hof, Bauprojekte oder alternative Wohnideen berät. Die Krankenschwester könnte in der Rente im Stadtteilzentrum zu Gesundheitsthemen beraten oder sich im Bereich der Altenpflege auf Stundenbasis weiter beschäftigen.

Wozu immer aktiv? Ausruhen wäre doch auch mal schön

Vielleicht fragen Sie sich inzwischen, was Ursula Staudinger und ihre Expertenrunde bloß mit diesem Aktivitätswahn wollen. Wäre es nicht schön, mit 65 – oder vielleicht sogar schon früher – endlich seine Ruhe vom Job und den beruflichen Verpflichtungen zu haben? Für manche schon. Aber für die meisten ist eine sinnvolle Tätigkeit, die auch von anderen Menschen abgefragt wird, ein Lebenselixier. Studien zeigen beispielsweise, dass Menschen, die vorzeitig in den Ruhestand gehen, häufig auch vorzeitig sterben. Unterforderung, Einsamkeit und Langeweile gelten hier als Faktoren, die Gesundheit und Lebenswille empfindlich annagen können.

Viele spüren das intuitiv. Beispielsweise sind ein Viertel der Selbstständigen auch noch nach dem 65. Lebensjahr erwerbstätig, zeigt „Die 50+ Studie", in der 7000 Teilnehmer im Alter zwischen 50 und 70 befragt wurden.

Und interessanterweise würde auch etwa ein Drittel der Angestellten gerne nach der Rentengrenze weiter in ihrem Beruf tätig sein. Erstaunliche 60 Prozent der heutigen Generation 50plus möchten nach dem 65. Lebensjahr zwar nicht mehr in ihrem heutigen Job arbeiten, sich aber gerne in neuen Projekten engagieren oder eine berufsähnliche Tätigkeit haben. Schon jetzt steigt die Zahl der engagierten Älteren stetig.

Insofern muss man sagen, dass wir uns eigentlich schon in Gedanken aufgemacht haben, unser langes Leben neu zu gestalten. Uns fehlt es nur manchmal an Mut, diese Pläne auch mit etwas Struktur zu verfolgen. Angesichts der Tatsache, dass uns die Unternehmen und Arbeitsmarktpolitik dabei auch nicht wirklich unterstützen, ist das kein Wunder. Hoffentlich wird sich das bald ändern. Die neue Elternzeitregelung, die vielen Männern die Chance gibt, den Ausstieg auf Zeit zu proben, ist beispielsweise so ein Schritt. Bestimmt verändert sich beim einen oder anderen in der Pause der Blick auf das Job-Karussell nachhaltig. Man bekommt einfach Abstand und blickt über den Tellerrand von Konferenz und Computer.

Und die Gruppe der Menschen, die über den Tellerrand des Alltags schauen und ihren beruflichen Lebenslauf aktiv selbst in die Hand nehmen, wächst. Es gibt immer mehr Menschen, die aufgrund ihrer Interessen eine Auszeit nehmen oder von einem prestigeträchtigen Job in einen weniger gut bezahlten Beruf wechseln, der sie dafür wirklich interessiert. Die ihren Lebensstil herunterschrauben. Damit sind Menschen gemeint, für die Karriere vor allem persönliche Entwicklung bedeutet und nicht den bestdotierten Posten. Das kann aber auch so aussehen, dass man auch mit 50 einen beruflichen Neuanfang wagt oder mit einer guten Idee und mit einem oder zwei Beinen den Schritt in die Selbstständigkeit.

Noch sind diese Menschen in gewisser Weise Avantgardisten, Vordenker – die häufig auch ein wenig belächelt werden. Doch falls Sie dazu gehören: Bleiben Sie dran. Denn Ihr Modell ist das Modell der Zukunft. Die Kunst, gut alt zu werden, ist eng verknüpft mit der Kunst, sich Aktivitäten zu suchen, die gut zu einem passen, zu unseren Interessen und Fähigkeiten, aber auch zu unseren Kräften und Wünschen an die Struktur des Alltags. Und das wechselt nun einmal im Laufe unseres langen Lebens. Umso früher wir anfangen, für diese Lebendigkeit ein Gefühl zu entwickeln, umso mehr Übung bekommen wir darin, unsere berufliche Laufbahn bewusst und passend für unser langes Leben zu gestalten. Und umso höher ist die Chance, dass wir lebenslang Tätigkeiten finden, die unser Einkommen sichern, uns zufrieden machen – vielleicht sogar glücklich.

Das liebe Geld ...

Es ist ein ganz normaler Samstag. Die Einkäufe sind erledigt. Die dicken Taschen müssen nur noch die Treppe rauf. Die Post passt gerade noch so oben drauf auf das Gemüse. Gut, dass nur zwei Briefe im Briefkasten lagen, beide schmucklos und leicht. Doch der Inhalt wiegt schwer. Zumindest in Zukunft: Auf dem einen Briefbogen steht in einem kleinen Kästchen die Zahl 464 – dahinter ein Euro-Zeichen. Das ist die Rente, die sie bekommen wird, wenn sie bis zum 67. Lebensjahr so weiter arbeitet wie bisher. Bei ihm stehen immerhin 1056 Euro. Er ist Angestellter. Sie selbstständig. Gemeinsam werden sie also nach der Jobzeit mit etwas mehr als 1500 Euro Rente im Leben stehen. Viel ist das nicht. Und doch genauso viel, wie zahlreiche Deutsche zu erwarten haben. Und wenn man bedenkt, dass die Inflation dazu führt, dass die Kaufkraft von 1500 Euro beständig an Wert verliert, kann man sich ausrechnen, was man in 30 Jahren tatsächlich im Geldbeutel hat: Bei zwei Prozent Inflation entsprechen die 1500 Euro Rente dann nur noch der Kaufkraft von heute knapp 800 Euro – auf den Konten der Rentner von morgen wird es häufig düster aussehen.

Schon warnt die Organisation für Wirtschaftliche Zusammenarbeit und Entwicklung, OECD, vor einer neuen Altersarmut in Deutschland. Im Moment gibt es zwar noch nicht sehr viele Rentner, die an der Armutsgrenze leben – die Zahl wird meist mit etwas über zwei Prozent angegeben, das heißt, jeder 40. Rentner bekommt staatliches Zusatzgeld. Grundsicherung wird diese Geldstütze für den Alltag genannt. Allerdings steigt die absolute Zahl der armen Rentner sichtlich: 2003 waren es noch 258 000 Menschen, 2007 schon 392 000 und Ende 2008 waren es bereits 768 000[43].

Die Zahlen sind sogar etwas höher, wenn man sich die relative Armut Älterer anschaut, also die Zahl der Menschen, die mit weniger als der Hälfte des durchschnittlichen Einkommens auskommen müssen. Dann können derzeit laut OECD bereits neun Prozent der Rentner und Rentnerinnen als arm gelten. Als Menschen, die wohl ihr Dach über dem Kopf und ein Essen auf dem Tisch bezahlen können, bei denen Kino- und Konzertbesuche, ein Urlaub, Geschenke für den Enkel schon ein Loch in den Geldbeutel reißen würden, das nicht zu stopfen ist.

Nicht mal 50 Prozent erreichen die Eckrente ...

Und schon jetzt ist abzusehen, dass es bald sehr viel mehr sein werden, die nach dem Berufsleben in relativer Armut leben oder sogar so wenig Geld zur Verfügung haben, dass sie ohne staatliche Unterstützung nicht auskommen können. Denn nur, wer 45 Jahre lang kontinuierlich in die Rentenkasse eingezahlt und den Durchschnittslohn verdient hat, also laut Deutscher Rentenversicherung derzeit etwas über 30 000 Euro pro Jahr, bekommt am Ende die sogenannte Standardrente, auch Eckrente genannt. Die beträgt im Moment 1224 Euro für Männer im Westen Deutschlands, 1086 Euro für Männer im Osten der Republik, 669 Euro für Frauen, die ihre Arbeitszeit im Osten Deutschlands verlebt haben, und 468 für die Durchschnittswestfrau. Dass die Ostfrauen im Moment besser dastehen, liegt schlicht an der höheren Erwerbsquote und der längeren Erwerbstätigkeit. Viele Westfrauen, die jetzt eine Rente beziehen, stiegen mit den Kindern aus dem Berufsleben aus oder auf Teilzeit und befristete Jobphasen um – Gift für die Rente.

Allerdings sieht die Arbeitswelt heute ja so aus, dass der bisher meist weibliche Berufsweg sich auf die gesamte Gesellschaft übertragen hat und immer mehr zur Normalität wird: Phasen der Beschäftigung wechseln mit Phasen ohne Berufstätigkeit, man arbeitet häufig befristet und in Teilzeit, ist mal besser, mal schlechter bezahlt. Schon jetzt erreichen „wegen der hohen Arbeitslosigkeit und aufgrund gebrochener Erwerbsbiografien nur 50 Prozent der Rentner und fünf Prozent der Rentnerinnen" die Standardrente, rechnet die Hans-Böckler-Stiftung aus[44]. Vermutlich wird die Zahl noch weiter sinken.

In Ostdeutschland zeichnet sich die Entwicklung besonders dramatisch ab: Die hohe Arbeitslosigkeit in Kombination mit den immer häufigeren Mini- und Teilzeitjobs hat dazu geführt, dass jetzt schon abzusehen ist, dass der durchschnittliche Rentenanspruch der Arbeitnehmer, die zwischen 1962 und 1971 geboren

wurden, mit rund 600 Euro gerade mal im Bereich der Grundsicherung oder sogar darunter liegen wird.

Die OECD erwartet deshalb, dass im Jahr 2030 schon mindestens zehn Prozent der Rentner die reale Armutsgrenze knacken
und auf Sozialhilfe angewiesen sein werden. Besonders Teilzeit-
arbeiter, Arbeitnehmer in schlecht bezahlten Branchen, Langzeit-
arbeitslose, Menschen, die vor ihrem 67. Lebensjahr in Rente
gehen oder ihre Berufstätigkeit mit Unterbrechungen lebten sowie
all die kleinen Selbstständigen und Projektarbeiter, die sich von
Auftrag zu Auftrag hangeln, werden davon besonders betroffen
sein – wenn sie kein dickes Erbe im Rücken haben oder anderwei-
tig für ihre Absicherung im Alter gesorgt haben.

Denn das ist natürlich die Alternative zur mickrigen Staatsrente: Dass man beizeiten für andere Geldquellen im Alter gesorgt
hat, also in eine private Altervorsorge investiert hat und im besten
Falle auch noch eine Betriebsrente bezieht. Fatal ist nur, dass gerade die Menschen mit relativ niedrigem Einkommen – und
dementsprechend niedriger Rente – sehr häufig auch kein Geld
über hatten, um in andere Geldquellen fürs Alter zu investieren,
und auch Betriebsrenten beziehen sie nur selten, stellt die „Studie
Altersvorsorge in Deutschland" fest. Der öffentliche Unmut über
diese Entwicklungen ist groß.

... die meisten von ihnen sind gering qualifiziert

Allerdings wird bei dieser Diskussion häufig nicht berücksichtigt,
dass die Rentenmisere vor allem Menschen mit geringer Qualifikation betrifft. Die Studie des Deutschen Instituts für Wirtschaftsfor-
schung, DIW, „Künftige Altersrenten in Deutschland" bestätigt es
noch einmal: „In Gesamtdeutschland wird es in Zukunft vor allem
für gering Qualifizierte sehr viel schwieriger, das bisherige Rentenniveau zu erreichen", erklärt Johannes Geyer vom DIW[45].

Die Experten des Sozialverbandes (VdK) fordern deshalb eine
Grundsicherung für ältere Menschen und Erwerbsgeminderte –
und dass diese Grundsicherung jährlich angepasst wird, damit die
Inflation die Kaufkraft dieser Rente nicht gleich wieder wegfrisst.
Und sie fordern, dass die gesetzliche Rente doch bitte schön deutlich über diesem Grundsicherungsniveau liegen sollte, wenn man
viele Jahre in die Rentenkasse eingezahlt hat. Heute muss ein

Durchschnittsverdiener 28 Jahre lang seinen Beitrag leisten, um auf das Niveau der Grundsicherung zu kommen.

Das DIW sieht die Ergebnisse seiner Studie auch ganz klar als „Alarmsignal für die Bildungspolitik". Denn letztlich wird es umso mehr Altersarmut geben, je größer die Zahl der wenig gebildeten und beruflich schlecht qualifizierten Bürger ist. Zusätzlich kann sich das DIW sogar vorstellen, dass eine gesetzliche Verpflichtung zur Altersvorsorge (anstelle der Riester-Förderung) sinnvoll wäre, um die Bundesbürger zur Vorsorge anzuhalten, zum Beispiel in Form von inflationsgeschützten Staatspapieren.

Akademiker-Renten bleiben stabil

Aber wie gesagt: Die richtig dicke Rentenmisere trifft die Menschen, die wenig berufliche Qualifizierung haben und in Berufen arbeiten, die ständig von Arbeitslosigkeit bedroht sind.

Die Renten der Menschen mit guter Bildung werden dagegen auch bis ins Jahr 2020 relativ stabil bleiben. So können die heute 40- bis 50-jährigen Vollzeitmänner immer noch mit 1090 Euro im Monat rechnen und liegen damit bei fast 90 Prozent des Rentenanspruchs der Generation vor ihnen. Außerdem werden Menschen mit guter Ausbildung nur selten arbeitslos und wenn oft nur kurz, erklären die Experten vom DIW. Eine westdeutsche Frau mit guter Bildung wird vermutlich auch in Zukunft in ihrer Berufslaufbahn nicht mehr als ein Jahr lang arbeitslos sein (außer sie scheidet freiwillig aus dem Berufsleben aus, weil sie die Rolle der Hausfrau übernimmt), prognostiziert das DIW. Eine ostdeutsche Frau mit geringem Bildungsgrad muss dagegen mit 13,3 Jahren rechnen. Das schlägt bei der Rente voll durch.

Finanzexperten verstehen die Aufregung der Akademiker nicht

So mancher Finanzexperte versteht deshalb die Aufregung nicht ganz – zumindest, wenn sich gut Ausgebildete und Akademiker über ihre vermeintlich sinkenden Renten ereifern. Denn: „Die gesetzliche Rente war nie dazu gedacht, das gesamte Leben im Alter abzusichern. Sie war immer nur als Grundversorgung gedacht", erklärt die Münchner Finanzexpertin Helma Sick. Als der damalige Reichskanzler Otto von Bismarck 1889 die Rentenversicherung erfand und einführte, bekamen die Menschen ab 70 Jahren Rentenbezüge. Allerdings wurden nur 20 Prozent der Erwerbstätigen überhaupt so alt – und bei einem Jahresverdienst von durchschnittlich 520 Euro lag die Rente bei knapp 120 Euro – also etwas über 20 Prozent des letzten Einkommens. Es wurde davon ausgegangen, dass die Familie für den Großteil des Lebensunterhaltes sorgte.

Bei Weitem waren nicht alle mit dieser Innovation einverstanden: So mancher hätte lieber seine Arbeitskraft weiter zu Geld gemacht, solange es die Gesundheit erlaubt. Und andere zweifelten am Sinn eines Rentensparschweins, in das man zwar ein Leben lang einzahlt, aber nur mit relativ geringer Wahrscheinlichkeit auch etwas ausbezahlt bekommt.

Erst 1957 wandelte die Rentenreform das Verständnis von der Rentenzeit zum „wohlverdienten" Ruhestand. Die finanzielle Zuwendung im Alter richtete sich jetzt nach dem bisherigen Lebensstandard des Rentners. Die erwerbstätige Bevölkerung finanzierte diese Ausgaben gemeinsam mit den Bundeszuschüssen. Die weit verbreitete Altersarmut wurde aktiv abgeschafft. Die Rentner wurden nach und nach zu eher gut situierten Ruheständlern – und dann zu den viel beschriebenen Freizeit- und Reise-Senioren, die ihre Zeit auf Kreuzfahrtschiffen und Golfplätzen genießen.

Jetzt, nach 50 Jahren, ist dieses Modell wieder veraltet. Die lange Lebensdauer hat die Rentenkosten explodieren lassen. Die schrumpfende Erwerbsbevölkerung hat immer mehr Mühe, das Geld für die Renten der älteren Bevölkerung zusammenzubekommen. Und die Krise gibt der Sache noch mehr Fahrt. Man kann es hin- und herrechnen, wie man will. Letztlich kann keine Bevölkerung auf Dauer Millionen von Menschen, die 20 oder sogar 30 Jahre lang als Rentner leben, voll mitfinanzieren.

Die gesetzliche Rente war nie als alleinige Vorsorge gedacht

Das Fazit? Natürlich ist es hart, wenn die 75-jährigen Eltern locker auf Kreuzfahrt fahren können und man selbst hält den Rentenbescheid mit 400 Euro in der Hand. Aber man muss auch sehen, dass es nur eine sehr kurze Zeit gab, in der die Renten zur dicken Altersversorgung wurden. Sozusagen ein Artefakt aus der Kombination des Rentensystems mit der demografischen Entwicklung. Das Leben und vor allem die längere Lebensdauer haben den Rentenplan vom versorgten Ruhestand ab 65 schlicht überholt. Normal war – und wird in Zukunft wieder sein –, dass die Rente im besten Falle eine gewisse finanzielle Basis bieten kann, aber um den Lebensstandard muss man sich letztlich selbst kümmern. Vor allem, wenn man es potenziell kann. Also unterm Strich alle, die einen höheren Bildungsgrad und eine gute Ausbildung haben und bereits den Einstieg ins Jobleben geschafft haben.

Immerhin haben wir drei Möglichkeiten zur Wahl: Wir sparen in unserem Jugend- und Berufsleben genug Geld und haben ausreichend in die Betriebsrente und private Vorsorge investiert, sodass wir gemeinsam mit der staatlichen Rente im Ruhestand fast die gleichen Bezüge monatlich auf dem Konto vorfinden wie vorher als Arbeitnehmer. Möglichkeit zwei wäre, dass wir uns auf ein bescheideneres Leben einstellen und uns stattdessen Möglichkeiten suchen, wie wir Lebensqualität erreichen können, die nicht viel kostet. Die dritte Möglichkeit wäre, dass wir einfach beschließen: Mir ist das alles egal. Ich kann nicht so weit in die Zukunft planen und werde sowieso so lange weiterarbeiten und Geld verdienen, wie es irgend geht. Bestimmt länger als bis 67 und vermutlich sogar, bis ich tot umfalle. Verschiedene Kombinationen aus allen drei Möglichkeiten sind natürlich auch denkbar. Der Fantasie sind da keine Grenzen gesetzt.

Die Zahl der Minijobs steigt

Es ist Fakt, dass immer mehr Deutsche im Rentenalter weiterarbeiten. Bei den Selbstständigen ist es immerhin ein Viertel – und häufig ist es ein recht freiwilliger Entschluss. Wieso aufhören, wenn der Laden noch immer läuft und man sich bei Kräften fühlt? Ein Marketingfachmann, 70, erklärt es so: „Ich habe so viele gute Kontakte! Die nettesten Kunden berate ich weiter. Das hält das Hirn fit, macht mir Spaß und bringt auch noch Geld. Im Schnitt arbeite ich zwei Tage die Woche."

Unter den Beschäftigten erfüllt der Rentnerjob derzeit wohl meist vor allem den Zweck, zusätzliches Geld zu verdienen. Zumindest sind unter den Rentnern, die weiter eine berufliche Tätigkeit ausüben, überproportional viele Menschen, die eine niedrige Rente und wenig berufliche Qualifikationen haben. Laut Statistischem Bundesamt waren 2006 13,5 Prozent der 65- bis 74-Jährigen erwerbstätig. Fast die Hälfte übte einen 400-Euro-Job aus, also vermutlich einen Job, der vor allem Geld und nicht so sehr viel Freude bringt, weil er wenig anspruchsvoll ist. Gerade im Bereich der Hausmeister, Gaststätten, Supermärkte und anderen Branchen mit vielen Minijobs steigen die Zahlen der älteren Arbeitnehmer stetig, recherchiert der Journalist Matthias Lauerer in seinem Artikel „Malochen bis zum Tod" und berichtet von Betroffenen: Da arbeitet ein Mann aus dem Baugewerbe mit über 70 als Minijobber-Hausmeister, weil 530 Euro Rente im Monat einfach zu wenig sind. Mit den 400 Euro aus dem Minijob kommen er und seine Frau über die Runden[46].

Arbeiten im Rentenalter? Finden viele eine gute Idee

Wenn man sich jedoch anschaut, dass jede nächste Rentengeneration tendenziell weniger Renteneinkünfte hat und ein Drittel der heutigen Generation 50plus, sogar große Lust hätten, auch nach der Berentung in ihrem Beruf weiterzuarbeiten, wird sich die Landschaft der erwerbstätigen Rentner vermutlich bald ändern. Vorausgesetzt, es gibt diese Arbeit und Strukturen, die den Weg ins Arbeitsleben für Rentner ebnen. Denn die meisten, die auch mit 65plus noch arbeiten möchten, hätten schon gerne ein etwas kleineres Pensum, mehr Spielraum bei der Arbeitszeit und weniger Zeitstress als vor der Rente. Also in gewisser Weise eine Arbeit light.

In Norwegen ist die Zukunft schon da. Der norwegische Staat wünscht und fördert die Berufstätigkeit der Altersgruppe 65plus ganz bewusst. Die meisten Norweger arbeiten bis zur Rentengrenze 65 – in Deutschland enden die Berufslaufbahnen im Schnitt mit 62 – und viele arbeiten weiter. Zum Teil bis ins siebte Lebensjahrzehnt hinein. Ein 73-jähriger Ingenieur, ein 70-jähriger Koch, eine Journalistin, die über 70 ist – alles keine Seltenheit in Norwegen. Attraktiv ist das lange Arbeiten vor allem, weil die Senioren-Arbeitnehmer ihre gesetzliche Rente mit ihrem Gehalt effektiv ergänzen können, ohne allzu große steuerliche Nachteile zu haben. Dazu kommt, dass sie gesellschaftlich angesehen sind und keiner mit schiefem Blick fragt: Musst du etwa noch?

Natürlich setzt so ein Arbeitsleben voraus, dass man sich im Berufsleben nicht völlig verausgabt hat und dass man seine Qualifikation so gepflegt und ausgebaut hat, dass sie auch noch gefragt sind. Aber natürlich muss es auch Arbeitgeber geben, die um das Potenzial der Älteren wissen und es schätzen. Alle drei Punkte sind in Deutschland noch eine große Baustelle. Aber immer mehr Menschen gehen bereits den Weg des berufstätigen Rentners und schöpfen aus ihrer gut ausgewählten Arbeit Geld ebenso wie Kraft und Freude.

Lebensqualität ohne Geld? Auch möglich

Die zweite Möglichkeit wäre, sich angesichts einer kleinen Rente zu überlegen, wie man ohne viel Geld gut auskommt. Man kennt das vielleicht noch von der eigenen Oma. Auch damals hatten die Frauen nicht viel Geld und keine Möglichkeit, mehr zu bekommen. Also schraubten sie ihre Ansprüche herunter. Kauften sich kaum noch neue Kleidung, verzichteten auf Luxus aller Art und sparten sich die zehn Euro Weihnachtsgeld für die Enkel wortwörtlich vom Munde ab.

Zum Glück gibt es inzwischen ein paar charmantere Ideen zum Leben mit wenig Geld. Zum Beispiel alle Arten von Tauschhandel. Die Gerontologin Ingrid Zundel hat sich in ihrer Promotion einige Modelle der Tauschsysteme wie Tauschbörsen und Seniorengenossenschaften genauer angeschaut. Bei allen ist das Grundprinzip, das dabei hilft Geld zu sparen, ähnlich: Es ist eine Art Tauschhandel von Arbeitszeit. „Das bedeutet, dass Menschen nicht nur Gegenstände tauschen, sondern vor allem für sie unbezahlbare Dienstleistungen – der Fantasie sind da keine Grenzen gesetzt", erklärt Zundel. In der Tauschbörse werden in aller Regel Dienstleistungen ausgetauscht. Der eine kann Haare schneiden und tut es gern. Der nächste ist handwerklich begabt und hilft bei der Renovierung. Es gibt Angebote für Babysitten und Englischunterricht, für Vorlesestunden und Kuchen backen. Das Besondere ist dabei, dass jede Dienstleistung gleichwertig ist. Die Stunde Haare schneiden ist nicht weniger Wert als die Stunde Finanzberatung oder Renovierungsarbeiten. „Es gibt keine höherwertigen Arbeiten. Jede Stunde wird mit Gutschriften, die als Taler, Talente, Kreuzer bezeichnet werden, vergütet." Über dieses System können die Teilnehmer sogar eine Art zinslosen Kredit aufnehmen. Wer dringend eine Dienstleistung braucht, aber seinerseits noch nichts ins System eingebracht hat, kann die Dienstleistungen trotzdem in Anspruch nehmen – und sein Punkte-Kredit-Konto in einer vereinbarten Zeitspanne abarbeiten. Die meisten Tauschbörsen arbeiten mit einer Art Marktzeitung aus Papier oder in digitaler Form, in der die Angebote eingetragen und so innerhalb der Gemeinschaft angeboten werden. „Gewährleistung für gute Arbeit gibt es nicht", erklärt Zundel. „Alles gründet auf Vertrauen. Aber wenn nicht gut gearbeitet wird, gibt es einfach keine Nachfrage mehr." Ein System, das nur davon lebt, dass alle mitmachen und ihr Bestes geben. Ein Jour fixe hält die Teilnehmer deshalb auch im realen Leben zusammen.

Inzwischen gibt es bereits 300 solcher Tauschbörsen, in fast jeder Stadt, jedem größeren Ort sind die Tauschprofis aktiv, die lieber Arbeitszeit als Euro investieren möchten. Im Moment nutzen vor allem Menschen ohne Arbeit oder solche, die sich aus Überzeugung nicht an der Konsumwelt beteiligen möchten, diese Möglichkeit zum bargeldlosen Leben. In vielen Großstädten gibt es inzwischen Projekte, die mit dem modernen Tauschhandel experimentieren und ihn weiter professionalisieren. Im Moment sind die Älteren in diesen Tauschgemeinden noch in der Minderheit. Aber Zundel sieht aufgrund ihrer Untersuchungen einen klaren Trend: „Tauschhandel wird mit Sicherheit zunehmen, wenn das Geld knapper wird." Als Vorbild nennt Zundel gerne die argentinische Wirtschaft. Als das Land im Jahr 2001 seinen Bankrott erklärte, besannen sich viele Argentinier für die wichtigen Dinge des Alltags wieder auf den Tauschhandel. „Dieses System hat Argentiniens Bewohner gerettet", sagt Zundel. Ihrer Ansicht nach könnte es gut sein, dass es in ein paar Jahren viele ältere Menschen vor der gefühlten Armut rettet, obwohl sie real vielleicht wirklich nur wenig Geld zur Verfügung haben. Zundel geht sogar noch weiter und entwickelt die These, dass gemeinsames Handeln in der Gemeinschaft auch eine (neue) Identität im Alter konstituieren kann.

Die Seniorengenossenschaft

Wenn man sich die Seniorengenossenschaft im Städtchen Riedlingen mit 10 300 Einwohnern anschaut, dann sieht man, dass diese These durchaus zutreffen kann. Die älteren Menschen in Riedlingen hatten Ende der 1980er-Jahre die gleichen Probleme wie viele Senioren im Land: Man wünschte sich ein bisschen mehr

Hilfe und Unterstützung im Leben, beim Einkaufen, im Garten, wenn man sich krank fühlte. Dann käme man eigentlich noch gut im Alltag zurecht. Aber genau diese Hilfe gibt es nicht oder sie ist zu teuer. Oder doch? Vielleicht wenn man sie gemeinschaftlich organisieren würde. 1991 brachte Josef Martin, damals 54 Jahre alt, diese Tauschidee mit der Unterstützung des Landes Baden-Württemberg in eine Form: In Riedlingen entstand die heute bekannteste Seniorengenossenschaft in Deutschland mit 654 Mitgliedern. 50 solcher Seniorengenossenschaften gibt es inzwischen in Deutschland. Das Prinzip ist schlicht und löst dabei das komplexe Problem der Versorgung im Alter.

In Riedlingen kümmern sich engagierte Bürger und vitale Senioren um die Älteren, die Hilfe und Unterstützung brauchen, damit sie ihren Alltag in der eigenen Wohnung gut bewältigen können. Die derzeit 113 Helfer aus Riedlingen übernehmen vor allem umsorgende und unterstützende Tätigkeiten, wie Hilfe beim Einkauf, beim Anziehen, im Garten und Haus, den Fahrservice oder auch Besuchsdienste.

Nach 20 Jahren kann man sagen, dass das Ziel erreicht ist: Die meisten Riedlinger leben bis zuletzt zu Hause. Nur sehr wenige mussten doch noch in ein Pflegeheim umziehen, beispielsweise wegen einer fortschreitenden Demenz.

Dabei funktioniert das Modell nicht nur günstig, sondern auch nachhaltig. Denn jeder Helfer kann sich für sein Engagement 6,15 Euro pro Stunde auszahlen lassen oder die Stunden ansparen: Für jede Stunde steht ihm dann eine Stunde Hilfe durch die Genossenschaft zu, wenn es nötig werden sollte. Ohne Stundenkonto kostet die Hilfe 8,20 Euro pro Stunde.

Die Menschen lieben ihre Genossenschaft. Lotte Birkhofer, die Fahrdienste übernommen hat, sagt: „So verdiene ich ein wenig zur Rente dazu und mache etwas Sinnvolles." Die ältere Dame im Rollstuhl, der sie ins Auto hilft, sagt: „Ohne das Angebot der Seniorengenossenschaft wäre ich aufgeschmissen." Ihre Rente und Pflegepauschale würde ohne die Genossenschaft niemals für eine ambulante Rundumbetreuung reichen.

Das Angebot ist umfassend, inklusive professioneller Pfleger und barrierefreier Wohnungen zu ortsüblichen Mieten. Dabei trägt sich die Genossenschaft selbst und hat mit Einnahmen von

570 000 Euro pro Jahr die Größe eines mittelständischen Betriebes erreicht. Das Modell ist auch aus wirtschaftlicher Sicht so interessant, dass sogar das Wirtschaftsmagazin Brand eins der Seniorengenossenschaft Riedlingen in ihrer Ausgabe im April 2010 einen Artikel widmete: „Geben und Nehmen".

Es ist also ziemlich viel möglich, wenn innovative Konzepte umgesetzt werden – und immer steht hinter so einem Konzept ein Mensch mit Tatkraft, der nicht akzeptieren will, dass alles so übel bleiben muss, wie es gerade scheint. Josef Martin, inzwischen selbst 74 Jahre alt, arbeitet immer noch etwa 1000 Stunden pro Jahr für die Seniorengenossenschaft. Seit Kurzem hilft ihm und seiner Frau eine Freiwillige im Haushalt.

Schön, wenn die Rente reicht

Die dritte Möglichkeit, um auch im Alter gut klarzukommen, ist natürlich, selbst ausreichend Vermögen zu besitzen, um sich leisten zu können, was man sich wünscht. Dabei geht es ja in der ersten Zeit nach der Rente für viele erst einmal um Träume, die im Arbeitsleben ein Schattendasein führen mussten: Reisen, Hobbys.

„Wenn Ältere fit und aktiv sind, möchten sie auch etwas vom Leben haben", weiß die Finanzexpertin Helma Sick aus ihrer Beratungserfahrung. „Das heißt, reisen, gut essen, sich pflegen, Wellness-Urlaube buchen und so weiter. Die Kreuzfahrtschiffe sind voll mit Senioren!" Ihrer Erfahrung nach ist die Idee, dass man im Alter plötzlich wieder Werten wie Klugheit und Bescheidenheit mehr Gewicht beimisst, wenn man vorher einen gewissen Luxus liebte, eher unrealistisch. Sick: „Ich finde, ein Mensch hat es nach langem Arbeitsleben verdient, sich das Leben schön zu machen." Und die meisten Menschen sehen das auch so: Fast niemand möchte im Rentenalter auf seinen Lebensstandard verzichten.

Sick sieht den Tauschhandel eher skeptisch – was natürlich auch an ihrer Profession als Finanzexpertin liegt. Aber sie sieht eben auch, dass viele Ansprüche viel individueller sind als die Angebote, die in einer Tauschbörse gehandelt werden. Geld macht ihrer Ansicht nach einfach freier in der Wahl der Dinge, die man gerne tun oder kaufen möchte.

Woher soll das Geld kommen?

Aber wie schafft man es, sich eine ausreichende Altersvorsorge aufzubauen? Was soll man genau tun? Riester-Rente? Betriebs-rente? Ein Haus? Und wie viel Rente braucht man denn eigentlich, um an seinen Lebensstandard anzuknüpfen?

Es war zwar bereits im Jahr 2000/2001, dass die Rentenreform die Förderung der privaten Altersvorsorge aufgestockt und alle Bundesbürger aufgefordert hat, sich ab nun bitte selbst um ihre Versorgungslücke zu kümmern. Aber den meisten ist immer noch nicht klar, was man da eigentlich tun müsste – und viele tun dementsprechend gar nichts. Nur etwa ein Viertel der Deutschen hat eine Riester-Rente, also eine staatlich geförderte Ergänzung der gesetzlichen Rente, in die man vier Prozent des Nettoeinkom-mens einzahlt und relativ viel vom Staat dazubekommt.

Auch Betriebsrenten, die neben der gesetzlichen Rente als zweite Säule der modernen Altersvorsorge gelten, nimmt längst nicht jeder in Anspruch, der könnte. Und gerade in kleinen Unter-nehmen sind sie auch gar nicht üblich.

In eine private Altersvorsorge, die dritte Säule der Altersvor-sorge, investieren vor allem Menschen, die sich sowieso mit Geld beschäftigen, also eher der kleinere Teil der Durchschnittsbürger. Geld in Fonds anzulegen, in Aktien, ökologische Geldanlagen, in einer Immobilie oder Rentenversicherung – das alles gilt als pri-vate Altersvorsorge.

Eine Studie des Forschungszentrums für Generationenverträ-ge der Albert-Ludwigs-Universität Freiburg gemeinsam mit der Union Investment hat im Jahr 2009 ergeben, dass 40 Prozent der erwerbstätigen 20- bis 65-Jährigen im Rentenalter nicht auf 60 Prozent des letzten verdienten Bruttoeinkommens kommen wer-den. Da muss man sich schon einschränken – es sei denn, man tut jetzt etwas. Derzeit wird vor allem „geriestert", aber nur weni-ge rechnen wirklich nach, welche Geldsumme sie im Alter wün-schen und wie viel sie dafür jetzt zurücklegen müssten.

Die Deutschen sollten sich wirklich auf den Hosenboden set-zen und rechnen, findet deshalb Monika Queisser, OECD-Renten-expertin. Auf die Frage eines Journalisten, was denn in Deutsch-land schiefliefe, wenn so viele Menschen auf eine Rente zugehen, die nicht ihrem Lebensstandard entspricht, sagt Queisser

schlicht: „Die Menschen sparen einfach nicht genug." Die vier
Prozent des Einkommens, die inzwischen viele in eine zusätzliche
Riester-Rente investieren, sind ihrer Meinung nach einfach zu
wenig. Im Vergleich zu anderen OECD-Ländern findet sie es nämlich völlig normal, dass sich die Verantwortung für die Rente auf
die Schultern von Staat, Beitragszahlern (also den Erwerbstätigen)
und den Rentnern selbst verteilt. Und das bedeutet, dass die private Altersvorsorge schlicht dazugehört, wenn man sich ein finan-
zielles Polster nach der Berufsphase vorstellt.

Die 80-Prozent-Regel

Experten sind der Ansicht, dass man in der Rente mindestens 80
Prozent des letzten Einkommens braucht, um seinen Lebens-
standard zu halten. Das Leben ist vermutlich im Alter etwas güns-
tiger, weil manche Versicherungen und Verpflichtungen mit dem
Berufsende und dem Erwachsenwerden der Kinder wegfallen.
Auch Immobilien sind dann in der Regel abbezahlt. Wer diese 80
Prozent erreichen möchte, sollte zumindest zehn Prozent seines
Nettoeinkommens in die Vorsorge investieren, empfehlen Exper-
ten. Je früher man damit anfängt, umso höher ist natürlich am
Ende der Profit, weil dann Zins- und Zinseszins das Geld zusätz-
lich vermehren.

Also gut. Aber es ist ja nun einmal so, dass Sparen nicht viel
Spaß macht. Und besonders, wenn es um so lange Zeiträume
geht. Und dann all diese Unsicherheiten: Wer weiß schon genau,
wie er später leben wird? Könnte doch auch sein, dass da noch ein
Erbe kommt. Und vielleicht ist das Gesparte in 30 Jahren sowieso
nichts mehr wert. Alles Ausflüchte, meint Sick. Denn schließlich
ist es mit der Rentenvorsorge so wie mit fast allem in der individualisierten Welt. Es gibt kein absolutes Richtig oder Falsch und
auch keine Garantie. Aber man kann sich auch nicht davor drü-
cken, sich um sein Leben zu kümmern und die Lösungen zu finden, die zu einem passen.

Heike M., 44, Angestellte in einem Archiv, hat ihren Weg so gefunden: „Wir wollten uns mit Fragen von ‚Was bedeutet Geld für
uns?' über ‚Geld und Ökologie' bis zu Fragen der Altersversorgung
beschäftigen. Alle paar Wochen treffen wir uns. Für jedes Treffen

haben ein oder zwei Frauen ein Thema vorbereitet. Zum Beispiel ‚Haftpflichtversicherung' oder ‚Riester-Rente'. Dann arbeiten wir gemeinsam an den Fragen dazu.

Ich denke: Wenn du im Alter nicht arm sein willst, dann tu was dafür. Ich investiere relativ viel in meine Altersvorsorge, etwa 18 Prozent meines Nettoeinkommens. Dabei bin ich eher der Versicherungstyp. Also ohne Risiko. Ich bin der Rundumtyp und habe eine Etagenwohnung gekauft, einen Riester-Vertrag abgeschlossen, eine Lebensversicherung, eine Betriebsrente und private Altersvorsorge in Form von Renten- und Aktionfonds. Allerdings ist alles variabel, sodass ich jeden Posten reduzieren könnte, wenn ich weniger Geld zur Verfügung habe.

Eigentlich kann man sich vieles einfach ausrechnen, das haben wir in unserer Runde gelernt. Ich hatte meine Wohnung beispielsweise gemietet, weil ich gar kein Eigentum wollte. Aber es war eine Staffelmiete und ich rechnete mir aus, dass ich mir die Miete schon bald nicht mehr leisten kann. Kaufen war definitiv günstiger.

Ich glaube nicht, dass im Alter alles planbar ist. Aber das Geld ist eine Möglichkeit, die Pläne umzusetzen, die man schon hat. Ich reise zum Beispiel gerne. Nach so manchem Abend in unserer Finanz-Frauenrunde gab es zu Hause heiße Diskussionen mit den Männern ... "

Heike M. ist bestimmt ein Vorzeigebeispiel. Sie hat sich mit ihrer Altersvorsorge so intensiv und mit Spaß beschäftigt, wie andere ihren Traumurlaub planen. Vermutlich wird sie auch im Alter so viel Geld zur Verfügung haben, wie sie sich das jetzt vorstellt.

Es lohnt sich, das Rechnen zu lernen

Vielen anderen Frauen geht es nicht so. Sie wollen sich lieber gar nicht mit dem Thema beschäftigen, denken, es sei zu kompliziert oder sie hätten kein Geld zum Sparen über. Helma Sick zitiert eine Studie des Hamburger Welt-Wirtschaftsinstituts (HWWI), wenn sie anmerkt: „Vier von fünf Frauen gehen davon aus, dass die gesetzliche Rente für ihren gewünschten Lebensstandard nicht ausreichen wird." 80 Prozent möchten im Alter nicht auf ihren Lebensstandard verzichten. Aber fast 40 Prozent dieser Frauen legen gar nichts oder nur 50 Euro monatlich für ihre private Altersvorsorge zurück. Eine schockierende Diskrepanz zwischen Wünschen und Taten.

Auch viele Männer machen sich wenig Gedanken über ihre Altersvorsorge, aber sie haben häufig das bessere Einkommen und die Betriebsrente fast automatisch – und damit eine ganz gute Grundlage. Bei den Frauen sieht es anders aus. Sie sind immer noch die Armen im Alter, weil sie oft ihre Berufstätigkeit für die Kinder unterbrechen, häufig in Teilzeitjobs arbeiten, weniger als der Mann verdienen und dementsprechend auch weniger in die Rente einbezahlen. Was die Finanzexperten allerdings vor diesem Hintergrund überhaupt nicht verstehen, ist, dass so viele Frauen noch nicht einmal diese Rentenlücke schließen, indem sie mehr in die private Altersvorsorge investieren – und diese Investition vom Gehalt des Mannes bezahlt wird. Altersarmut ist immer noch weiblich. In gewisser Weise sorgen Frauen allerdings häufig selbst dafür, dass sie im Alter nur eine mickrige Rente auf dem Konto haben – und entweder von der dicken Rente des Partners profitieren oder sich ärgern über ihre Ignoranz von gestern.

Dabei geht es gar nicht unbedingt um große Summen. Helma Sick rechnet vor: Wenn man mit 30 anfängt, jeden Monat 200 Euro in eine private Vorsorge, zum Beispiel eine Rentenversicherung einzubezahlen, so bekommt man mit 67 monatlich mit relativer Sicherheit 1100 Euro raus oder zirka 230 000 Euro einmalige Auszahlung. Das könnte zusammen mit der gesetzlichen Rente schon eine ganz gute Basis sein.

Allerdings muss man wirklich sagen, dass es zum Teil sehr kompliziert ist, herauszufinden, was am besten zu einem passt und wie viele Euros man im Monat vorsorglich zurücklegen könnte. Um die richtige Mischung hinzukriegen, kommt man um eine fachliche Beratung meist nicht herum. Dabei lohnt es sich, nach unabhängigen Beratern Ausschau zu halten, denn Bankangestellte wählen in der Regel nur aus einer sehr begrenzten Auswahl (Adressen für Finanzberatung werden im Anhang auf Seite 239 genannt).

Hier seien nur ein paar Eckpunkte erwähnt: Die Faustregel ist: Zehn Prozent des Nettoeinkommens sollten in die Altervorsorge fließen, wenn das Ziel ist, am Ende eine Rente in der Höhe von etwa 80 Prozent des letzten Einkommens zu haben. Dabei weisen

Experten darauf hin, dass eine Mischung von Anlagen aus Betriebsrente und verschiedenen Bausteinen einer privaten Altersvorsorge sinnvoll ist, weil dies krisenfester ist, als alles auf eine Karte zu setzen.

Früh anzufangen ist natürlich gut. Aber auch mit 50 oder 60 Jahren lohnt es sich, seine Finanzen auf ihr Potenzial für eine langfristige Altersvorsorge abzuklopfen. Wer zum Beispiel mit 50 Jahren 50 000 Euro erbt und sie nicht sofort ausgibt, sondern beispielsweise in einem Rentenfond anlegt, hat bei einer Rendite von vier Prozent bei Rentenbeginn immerhin 90 000 Euro zur Verfügung.

Wenn die Inflation etwa zwei Prozent beträgt, vermehrt sich Gespartes natürlich nur, wenn die durchschnittliche Rendite der Anlage über diesen zwei Prozent liegt. Allerdings sollte man wissen, dass man realistisch auch nicht mit mehr als drei oder vier Prozent durchschnittlicher Rendite rechnen sollte. Denn alles, was viel Rendite verspricht, ist mit größerem Risiko behaftet.

Die Riester-Rente ist eigentlich keine zusätzliche Altersvorsorge – obwohl das viele glauben. Sie soll lediglich die Lücke schließen, die entsteht, weil die gesetzliche Rente nicht mehr so regelmäßig ansteigt, um an den allgemeinen Lebensstandard anzuschließen. Sie wurde 2002 eingeführt und wird vom Staat mit Zulagen besonders gefördert.

Man kann nicht alles absichern

Was bei all den Zahlen leicht untergeht, ist allerdings ein Aspekt der Vorsorge, der nur selten beleuchtet wird: Man kann nicht in die Zukunft sehen. Ob die Investition von Heike M. richtig war, also zu genau dem Reichtum führt, den sie sich für das Alter vorgestellt hat, wird sie erst wissen, wenn es so weit ist. Vielleicht braucht sie ihre großzügige Vorsorge auch gar nicht, weil sie es sich anders überlegt und doch lieber weiterarbeiten möchte. Es könnte aber auch sein, dass sich die Immobilie von einer guten Investition zum Klotz am Bein verwandelt, weil der Stadtteil, in dem man gekauft hat, plötzlich unattraktiv für Käufer geworden ist. Oder die Wohnung nicht mehr den Anforderungen der Käufer entspricht.

Der Psychologe und Psychiater Bernd Sprenger, der ein Buch über den Perfektionismuswahn der Deutschen geschrieben hat, meint, dass man sich über diesen psychologischen Aspekt der Altersvorsorge durchaus im Klaren sein sollte. „Egal welche Entscheidung ich fälle, es gibt keinerlei Sicherheit dafür, dass diese Entscheidung mir eines Tages zu einer vernünftigen Rente verhelfen wird. Weil bei jeder Entscheidung, die ich treffe, etwas erfolgen kann, was den Erfolg der Entscheidung zunichte macht." Wenn man das Geld einfach nur spart und eine Hyperinflation kommt, ist es weg. Wenn man ein Haus baut, kann eine Naturkatastrophe, ein Krieg oder auch eine Veränderung im Stadtteil dazu führen, dass das Haus fast nichts mehr wert ist.

Es gibt keine Garantie für die perfekte Altersvorsorge, ist sich Sprenger sicher, so wie es keine Garantie für das perfekte Leben gibt. „Doch wenn man anfängt, damit Frieden zu schließen, dass das Leben nach vorne offen ist, kann es wieder interessant werden – und man kann trotzdem vorsorgen. Aber eben am besten in einer Form, die sich heute schon gut und passend anfühlt." Für den einen ist das dann die Immobilie, in der er jetzt schon wohnt. Für den anderen ist es die Zusatzversicherung, weil er auf das Geld im Alltag verzichten kann und lieber etwas für später zurücklegt. Für den nächsten ist es eine Kombination aus verschiedenen Spar-Elementen, weil es ihm Sicherheit gibt. Und ein anderer fühlt sich mit dem Gedanken am besten, dass er lange arbeiten möchte und deshalb schon jetzt für seine Gesundheit und eine gute Balance im Leben sorgt und sich beruflich immer weiterentwickelt. Manche finden auch die Orientierung hin zu einer Lebensform, die nicht so viel Geld verschlingt und dafür mehr Gemeinschaft bietet, sehr attraktiv, zum Beispiel ein genossenschaftliches Wohnprojekt oder Tauschhandel aller Art.

Schon heute sind die Antworten auf die Frage, wie ein gutes Leben im Alter aussehen kann, vielfältiger und individueller als in den Generationen vorher. Und vor allem gibt es schon viel mehr interessante Ideen und Ansätze, als es uns die Panikmeldungen der Rentenversicherer einreden möchten, die ausschließlich über den Mangel an Geld berichten. Dabei ist Wohlgefühl natürlich mehr als die richtige Summe auf dem Bankauszug.

Und vermutlich werden in den nächsten Jahren in ziemlich rascher Folge noch viele neue kreative Ideen entstehen, wie wir unser Leben nach dem 67. Lebensjahr gestalten, weil die Frage, wie wir unter den neuen Bedingungen im Alter leben wollen und können, immer mehr an Bedeutung gewinnen wird. Und vielleicht kommt sogar schon bald die Generation, die mit Freude statt mit Unbehagen ihre finanzielle Versorgung und mögliche Lebensformen für das gesamte Leben plant. Einfach weil sie den späteren Lebensabschnitt ebenso spannend finden wie die Jugend und auch dieses Leben aktiv gestalten möchten – genauso wie ihr Leben als jüngerer Mensch. Es ist an der jetzigen Generation der 40plus Vorbilder zu schaffen, die zeigen, was möglich ist.

Wohnen und Freundschaft: Und später machen wir eine Alten-WG!

Wen würden Sie anrufen oder treffen, wenn es Ihnen wirklich schlecht geht? Wer nimmt Sie in den Arm, wenn Sie weinen? Haben Sie so einen Menschen? Dann können Sie sich glücklich schätzen. Denn ohne echte Herzensfreunde, denen wir vertrauen und bei denen wir uns aufgehoben und auch mal aufgefangen fühlen, kommen wir eigentlich nicht aus. Um den Wert der Herzensfreundschaft wusste schon Aristoteles und der kluge Heilkundige Moses Maimonides im 12. Jahrhundert: „Es ist wohlbekannt, dass man sein ganzes Leben lang Freunde braucht." In guten Zeiten sei man zwar nicht auf sie angewiesen, eher bereichert, weil man die gemeinsame Zeit genießt. Ihre wahre Stärke zeigt die Freundschaft, wenn es nicht so gut läuft: „In Zeiten der Krise jedoch braucht man sie", weiß Maimonides. Da reicht es nicht, wenn man ein dickes Notizbuch mit den Adressen und Telefonnummern von Bekannten in den Händen hält oder eine weitverzweigte Familie hat. Da braucht man echte Freunde. Die moderne Psychologie bestätigt die Erfahrung der alten Gelehrten: „Für das allgemeine Wohlbefinden ist jedoch das Gefühl, dass es mindestens eine Person gibt, der man vertrauen kann und auf die man sich verlassen kann, wenn man emotionalen Trost braucht, vielleicht wichtiger als der Wunsch nach mehr Zeit mit Freunden oder Familie", erklärt der Entwicklungspsychologe und Begründer der interdisziplinären Altersforschung Hans Thomae.

Allerdings hat bei Weitem nicht jeder das Glück, so einen Herzensfreund zu haben. Immerhin fühlt sich jeder Dritte Deutsche manchmal oder häufig einsam. Unter den 50- bis 70-Jährigen geben sogar 40 Prozent an, dass sie Menschen vermissen, bei denen sie sich wohlfühlen. Bei den 70- bis 100-Jährigen sagt fast die Hälfte, dass sie niemanden haben, mit dem sie über persönliche Probleme reden können[47]. Ihre früheren Freunde, häufig auch die Familie, sind bereits verstorben oder wohnen nicht in der Nähe. Neue Freundschaften konnten sie nicht aufbauen.

Freunde: Wer früh anfängt, hat mehr davon

Dabei stellen die Wissenschaftler fest, dass die Menschen, die in jüngeren Jahren sozial aktiver waren, auch im Alter besser sozial vernetzt sind[48]. Das heißt: Es gibt wohl eine gewisse Tendenz, dass der Kreis der Freunde und engen Vertrauten im Laufe des Lebens ein wenig dünner wird. Doch wer Freundschaft zu einem ständigen Begleiter seines Lebens gemacht hat, wird auch im Alter seltener einsam sein. In der heutigen Zeit stellt das allerdings einige Anforderung an die persönliche Bindungsfähigkeit.

„Der Erwachsene muss heute das Netzwerk seiner sozialen Beziehungen aktiv gestalten", erklärt der Psychologe und Gesundheitsexperte Toni Faltermaier. Wir müssen uns selbst aktiv darum kümmern, Freundschaften zu knüpfen und zu beleben. Von alleine entsteht nur wenig. Und noch weniger bleibt auf Dauer, wenn wir uns nicht darum kümmern. Für jede neue Generation wird diese Freundschaftskompetenz tendenziell noch bedeutender werden. Denn die selbst gewählten Beziehungen zu Freunden oder auch Arbeitskollegen nehmen eine immer größere Rolle im Leben der Menschen ein. Es gibt kaum noch das Dorf, in dem man mit den Nachbarn alt wird und die Schulfreunde zu Paten der Kinder macht. Und der Bezug innerhalb der Familie hat sich verändert. Das weitverzweigte Familiengeflecht von früher, ist dem Modell „Bohnenstange" gewichen: In jeder Familiengeneration gibt es nur wenige Vertreter. Die Beziehungen sind oft locker und manchmal trennen einen Tausende von Kilometern. In jeder Generation wird es ja auch normaler, dass wir im Laufe des Lebens mehrfach den Wohnort, den Partner und das soziale Umfeld wechseln. Nicht selten werden die Freunde sogar zur neuen Familie.

Natürlich bedeutet diese Entwicklung von den engen Familienbanden hin zu einem selbst gewählten Wunsch-Familienkreis aus Freunden und Familienmitgliedern auch eine große Freiheit: Ich muss mich nicht mehr auf Gedeih und Verderb in meiner festgezurrten Gemeinschaft bewähren. Ich kann mir neue Freunde suchen, mit Menschen zusammen sein, die gut zu mir passen, meine Interessen teilen. Allerdings muss man diese Freundschaften eben auch aktiv pflegen und stets aufs Neue knüpfen, wenn man nicht Gefahr laufen möchte, sich irgendwann einsam und isoliert zu fühlen.

Im Kopf ist uns allen klar, wie wichtig Freundschaften sind. In Umfragen landet die Freundschaft immer ganz oben auf der Skala der wichtigen Werte. Aber wenn man konkreter nachfragt, was die Einzelnen denn für ihre Freundschaften tun, dann kann man schnell sehen, dass es doch oft recht wenig ist: Jeder dritte Deutsche nimmt sich nur einmal im Monat Zeit für einen Freund, wie 2009 im Magazin Stern zu lesen war[49]. Die Diskrepanz zwischen Wunsch und Wirklichkeit ist relativ groß. Der Berliner Psychotherapeut Wolfgang Krüger weiß auch warum: „Viele unterschätzen die Wichtigkeit von Freunden, wenn es ihnen gut geht, oder konzentrieren sich auf ihre Partner." Man begnügt sich damit, die Freunde ab und zu anzurufen – meist um unter anderem zu erklären, dass man wirklich nicht genug Zeit für einen Besuch hat. „Erst in der Krise merken sie, dass das nicht reicht", weiß Krüger. Denn dann sitzen wir vor unserem Telefonbuch, blättern die Seiten durch und haben bei keinem unserer Bekannten das Gefühl, dass wir eng genug verbunden wären für einen nächtlichen Telefonüberfall mit Tränen und Herzschmerz.

Freundschaft bedeutet Vertrauen und Ehrlichkeit

Viele Menschen wissen gar nicht mehr richtig, wie man eine Freundschaft pflegt. Sie kommen beispielsweise zu der Psychotherapeutin und Beziehungsexpertin Stefanie Stahl und beklagen sich über ihre Freundin, die dieses oder jenes tut, was man nicht gut findet. Oder die beleidigt ist, weil man sich länger nicht gemeldet hat. Sie sind verzweifelt, weil sie so eine miese Freundin haben und ihnen Freundschaft aber doch so wichtig sei. Sie haben die Erwartung, dass eine Freundschaft bedeutet, dass der andere einfach für einen da ist und die Pflicht hat, einen zu verstehen und ohne Kritik zu akzeptieren. Manchmal hält Stefanie Stahl dann einen kleinen allgemeinen Vortrag über die Freundschaft:
„Ich habe viele und gute Freunde – denn über die Lebensspanne verliere ich wenige und es kommen neue hinzu. Es ist wirklich ein wichtiger Wert, verbindliche Freundschaften zu pflegen. Und in meiner Praxis sehe ich häufig Menschen, die darunter leiden, dass sie keinen Freund haben oder Freundschaften immer wieder zerbrechen. Für mich gehört dazu, dass man eine Freundschaft auch aktiv lebt. Dass man Vertrauen hat in den anderen. Keine Konkur-

renz. Eine gewisse Neidlosigkeit. Dem anderen etwas zu gönnen oder auch zu sehen, wenn der andere etwas besser kann oder besser aussieht. Menschen, die ständig konkurrieren, weil sie sich permanent vergleichen, haben es auch schwer in Freundschaften, weil sie auch da so eine unterschwellige Konkurrenz am Laufen haben, schnell kränkbar sind. Konfliktfähigkeit gehört auch zur Freundschaft. Es kann immer sein, dass sich ein Freund falsch verstanden fühlt. Keine Kommunikation ist perfekt. Aber Freundschaften, die scheitern, scheitern meistens an einer gewissen Konfliktscheu. An diesem Thema arbeite ich auch häufig mit meinen Klienten. In den Gesprächen kommt zum Beispiel hervor, dass sie sehr darunter leiden, dass eine wichtige Freundschaft zerbrochen ist. Und dann erzählen sie, wie es dazu kam: Sie berichten, was die andere alles gesagt hat. Und wie sehr sie das verletzt oder geärgert hat. Aber wenn ich dann frage, ob sie diesen Ärger gegenüber der Freundin angesprochen haben, nachgefragt haben, wie sie das eigentlich gemeint hat, dann höre ich meistens: ‚Nein'. Ich frage dann gerne nach, was genau vorgefallen ist und manchmal stelle ich eine alternative Deutung zur Wahl, die weit weniger oder gar nicht verletzend ist. Das löst oft ein Aha-Erlebnis aus. Und ich sage den Klienten klar: Solange Sie es nicht ansprechen, hat Ihre Freundin überhaupt keine Chance, etwas richtig zu stellen. Und sei es nur, dass sie sich entschuldigt. Sie sparen den Ärger auf – und irgendwann geht die Freundschaft in die Brüche. In Liebesbeziehungen ist es ähnlich."

Ohne Zeit und Engagement, echtes Interesse für den anderen und die Bereitschaft zu geben, ohne dass man gleich etwas zurückbekommt, können Freundschaften nicht lebendig bleiben. „Freundschaft ist nicht nur ein Gefühl, sondern Arbeit. Und eine Kunst, die wir ständig verfeinern müssen", erklärt der Philosoph Harald Lemke in einem Interview[50]. Und da haben wir derzeit etwas aufzuholen. Viel zu häufig halten wir die Menschen, die wir Freunde nennen mit 10-Minuten-Telefonaten auf Sparflamme, statt ihnen einen größeren Platz in unserem Leben einzuräumen, der der Größe ihrer Bedeutung für unser Wohlbefinden entspricht.

Freundschaft hält gesund

Das empfehlen nicht nur Psychologen und Philosophen, sondern auch Ärzte. Denn angenehme soziale Kontakte wirken sich auch positiv auf unser Immunsystem aus. Menschen, die sich gut eingebunden fühlen, sind dementsprechend weniger anfällig für Erkrankungen. Sie vermindern die gefühlte Stressbelastung und wirken sich positiv auf den gesamten Stoffwechsel aus. Im Laufe des Lebens kann sich der positive Effekt sogar zu einem echten Gesundheitsfaktor summieren: Menschen, die gute Freundschaften pflegen, häufig mit Freunden telefonieren und Zeit mit ihnen verbringen, bleiben überdurchschnittlich häufig bis ins hohe Alter gesund und geistig fit[51].

Menschen, die sich einsam fühlen, schlafen dagegen schlechter – und man vermutet, dass sich der schlechte Schlaf auf Dauer übel auf Herz und Kreislauf auswirken. Zumindest erleiden Frauen mit wenigen sozialen Verbindungen doppelt so häufig einen Schlaganfall wie sozial integrierte Frauen. Einsamkeit, ein echter Krankmacher.

Neue Studien zeigen sogar, dass unser soziales Umfeld maßgeblich prägt, wie wir uns verhalten und was wir empfinden: Wer neben Nachbarn lebt, die häufig glücklich sind, hat gute Chancen, auch häufiger Glücksgefühle zu empfinden. Genauso kann einen aber auch die Angewohnheit zu rauchen anstecken oder die Angewohnheit, zu viel und zu fettig zu essen. „Freunde, die in unmittelbarer Nähe wohnen, beeinflussen uns am stärksten", erklären der Politikwissenschaftler James Fowler und der Sozialmediziner Nicholas Christakis, die in ihrer Langzeitanalyse 5000 Probanden über 20 Jahre beobachteten, um den Wert sozialer Netzwerke zu untersuchen und die Ergebnisse unter dem Titel „Glück ist ansteckend" veröffentlichten[52]. Man könnte also sagen: Zeige mir deine Freunde und deinen Partner – und ich sage dir, wie gesund und glücklich du bist.

In einer etwas größeren Dimension heißt das sogar: Mit wem wir unser Wohnumfeld teilen, hat entscheidenden Einfluss darauf, wie gesund wir sind und wie wir uns fühlen. Eine nachbarschaftliche Stimmung in unserem Haus, unserem Stadtteil oder unserem Dorf, die jüngere und ältere Menschen in einem Gefühl der Gemeinschaft vereint, kann insofern auch dafür sorgen, dass alle objektiv gesünder und messbar glücklicher werden.

Insofern ist die Frage, wie man wohnen möchte, ein zentraler Punkt, wenn wir uns damit beschäftigen, was wir brauchen, um gut alt werden zu können. Und mit den Lebensjahren wird diese

Frage noch wichtiger. Denn zumindest im Moment ist es so, dass sich der Lebensradius im sehr späten Leben doch etwas verkleinert. Sehr alte Menschen bleiben öfter zu Hause oder legen eher kurze Wege zurück, statt Nachmittage beim Stadtbummel zu verbringen. Und dann werden die unmittelbaren Nachbarn und Besucher die wichtigsten Bezugspersonen im Alltag.

Das Hochhaus mit Anschluss

Ein Haus in Hamburg: Es ist keine Alters-WG und auch keine Familie. Und dennoch sitzen die Bewohner des Hauses an Weihnachten mit Plätzchen und Punsch unterm gemeinsamen Tannenbaum – der Jüngste ist zwei Jahre alt, die Älteste 96. Zugegeben, das Weihnachtszimmer ist ungewöhnlich: ein Treppenhaus. Aber die Weihnachtsgemütlichkeit, die die Bewohner aus ihren Wohnungen in den Flur tragen und gemeinsam genießen, ist feierlich: „Dieses Haus hat eine Seele – das sind die Menschen, die hier leben", erzählt eine junge Mutter, die mit Mann und Kind im 13. Stock der Hamburger Grindelhochhäuser wohnt. In den 1950er-Jahren erregten sie als erste Hochhäuser Deutschlands Aufsehen. Doch der strenge geometrische Baustil der Hochhausriegel steht ganz offensichtlich im Kontrast zum warmherzigen Leben, das sich im Laufe der Jahre innen entwickelt hat. Die 96-jährige Nachbarin aus dem 14. Stock erzählt: „Wenn mein Nachbar mich tagsüber nicht sieht, ruft er abends an und will wissen, ob es mir gut geht." Wenn die Nachbarn einkaufen gehen, wird wie selbstverständlich kurz gefragt, ob man etwas für sie mitbringen könne. Man kennt sich und hilft sich, wo immer es nötig ist: „Eingangstüren werden offen gehalten, Päckchen für den Nachbarn entgegengenommen, Blumen gegossen, wenn Mitbewohner verreist sind", erklärt Sabine Reichel, die seit einigen Jahren in den Grindelhochhäusern wohnt und eine Reportage über ihre ungewöhnliche Wohngemeinschaft geschrieben hat[53]. Im Fahrstuhl ist immer genug Zeit für ein „Wie geht es?" und wenn einer Kuchen backt, zieht der Duft durch die Flure und die Nachbarn kriegen auch ein Stück. Trotzdem hat jeder seine Privatsphäre. Schließlich ist jeder ein unabhängiger Mieter in einer der über 150 Wohnungen zwischen 17 und 85 Quadratmetern. Die alte Dame fühlt sich hier genauso wohl wie die Familie mit Kind, die Künstlerin, der

Architekt. Das Hochhaus bringt Abwechslung, Anschluss und bewahrt doch die Möglichkeiten zum Alleinsein. Was will man mehr, egal ob jung oder alt?

Man kann wohl sagen, dass sich die Bewohner der Grindelhochhäuser selbst überrascht haben, indem sie eine Wohnform entwickelten, die lebenslang funktionieren kann. Schließlich haben sie sich nicht als Mehrgenerationenhaus zusammengetan und keiner hat sich zur gegenseitigen Hilfe verpflichtet. Die generationenübergreifende Wohnform ist einfach gewachsen, weil die Nachbarschaft so vielfältig ist, die Bewohner Lust auf Kontakt haben und weil ein Haus mit Fahrstuhl und Wohnungen in verschiedenen Größen in Citylage offensichtlich eine gute Basis für ganz verschiedene Ansprüche ans Wohnen ist.

Vielleicht wird so manches Wohnmodell der Zukunft, in dem wir älter und alt werden können, so ähnlich aussehen. Völlig unspektakulär. Der Kitt, der solche Gemeinschaften zusammenhält, wäre schlicht nachbarschaftliches Interesse kombiniert mit ausreichend Feingefühl und Respekt. Die Basis wären Mehrfamilienhäuser, die das möglich machen. Barrierefreiheit ist das große Schlagwort, das den Traum vom selbstständigen Leben derzeit oft ins Aus befördert. Barrierearm bedeutet beispielsweise ein Eingang ohne Stufen, ein Aufzug, keine Stolperkanten im Wohnungseingang oder zum Balkon, bodengleiche, geräumige Dusche und verbreiterte Türen in den Wohnungen. Zwar wird bei Neubauten inzwischen häufig das Erdgeschoss barrierearm ausgebaut, weil Auflagen das vorschreiben. Aber die Zahl der altersgerechten Wohnungen ist im Moment noch verblüffend klein.

In unseren Häusern kann man nicht alt werden

Im Moment sind nur fünf Prozent der Wohnungen, in denen Menschen über 65 leben, dafür geeignet, dass man dort bis ins hohe Alter wohnen bleibt, hat das Kuratorium Deutsche Altershilfe, KDA, in einer aktuellen Untersuchung herausgefunden[54]. Dabei wünschen sich die allermeisten Menschen schlicht das: In ihren gewohnten vier Wänden alt zu werden. Und viele ziehen das Projekt durch, auch wenn es schwierig wird. Nur sieben Prozent der Generation 65plus leben derzeit in speziellen Pflegeeinrichtungen wie Altenheime oder Pflegewohngemeinschaften.

Allerdings ist der Preis für das Leben zu Hause häufig hoch, denn die Möglichkeiten sind oft stark eingeschränkt. Zum Beispiel weil man es kaum noch schafft, über die Stufe in den Garten zu gehen oder in den ersten Stock des Hauses. Man geht ungern einkaufen, weil es so viel Mühe macht, die Einkaufstasche die Eingangsstufen hinaufzuschleppen. Der Gang über die Kellertreppe wird zum Horrortrip und der Badewannenrand zur Sturzfalle. Und nur selten kommt jemand vorbei, der hilft. Denn zwei Drittel der Älteren leben derzeit nicht im Zentrum, sondern in Randlagen, wo der Bäcker um die Ecke längst dicht gemacht hat und viele nur zum Schlafen vorbeikommen. Das geliebte Eigenheim bekommt den Hauch von einem Gefängnis. Die Einsamkeit klopft an die Tür.

Für die heutige Generation der Älteren fordert die renommierte Altersforscherin und frühere Familienministerin Professor Ursula Lehr deshalb vehement, dass gerade die ländlichen Gegenden mit kreativen Ideen für Einkaufsmöglichkeiten, Postservice und Mobilität wiederbelebt werden: „Warum soll die Sparkasse oder die Postbank nicht jeden Dienstag von 8 Uhr bis 12 Uhr zu den alten Menschen hinfahren?" Im Moment klagt jeder vierte Seniorenhaushalt über eine mangelnde Versorgung fürs Alltägliche im Wohnumfeld. Lehr: „Da muss wirklich noch sehr viel gemacht werden."[55]

Zusätzlich müssten vielmehr Haushalte barrierefrei umgebaut werden, damit die Bewegungsmöglichkeiten von Älteren nicht noch zusätzlich behindert werden, fordert das Kuratorium Deutsche Altershilfe, KDA, denn: „Jede abgebaute Barriere kann dazu beitragen, dass Ältere länger selbstständig in ihren vertrauten Häuslichkeiten leben können." Und ob man gut aus seinem Haus raus- und wieder reinkommt, bestimmt ja auch maßgeblich darüber, ob man überhaupt noch Lust hat, rauszugehen.

Am Schrumpfungszustand ihres Dorfes oder Vorortes können Ältere natürlich wenig ändern. Aber den Vorteil von baulichen Maßnahmen in den eigenen vier Wänden sehen viele selbst und wären laut KDA bereit, bis zu 5000 Euro in Umbaumaßnahmen zu investieren. Für das Geld bekommt man immerhin schon eine Rampe oder einen halben Treppenlift. Mieter würden 50 Euro pro Monat Mieterhöhung hinnehmen. Das KDA fordert deshalb auch eine flächendeckende Wohnberatung, weil es bisher noch viel zu wenig Aufmerksamkeit für dieses Thema gibt und auch bei Neubauten barrierefrei längst noch nicht Standard ist – und das, obwohl man sich leicht ausrechnen kann, dass in Zukunft viele Menschen Wert darauf legen werden. Aber auch, wer den Umbau selbst in die Hand nehmen möchte, hat ein Problem, weil es „den Akteuren vielfach an Kenntnis fehlt, welche Anpassungsmaßnahmen möglich sind." Viele Fragen rund um Umbauarbeiten, Kosten und Fördermöglichkeiten kann einem ein Handwerker nicht beantworten. Spezialisierte Beratungsstellen können das (weitere Informationen zu diesem Thema finden Sie unter www.kda.de).

Die nächste Generation hat neue Ideen

Die jüngere Generation wünscht sich allerdings für das Leben im Alter etwas grundlegend anderes, als heute üblich ist. Viele wollen gar nicht mehr bis ans Lebensende im gleichen Haus oder Ort wohnen bleiben. Wie in vielen anderen Bereichen denkt man heute in Lebensabschnitten und hat auch für das Leben im Alter eine Vorstellung vom Ideal: zum Beispiel ein altersgerechtes Haus mit einer netten Gemeinschaft, in der man sich hilft. Am besten in zentraler Lage. Fast 60 Prozent der 50- bis 70-Jährigen stellen sich das Leben in einem Mehrgenerationenhaus toll vor, hat der Osnabrücker Soziologe Dieter Otten per Umfrage herausgefunden. Gut 40 Prozent finden auch eine Wohngemeinschaft mit Älteren oder eine gemeinsame Siedlung eine interessante Wohnform. Gerade unter den jüngeren Älteren können sich viele auch vorstellen, für diese Lebensform noch einmal umzuziehen. Nur 30 Prozent können sich dagegen gut vorstellen, dass sie irgendwann in ein Altenheim ziehen, wenn ihnen der Haushalt über den Kopf wächst oder die Einsamkeit drückt. 20 Prozent lehnen ein Altersheim schlichtweg ab.

Individuelle Vorbildprojekte, die zeigen, was möglich ist, finden derzeit dementsprechend riesiges Interesse. Vor ein paar Jahren trat Bremens Ex-Bürgermeister Henning Scherf geradezu eine Lawine in der Öffentlichkeit los, als er eine Villa in Bremen kaufte – und in eine Wohngemeinschaft verwandelte. Sie wurde prompt zur „berühmtesten Wohngemeinschaft Deutschlands". Dabei löst Wohngemeinschaft eigentlich die falschen Assoziationen von Nächten voll anregender Diskussionen am gemeinsamen Küchentisch und Streitigkeiten über die Haushaltskasse aus, denn bei Scherf und seinen Freunden hat jede Partei ihre Etage und kann einfach die Tür zur Privatheit schließen. Es ist also eher eine enge Hausgemeinschaft, inklusive Großfrühstück für alle und gemeinsame Urlaube. Außerdem haben die Bewohner der WG verabredet, sich gegenseitig zu unterstützen, wenn es nötig werden sollte.

Ehrgeizig: Wohnprojekte

Scherfs Alten-WG wird häufig als optimale Lösung für das Wohnen im Alter präsentiert. Optimal vielleicht, aber eben auch teuer. Und nicht jeder hat das Geld, um ein Haus mit mehreren Etagen zu kaufen. Außerdem hat nicht jeder einen Kreis von Freunden, mit denen er sich ein Leben in guten und in schlechten Zeiten vorstellen kann – und langfristige Verbindlichkeiten eingehen möchte.

Doch der Wunsch nach dieser individuellen Lebenslösung für die Wohnfrage ist da. Und der Staat unterstützt diese Eigeninitiative mit Fördergeldern. Deshalb etablieren sich immer mehr Wohnprojekte, bei denen sich eine Gruppe Gleichgesinnter mithilfe von Fördermitteln und Unterstützung durch Architekten und Beratung das eigene Mehrfamilienhaus baut. „Über 4000 Initiativen in Deutschland sind derzeit dabei, solche alternativen Modelle in Angriff zu nehmen", weiß Otten. Er sieht eine wirklich große Bewegung, die in ihrer Bedeutung allerdings noch gar nicht angemessen in der Öffentlichkeit aufgenommen werde.

Annette K., 41, hat sich gemeinsam mit ihrem Mann und ihrer sechsjährigen Tochter für so ein Wohnprojekt entschieden: „Wir hatten schon lange die Wohnform Wohnprojekt im Kopf. Wir haben beide lange in Wohngemeinschaften gewohnt. Ich denke, das ist eine Voraussetzung für so eine Idee. Eine Wohngemeinschaft hätte aber nicht mehr zu uns gepasst. Aber wir wollten auch nicht allein in einem Häuschen oder einer anonymen Wohnung wohnen. Die ideale Form fanden wir ein Wohnprojekt. Mit dem Kind wurde das noch mal interessanter. Das erleichtert das Leben bestimmt ungemein. Es werden 20 Kinder und 30 Erwachsene im Haus sein, die sich bestimmt manches teilen können. Auch perspektivisch finden wir ein Wohnprojekt eine gute Idee. Unsere Vorstellung ist schon, dass diese Hausgemeinschaft später auch unsere Alten-WG wird. Darauf wird jetzt schon beim Bau des Hauses geachtet. Alle Wohnungen sind barrierearm, es gibt einen Aufzug. Letztlich hatten wir Glück, dass wir in dieses Projekt zu einem relativ späten Zeitpunkt einsteigen konnten. In den ersten Jahren gibt es in so einem Projekt ja auch viele Schwierigkeiten und Wechsel in der Gruppe. Wir kamen erst dazu, als es so weit war, dass wirklich Kaufverträge unterschrieben werden mussten – da sind noch einmal eine Reihe von Leuten ausgestiegen. Unser Modell ist ein Eigentümermodell. Weil es von der Stadt gefördert wird und wir viel selbst machen, sind die Wohnungen etwas günstiger als auf dem freien Wohnungsmarkt.

Im ersten Jahr haben wir uns jede Woche einmal getroffen, um den Bau zu planen. Jetzt sind alle drei Wochen Treffen. Dazu kommt die Arbeit in Ausschüssen. Das ist wirklich ein Projekt und macht viel Arbeit. Aber wir wollten das so.

Die 80 Quadratmeter, drei Zimmer und Wohnküche sind für uns in Ordnung. Hätten wir die Wahl gehabt, hätten wir wohl zehn oder 20 Quadratmeter mehr gewollt. Aber das muss man bei so einem Projekt akzeptieren: Es geht auch immer um Kompromisse. Nicht jeder kann den Fußboden so machen, wie er will. Wir können zwischen drei Belägen wählen. Sonst wird alles am Ende viel zu teuer. Wir kannten nur eine Frau im Projekt vorher. Die anderen sind im Moment mehr als Bekannte, aber Freunde würde ich noch nicht sagen. Das wird erst entstehen, wenn wir zusammenwohnen. Einige Ältere werden auch im Haus wohnen. Zwei sind über die Architektin dazugekommen, die das Grundstück gefunden hat. Manche der Älteren sind nicht so interessiert an der Projektarbeit. Aber andere sind sehr engagiert dabei."

Das Beispiel aus Hamburg zeigt: Auch wenn das Ziel eines Wohnprojektes ist, das Leben gemeinschaftlich und einfacher zu gestalten, so ist es doch nichts für Menschen, die gerne Arbeit abgenommen bekommen möchten. Der Weg zur eigenen Wohnung ist in der Regel lang – und verlangt allen Akteuren eine Menge Engagement, Kooperationswillen, Frustrationstoleranz, Zeit und – je nach Projektform – auch Geld ab. Experten sind sich einig, dass man am besten ab Ende 40 anfängt mit der Suche nach einem geeigneten Projekt, wenn das die Traumform des Wohnens ist. Denn nicht selten dauert es zehn Jahre, bis alles passt.

WG oder Großfamilie?

Die Alten-WG-Form, in der sich die Mitbewohner nicht nur wegen der Gemeinschaft, sondern auch wegen der günstigen Miete zusammengetan haben, gibt es allerdings auch. Zum Beispiel in Dresden. Hier kümmert sich der Verein „Alt-Werden in Gemeinschaft e. V." um Wohnungen, die zu Alters-WGs umgebaut werden: für jeden Bewohner ein kleines Apartment mit Telefon- und Fernsehanschluss, Küchenzeile und Minibad im Plattenbauhochhaus. Gemeinschaftsräume und große Küche kommen dazu. Die Bewohner, alle 70plus, sind nicht unbedingt Freunde, aber doch gute Bekannte. Wer morgens sein Apartment verlässt, hängt eine kurze Notiz an die Tür. Wenn einer gar nicht erscheint, schauen die anderen nach. Ansonsten ist man vor allem korrekt und respektvoll miteinander. Alles wird genau abgerechnet, in der Abseite stehen sechs Staubsauger – von jedem Mitbewohner einer. Der Vorteil für alle: günstig und gemeinsam statt einsam wohnen. Das Motto der Wohnaktion ist entsprechend: „Nicht allein und ... nicht ins Heim." Die Kinder fühlen sich entlastet, berichten die Bewohner[56]. Die echte Alten-Wohngemeinschaft als günstige, soziale Wohnalternative ist also ein bisschen wie die studentische WG auch. Man spart Geld, muss aber viel Kompromissbereitschaft mitbringen. Vielleicht hat man Glück mit seinen Mitbewohnern, vielleicht aber auch nicht. Sabine Bode, die die WG in Dresden besuchte, stellt deshalb auch fest: „In der Wohngemeinschaft weiß man: Wirklich gute Alternativen für das, was man jetzt hat, sind nicht in Sicht. Das fördert die Kompromissbereitschaft." Ob sich diese Lebensform wirklich viele der heutigen 40plus oder 50plus im Alter noch mal wünschen, sei allerdings dahingestellt.

Den Alternativplan, ins Haus der Kinder zu ziehen, haben einige Bewohner in der Dresdener WG beispielsweise abgelehnt, weil die Kinder für ihren Geschmack zu ländlich wohnen. Was sollten sie da den ganzen Tag tun? Hier in ihrer Stadt-WG können sie einkaufen und Kultur erleben, wann immer sie möchten.

Oft spricht mehr dagegen als dafür, im Alter das Modell Großfamilie anzugehen. Aber natürlich kann es auch manchmal klappen. Die Journalistin Sabine Bode hat sich solche Wohngemeinschaften für ihr Buch „Wir Alten" sehr genau angeschaut und viele Stunden mit den Menschen verbracht. Ihr Fazit: Es funktioniert nur dann, wenn man sich wirklich mag und zugleich alle beteiligten Seiten innerlich sehr unabhängig bleiben und Konflikte offen angesprochen werden können. Das Dreigenerationenhaus, das funktionierte, sah so aus: Die fünfköpfige Familie hat das Haus für den Einzug von Oma umgebaut: Jetzt ist es ein großes Haus mit Garten, einem zentralen Gemeinschaftsraum und Zimmern für alle. Für Oma wurde eine Einliegerwohnung ausgebaut. Man begegnet sich, hat aber auch das eigene Leben. Es gibt einen Familienrat und eine Konfliktkultur. Und die Tochter erklärt, warum das Zusammenleben mit ihrer Mutter Ruth so gut funktioniert: „Der Schlüssel für unser Zusammenleben ist Ruths Verhalten, aber auch, wie sie mich großgezogen hat. Jedem in der Familie seinen Freiraum geben – das ist es, was sie ausstrahlt, die Grundliebe, diesen Grundrespekt."

Wohnstifte

Für manche Menschen sind allerdings weder die Familien- noch die WG-Lösung eine Option. Das Wort Altenheim fällt. Derzeit leben in Heimen vor allem Menschen, die vorher allein lebten, also Geschiedene, Verwitwete, Singles. Bestimmt gibt es unter den Alten- oder Pflegeheimen eine Reihe von Einrichtungen, in denen das Leben der Bewohner nicht verantwortlich und gut unterstützt wird, allerdings sagt selbst Ingrid Zundel, Gerontologin und Vizepräsidentin der Bundes-Interessen-Vertretung für Altenheimbewohner, BIVA, dass es sich nur um einen kleinen Teil der Einrichtungen handele, die unzureichend seien. Zundel spricht von „maßlosen Presseübertreibungen".

An dieser Stelle seien deshalb Beispiele herausgegriffen, die wohl als positiv gelten können: Die 14 Häuser des Trägers „Kuratorium Wohnen im Alter" und die 22 Häuser der Augustinum-Gruppe stehen dafür. Hier lebt man in hübschen kleinen Wohnungen in einer gepflegten Anlage nahe der Stadt, hat sein eigenes Mobiliar dabei und gestaltet seinen Tag völlig unabhängig, so lange es geht. Und dann bekommt man die Hilfe, die man eben braucht. Die Gerontologin Ingrid Zundel schwärmt für diese Form des Alterssitzes: Sie zog mit 71 Jahren in das Augustinum Heidelberg und findet, dass 1575,22 Euro Monatsmiete für ihr 30-Quadratmeter-Apartment ein guter Preis sind. Schließlich bietet das

Haus alles, was sie braucht: vom Schwimmbad bis zum PC-Raum. Vom Friseur bis zum Shuttle in die Stadt. Vom Mittagessen bis zum Gehirntraining. Vom Kulturprogramm bis zum netten Nachbarn. Sie freut sich darüber, dass sie relativ frühzeitig ins Augustinum gezogen ist – und das große Kulturprogramm noch sehr viel nutzen kann. Aber genauso beruhigend findet sie die Tatsache, dass sie hier „bis zum Tode gepflegt" wird. „In seinem eigenen Ambiente ohne Umzug in eine Pflegestation." Zundels Eindruck bestätigen die meisten, die im Augustinum wohnen. 2009 wurde eine große Befragung der rund 7000 Bewohnerinnen und Bewohner durch das Institut für Gerontologie der Universität Heidelberg unter der Leitung von Prof. Andreas Kruse durchgeführt. 95 Prozent fühlen sich wirklich wohl und zu Hause: „Die erlebte Lebensqualität der Bewohner ist hoch, auch bei denen, die auf Hilfe oder Pflege angewiesen sind", fasst Kruse das Ergebnis zusammen. Diese Wohnstifte sind offensichtlich eine gute Adresse für das Leben im Alter, wenn man es gerne sehr unabhängig mag. Allerdings: Nur wenige können sich den noblen Alterssitz leisten.

Inzwischen gibt es aber auch Modellversuche, die den Wunsch nach Selbstständigkeit und den Wunsch nach Sicherheit von Senioren unter einen Hut bringen – und dabei relativ günstig für die Bewohner sind. Zum Beispiel die Bremer Heimstiftung mit ihrem „Haus im Viertel". Hier leben in 92 barrierefreien Wohnungen rund 100 alte Menschen. Der Altersdurchschnitt liegt bei 80 Jahren. Das Projekt trägt sich selbst – jeder Bewohner zahlt für seine 47-Quadratmeter-Wohnung 750 Euro, inklusive einer Pauschale für den Grundservice des Hauses. Rund um die Uhr steht ein Pflegedienst zur Verfügung, dessen Unterstützung – je nach Pflegestufe – die Pflegeversicherung bezahlt. Andere Leistungen, wie Begleitung beim Einkaufen oder Essen auf Rädern, zahlt man selbst – aber nur, wenn man es auch wirklich in Anspruch nimmt.

Alexander Künzel, Geschäftsführer der Heimstiftung, hat die Erfahrung gemacht, dass die Möglichkeit zur Selbstständigkeit sehr viele Bewohner aktiv und vital hält. Er ist inzwischen davon überzeugt: „Wir werden weniger Pflegeheime haben. Von unseren heutigen Pflegeheimbewohnern müsste höchstens die Hälfte in einem Heim wohnen. Die anderen könnten gut in geschützten Wohngemeinschaften leben. Wir lehnen die alte Versorgungslogik ab. Die Zukunft liegt in unterstützenden Assistenzsystemen."

In Norwegen sind solche Assistenzsysteme in den letzten Jahren mit großem Elan eingeführt worden – und bewahren tatsächlich viele alte Menschen vor dem Umzug ins Heim und ermöglichen es ihnen, trotz gewisser Einschränkungen am sozialen Leben teilzuhaben. Auch Künzels Haus liegt mitten im belebten Stadtteil „Viertel". Das Stadtleben schwappt in die Wohnanlage und die Älteren sind ganz normale Bewohner des Viertels. Es gibt Gesprächskreise mit Älteren und Ausländern und gemeinsame Kochaktionen. Ein älterer Herr hat beim Einzug seine Bibliothek gespendet und betreut seitdem mit Freude die Ausleihe. Ein alter Handwerker hat sich im Hof eine kleine Werkstatt eingerichtet und bastelt dort mit den Kindern vom Kindergarten nebenan[57].

Unterm Strich muss man also sagen: Es gibt schon viele Ansätze, die zeigen, wie ein gutes Leben und ein gutes Umfeld für das Älterwerden aussehen könnten. Aber deutlich wird auch, dass gerade die Angebote von Alternativen zum Heim noch in keiner Weise dem Bedarf entsprechen: „Bei der erwarteten Lebensspanne der jetzt 50- bis 70-Jährigen reden wir in den kommenden fünf bis 20 Jahren von etwa zehn Millionen Menschen oder drei Megastädten mit einer Größe wie Berlin, die nicht ins Altenheim wollen und auf jeden Fall andere Lebensformen bevorzugen würden", rechnet Soziologe Dieter Otten vor und fügt an: „Wenn auch nur ein Bruchteil der Betroffenen zehn Millionen Menschen ernsthaft davon Gebrauch machen will, wird man mit kleinteiligen Lösungen nicht hinkommen können."

Genossenschaften als Vorreiter

Die ersten, die reichlich Praxiserfahrungen mit solchen größer angelegten Lösungen sammeln, sind die Wohnungsbaugenossenschaften. Sie zeigen, dass es gelingen kann, im großen Stil Alt und Jung unter ein Dach zu bringen, indem man stabile Nachbarschaften fördert und altersfreundlich baut, ohne dass man das Ganze Alt-Jung-Projekt nennt. Viele Genossenschaften wurden um 1900 herum gegründet und hatten ein klares Ziel: das Wohnungselend zu lindern und den Arbeitern eine menschenwürdige Wohnung zu geben. Deshalb gab es Wohnungen aller Größen zu günstigen Preisen, Innenhöfe mit Spielplatz für die Kinder und Wäscheleine. Die Mieter sind Mitglieder der Genossenschaft und sind stimmberechtigt, wenn es um Veränderungen geht. „Bei den Genossenschaften wohnen sehr viele ältere Menschen in den Beständen", erklärt Bärbel Wegner, Fachjournalistin und involviert in etliche Projekte des Altonaer Spar- und Bauvereins in Hamburg (altoba), einer der beliebtesten Genossenschaften der Großstadt.

Der demografische Wandel hat die Genossenschaften insofern relativ früh erreicht – und über den direkten Draht zwischen Wohnungsbauern und Mietern wurden die Anliegen der Älteren auch ohne große Umschweife aufgegriffen. In vielen Wohnungen werden die Barrieren abgebaut – und wenn es nur ein Handgriff an der Dusche ist, der Stürze vermeidet. Neue Häuser werden, wenn möglich, mit Aufzügen ausgestattet. Es gibt viele Kooperationen zwischen dem altoba und sozialen Anbietern der Stadt, die den älteren Bewohnern zugutekommen, zum Beispiel den persönlichen Hausnotrufknopf, den die Johanniter betreuen. Wer möchte, bekommt den Notrufknopf im Zimmer installiert – und kann im Fall der Fälle mit einem Fingertick Hilfe holen.

Und es gibt eine gute Nachbarschaft. Das bringt die Wohnform mit sich. Und der altoba unterstützt das soziale Netz, indem er spezielle Räumlichkeiten für Nachbarschaftstreffs zur Verfügung stellt, wo Kurse, aber auch Kulturveranstaltungen stattfinden. Man kennt sich in der Genossenschaft. Und man mag sich quer durch die Generationen. Meistens. Natürlich gibt es auch hier die üblichen Streitereien zwischen der älteren Dame und den Studenten, die nächtens Partys feiern. Aber „Konflikt und Begegnung" halten sich die Waage, meint Wegner. Man sitzt zusammen im Hof, unterhält sich, respektiert sich einfach mit seinen verschiedenen Ansprüchen. Die Kinder knüpfen sowieso mit jedem ihre Bande. Und wenn es doch mal kracht, gibt es in jedem Haus Menschen, die schon lange in den Häusern wohnen und gerne ausgleichend eingreifen. Sie wissen, wie das geht, und haben sich im Laufe der Jahre eine gewisse Art von Wohn-Weisheit aneignen können. Wenn gar nichts mehr geht, dann hilft die altoba direkt.

Die besondere Atmosphäre in den Häusern des altoba hat sogar das Thalia Theater zu einem Stück inspiriert: „Glück im Blick" heißt das Stück, dass der Regisseur Frank Abt gemeinsam mit Bärbel Wegner schrieb und inszenierte. Es erzählt die Lebens- und Wohngeschichte von Menschen, die seit 50 Jahren in den Wohnungen des altoba wohnen, und führt die Zuschauer im Bann der Schauspieler direkt in die Wohnungen der Menschen und durch eine Geschichte von Freundschaft, Nachbarschaft und prallem Leben. Eine Art Schauspiel-Doku über das Glück, das ein gutes Zuhause bedeuten kann.

Schöne Stadt

In manchen Städten ist es auch der Bürgermeister, der die Bedürfnisse seiner Bürger heute und in Zukunft so klar sieht, dass er einen neuen Weg eingeschlagen hat, der die Ansprüche von jungen und alten Bürgern im Blick hat. Beispielsweise der Bürgermeister von Langefeld in Mittelfranken. Als Ursula von der Leyen im Jahr 2008 die Mehrgenerationenhäuser als Begegnungsstätte der Generationen besonders förderte, gab Bürgermeister Reinhard Streng Gas – und ergatterte Fördermittel für ein Mehrgenerationenhaus in Langenfeld[58]. Mit 1000 Einwohnern wurde Langenfeld die kleinste Gemeinde mit so einer Einrichtung. Streng hatte dabei nicht nur die älteren Bürger im Blick, sondern vor allem die jungen Familien. Denn wie sich ein Mehrgenerationenhaus mit Leben füllt, hängt ganz vom Engagement der Bürger ab. In Langenfeld gibt es ein Café mit Frühstück und Mittagstisch. Manche Schüler essen hier, während die Mütter arbeiten. Manchen Älteren wird der Mittagstisch nach Hause gebracht. Andere treffen sich zum Stricken und Kaffeetrinken. Die Nebenräume bieten Platz für Sport, sowohl für Ältere als auch für die Krabbelgruppe. Das Haus ist zum Treffpunkt für die ganze Gemeinde geworden – und zum Kristallisationspunkt neuer Vernetzungsideen: Inzwischen gibt es eine Online-Datenbank, in der 100 Einwohner von Langenfeld freiwillig Hilfe anbieten: Schneeschippen, Babysitten, Fahrdienste. Eine Teilzeitkraft koordiniert die gelebte Vernetzung von Alt und Jung, Alleinstehenden und Familien. „Ein solches Tandem aus Haupt- und Ehrenamtlichen ist unerlässlich", weiß die Sozialberaterin Sabine Wenng von der Münchner Arbeitsgruppe für Sozialplanung und Altenforschung, die Langenfeld berät.

Der Anstoß von Streng hat etwas ins Rollen gebracht: Das Dorf lebt, alle fühlen sich eingebunden und profitieren von den neuen Strukturen und Möglichkeiten. Jetzt wird weitergedacht: Mehrgenerationen-Wohnen, barrierefreie Wohnungen, Tagespflege. Langenfeld hat offensichtlich vor, den Spagat zu schaffen und das dörf-

liche Ambiente mit den Anforderungen der modernen Zeit zu verbinden. Bürgermeister Strengs Ziel: Seine Gemeinde soll nicht
schrumpfen, sondern für alle ein guter Ort sein. Vieles scheint
möglich, wenn Ideen und organisatorische Hilfe auf Menschen
treffen, die ihre Zukunft wirklich selbst in die Hand nehmen wollen.
Man könnte deshalb die Idee von Streng und einer lebendigen
Stadt weiterspinnen und das Wohnen einfach neu erfinden.
Warum sollte sich eine Industriebrache nicht in eine Minisiedlung
verwandeln lassen, in der Menschen zusammenleben, die wirklich
eine Gemeinschaft wollen und sich um größtmögliche Selbstver-
sorgung bemühen, meint Dieter Otten. So gäbe es Arbeit für alle,
aber eben auch Gesellschaft und Sicherheit. Gute Erschließung
und Anbindung sind schon da, das Land günstig, den Rest plant
die Projektgruppe: altersübergreifendes Wohnen, Kinderbetreuung, eine Bibliothek für Studenten. Jeder kann – wann und wie er
will – in den verschiedenen Projekten arbeiten. Otten hat selbst
eine Weile im Kibbuz gelebt und findet eine zeitgemäße Übersetzung der Gemeinschaftsidee nach Deutschland durchaus reizvoll.
Eine Organisation als Genossenschaft würde dem Mega-Wohn-
projekt die nötige Stabilität geben. Das größte Hindernis ist,
glaubt Otten: „Es gibt in Deutschland noch kein Vorbild." So ein
Projekt wäre echte Pionierarbeit. Aber vielleicht bringt die jetzige
Generation der 50plus genau diese innovative Kraft mit. „Viele von
den Menschen, die jetzt älter werden, haben so etwas Ähnliches
in ihrer Jugend schon einmal gemacht oder davon geträumt",
erklärt Otten. Das innovative Potenzial und vielleicht sogar konkrete Ideen seien also durchaus in den Köpfen.

Auch andere Experten sehen in solchen Projekten mit einem
hohen Anteil an Eigeninitiative, wie die Stadtentwicklung in Langenfeld, das privat organisierte Wohnprojekt oder auch das genos-
senschaftliche Wohnen die große Chance zur wirklichen Veränderung. Denn hier werden Ideen professionell angestoßen und auch
in der Anfangsphase begleitet, aber dann entwickeln sie sich mit
der Kraft und dem Willen aller Beteiligten weiter. „Gute Interven-
tionen sind solche, wo Lebenswelten sich selbstständig ändern
und die Profis nur den Anstoß dazu geben", erklärt Rolf Rosen-
brock, Sozialwissenschaftler vom Wissenschaftszentrum Berlin
für Sozialforschung in einem Gespräch mit der Wochenzeitung
„Die Zeit"[59].

Das bedeutet aber auch: Ganz gleich, welche alternative Wohn- oder Lebensform Sie sich für Ihr Leben im Alter wünschen: Schon am Anfang geht ohne den klaren Wunsch, Gemeinschaft zu leben, gar nichts. Denn das ist die Basis für jede alternative Lebensform, die weg will von der Vereinzelung in Familien-, Single- und Altenhaushalte.

Und genau dieses Miteinander ist gar nicht so leicht, wenn man es nicht übt, wie WG-Experte Henning Scherf in seinem Buch „Grau ist bunt" feststellt: „Gemeinsam wohnen muss man lernen. Wer noch nie mit anderen zusammengewohnt hat, wird es im Alter schwer haben, sich auf andere Menschen und ihre Gewohnheiten einzustellen." Er vergleicht das mit dem Beruf, in dem man ja auch eher an Tätigkeiten anknüpfen kann, die man früher bereits ausgeführt hat. Und man kann wohl sagen, schon das gemeinsame Planen einer alternativen Wohnform muss man lernen: Viele Gruppen zerfallen bereits auf dem Weg zum Bauprojekt wieder in ihre Einzelteile. Andere zerstreiten sich, wenn sie dann in das neue Heim oder die Wohngemeinschaft eingezogen sind, weil das Zusammenleben doch nicht so funktioniert, wie gewünscht. Harmonische Häuser wie das von Henning Scherf sind eher die Ausnahme als die Regel beim Wohnexperiment.

„Man muss auf jeden Fall neugierig sein und sich selbst zurücknehmen können", erklärt Scherf – und das gilt nicht nur für Alten-WG oder ein Dreigenerationenhaus, sondern auch, wenn man in enger Nachbarschaft wohnen möchte oder im Stadtteil mehr Miteinander entstehen soll. „Die Architekten können hierfür sicher Weichen stellen, aber die Initiative für mehr Gemeinsamkeit muss von den Bewohnern, muss von uns allen ausgehen", schlussfolgert Scherf.

Es wäre interessant zu wissen, wie viele von den Menschen, die sich für alternative Wohnformen im Alter interessieren, bereit sind, diesen Preis für das Projekt gemeinsames Wohnen zu zahlen. Man kann da gewisse Widersprüchlichkeiten ausmachen: Beispielsweise geben nur 50 Prozent der 50- bis 70-Jährigen an, dass sie mit ihren Nachbarn ein enges, freundschaftliches Verhältnis pflegen. Fast 70 Prozent sagen allerdings, dass sie auf ein gepflegtes Haus und einen gepflegten Garten „großen Wert" legen. Ordnung ist also vielen wichtiger als die guten Beziehungen zum Nachbarn – auch das kann Sprengstoff für eine Gemeinschaft von morgen sein.

Die meisten der Generation 50plus geben dazu an, dass ihre Paarbeziehung absolut im Mittelpunkt steht. Freunde sind vielen zwar wichtig, aber ein Großteil von Nähe und Verbindlichkeit spielt sich doch zwischen den Partnern ab. Es könnte also sein, dass der Wunsch nach alternativen Wohnformen im Moment noch etwas die Fähigkeiten zum Zusammenleben in neuen Konstellationen und zum Knüpfen von tragfähigen Freundschaften und sozialen Banden übersteigt. Aber man könnte natürlich seine soziale Kompetenz stärken. Indem man sich darin übt. Ab sofort. Zum Beispiel indem Sie Ihren Freundschaften wieder mehr Zeit widmen. Wie könnten Sie Ihre langjährigen Freunde in Ihr jetziges Leben integrieren, statt die Freundschaft weiter in einer Art Warteschleife zu halten? Auch Ihr direktes soziales Umfeld ist ein geeignetes Übungsfeld. Vielleicht wollen Sie ja genau hier alt werden. Wann haben Sie Ihre Nachbarn eigentlich das letzte Mal gefragt, wie es ihnen geht? Wann mit ihnen einen Kaffee getrunken? Wen finden Sie wirklich nett und könnten den Draht etwas enger knüpfen? Wer könnte im Haus Hilfe gebrauchen, die Ihnen gar keine Mühe macht. Oder Sie schauen im Mehrgenerationenhaus in Ihrem Ort vorbei. Oder nehmen an einem Diskussionsabend zur Stadtentwicklung in Ihrem Stadtteil teil. Oder Sie organisieren selbst einen Nachbarschaftsflohmarkt oder ein kleines Straßenfest.

Übung Verknüpfungen: Wie sieht Ihr soziales Netz aus?

Malen Sie einen Kreis. In die Mitte des Kreises schreiben Sie „Ich". Jetzt ziehen Sie einen Kreis um diesen Kreis und schreiben die Namen der Menschen hinein, die besonders wichtig für Sie sind und Ihnen nahestehen. Dann ziehen Sie einen weiteren äußeren Kreis und schreiben in ihn die Namen der Menschen, die Ihnen auch wichtig sind, aber weiter entfernt leben.
Schauen Sie sich Ihr Bild von Ihren Freundeskreisen an. Gefällt es Ihnen? Haben Sie einen Freund oder eine Freundin, der Sie wirklich vertrauen und zu dem oder der Sie auch häufig Kontakt haben? Haben Sie vielleicht überraschend viele Bekannte, aber wenig gute Freunde? Vielleicht

stellen Sie auch fest, dass Ihre besten Freunde inzwischen gar nicht mehr in Ihrer Nähe leben. Dann wäre es vielleicht an der Zeit, auch neue Freundschaften zu vertiefen und Ihren engen Freundeskreis wieder etwas zu stärken. Wenn Sie überall nur Kollegen eintragen, sollten Sie sich übrigens schleunigst eine Beschäftigung zulegen, bei der Sie auch mit anderen Menschen in Kontakt kommen!

Der Anthropologe und Evolutionspsychologe Robin Dunbar von der University of Liverpool hat die Modellvorstellung von einem kreisförmigen Aufbau der sozialen Beziehungen entwickelt. Der engste Freundeskreis mit drei bis fünf Menschen bildet den innersten Kreis. Diesen Menschen fühlt man sich emotional stark verbunden – man hat häufig Kontakt und man kann sagen, dass ist die ganz persönliche „Unterstützergruppe". Sie haben den größten Einfluss auf Ihr Leben. Im zweiten Kreis finden sich die guten Bekannten, meist zwölf bis 20 Personen. Die Beziehung ist emotional weniger stark, aber von Sympathie und Interesse getragen. Danach folgt der Bekanntenkreis. Meist 30 bis 50 Personen. Regelmäßiger Kontakt, aber oft in größeren Zeitabständen.

Persönliches Wachstum?
Bitte hier entlang

Im Wort „Erwachsen" steckt ja das Wörtchen „wachsen" bereits drin. Trotzdem kann man sich natürlich fragen: Was wächst da denn genau? Und was gibt den Anstoß zu Wachstum? Lange Zeit hatte die Wissenschaft auf diese Fragen keine besonders differenzierte Antwort. Man war vielmehr der Ansicht, dass ein Mensch mit 30 irgendwie „fertig", seine Persönlichkeit ausgebildet sei und damit alle wichtigen Charaktereigenschaften festgelegt wären. Heute weiß man, dass Entwicklung auch im Erwachsenenalter auf vielen Ebenen stattfindet. „Das Wesen eines Menschen ist zu keinem Zeitpunkt in Stein gemeißelt", erklärt der kalifornische Neuropsychologe Sanjay Srivastava. Mit seinem Team analysierte er 130 000 Biografien und musste feststellen, dass sich die Persönlichkeitsmerkmale der Menschen das ganze Leben hindurch immer wieder veränderten[60].

Wir kommen zwar bereits mit bestimmten Charaktereigenschaften auf die Welt. Es gibt genetische Prägungen. Jeder, der Kinder hat, weiß, dass sie nicht als unbeschriebene Blätter geboren werden, sondern von Anfang an eigene Persönlichkeiten sind. Es gibt Kinder, bei denen schon früh sichtbar ist, ob sie eher schüchtern sind oder eher flott auf fremde Menschen zugehen, ob sie eher ausgeglichen sind oder leicht wütend werden. Doch noch nicht einmal diese Eigenschaften sind fest oder bestimmend für unseren Lebenslauf. Wir wandeln uns ständig im Zusammenspiel mit unserer Lebenssituation und den Menschen, mit denen wir zusammenleben. Wir verändern unsere Ziele und damit unser Leben. Und manchmal verändert unser Leben auch unsere Ziele. Ein Mensch ist mit 20 nicht derselbe wie mit 50 – und letztlich kann niemand voraussagen, wohin sich ein Mensch entwickeln wird.

Insofern ist unsere erwachsene Persönlichkeit nicht die Ausstattung, mit der wir uns im Leben einrichten, sondern eher das Produkt unseres Lebens. Immer wieder aufs Neue.

Krisen als Motor für Entwicklung

Dabei spielen Krisen als Motor für Entwicklung eine besondere Rolle. Immer wenn wir in eine Lebenssituation kommen, die unsere Kräfte zu übersteigen droht, kann es sein, dass wir eine Krise erleben. Wir fühlen uns verunsichert, wissen plötzlich nicht mehr, was genau zu tun ist. Unsere alten Handlungsmuster funktionieren nicht mehr. Ein eher unangenehmes Gefühl, zugegeben. Aber umso besser fühlen wir uns, wenn wir die neue Aufgabe gemeistert, die Krise überwunden haben und uns in der neuen Situation zurechtfinden. Oft haben wir das Gefühl, gerade nach schwierigen Zeiten innerlich gewachsen zu sein. Das ist letztlich auch das Versprechen in der Krise: Das Wort kommt aus dem Griechischen und beschreibt eine „Entscheidung" oder einen „Wendepunkt".

Welche Situation ein Krisenpotenzial hat, ist für jeden Menschen unterschiedlich, aber einige Themen treffen fast alle. Man könnte fast sagen, sie sind die kollektiven Wendepunkte in unseren Leben – typische Situationen, die uns an den Rand unserer Möglichkeiten bringen und von uns fordern, etwas Neues zu lernen, uns innerlich weiterzuentwickeln.

Der amerikanische Psychiater George E. Vaillant hat in einer Langzeitstudie genau diese großen Wendepunkte unseres Lebens als Erwachsene unter die Lupe genommen. Vaillant leitete die „Studie über die Entwicklung im Erwachsenenleben" („Study of Adult Development"), bei der insgesamt 824 Männern und Frauen aus verschiedenen sozialen Schichten ab dem Kindes- oder Jugendalter bis zu ihrem Tod wissenschaftlich begleitet wurden. Die Auswahl umfasste Menschen, die um 1920 und früher geboren waren[61]. Der Psychiater Vaillant übernahm die Leitung der Studie im Jahr 1967. Da war er 33 Jahre alt und zehn bis 15 Jahre jünger als die meisten Teilnehmer. Als die Studie im Jahr 2009 fertiggestellt wurde, war er immer noch Studienleiter und inzwischen selbst 74 Jahre alt.

40 Jahre lang hatte er seine Probanden regelmäßig untersuchen lassen und sie immer wieder persönlich besucht und ausführlich befragt. Über die Jahre war Vaillant für viele vom Forscher zu einer Art Freund geworden. Wenn auch ein Freund, der manchmal recht unangenehme Fragen stellt. Die Probanden sollten schließlich über viele Details ihres Lebens Auskunft geben. Vail-

lant wollte wissen, was in ihrem Leben gerade los ist, wie es im Job läuft, wie viel sie verdienen, wie das Familienleben und wie Freundschaften aussehen, welche Hobbys gerade wichtig sind. Die Befragten gaben an, wie viele Drinks sie am Tag zu sich nehmen, ob sie ihren Ehepartnern treu sind oder ihre Liebe zum gleichen Geschlecht entdeckt haben. Sie erzählten, ob sie gerade zufrieden mit ihrem Leben sind oder in Sorge. Was sie vermissen und welche Ziele sie haben. Sie gaben zu Protokoll, was sie unter „Normalität" verstehen und was ihnen jeden Morgen die Kraft gibt, aus dem Bett aufzustehen. Sie erzählten von ihren Werten und Überzeugungen, die sie auch durch schwierige Zeiten tragen, und dachten für Vaillant laut darüber nach, in welchen Lebenssituationen sie sich Hilfe holen würden, wenn sie ihr Leben noch einmal leben könnten. Die Gespräche dauerten manchmal Stunden. Vaillant wurde mit den Jahren zum Zeugen ihrer Leben in all seinen Facetten – bis zu ihrem Tod.

Am Ende hält der Psychiater die derzeit ausführlichste Langzeitstudie über die geistige und körperliche Entwicklung von erwachsenen Menschen in der Hand. Ein riesiger Datenberg, den der Psychiater nach Herzenslust analysieren kann. Denn das Ziel war größer als die pure Beschreibung der Entwicklung. Vaillant wollte Antworten finden auf Fragen wie diese: Wie verändern sich Erwachsene im Laufe ihres Lebens? Was sind wichtige Entwicklungsanstöße? Was unterscheidet Menschen, die ihr Leben erfolgreich und mit einer gewissen Zufriedenheit über die gesamte Lebensspanne hinweg meistern, von denen, die sich ihre Gesundheit und Widerstandskraft nicht lebenslang erhalten können? Gibt es vielleicht sogar eine Geheimformel für ein gutes Leben bis ins hohe Alter?

Die großen Entwicklungsaufgaben

Sechs große Entwicklungsaufgaben konnte Vaillant ausfindig machen. Oftmals bestätigten seine Beobachtungen die Untersuchungen des Lebenslaufforschers Erik H. Erikson, der in den 1950er-Jahren erstmals die persönliche Entwicklung des Menschen über das gesamte Leben hinweg darstellte. Allerdings konnte Vaillant feststellen, dass wir aufgrund unseres langen Lebens inzwischen einige Extraaufgaben bekommen haben, die sich bei den kürzeren Leben aus dem 19. Jahrhundert, die Erikson untersuchte, noch nicht abzeichneten.

Das bin ich! – Die eigene Identität entwickeln

Die Hauptentwicklungsaufgabe auf der Schwelle vom Jugendlichen zum Erwachsenen ist es, die Antwort auf die Frage zu entwickeln: „Wer bin ich?" Vaillant beschreibt die gelungene Identitätsarbeit so: „Das Gefühl für das eigene Selbst, die persönlichen Werte, politischen Ansichten, Leidenschaften oder der Musikgeschmack sind dann wirklich das eigene, nicht mehr das der Eltern."

Wenn wir diesen Schritt schaffen, wird unsere Selbstwahrnehmung mehr und mehr von dem Gefühl geprägt, dass wir unser Leben selbst in die Hand nehmen können. Auf dieser Basis steht unser Selbstwertgefühl als Erwachsene. Auch enge Beziehungen können wir nur eingehen, wenn wir ein leidlich stabiles Identitätsgefühl haben. Vaillant konnte in seinen Studien beobachten, dass die Menschen, die auch mit 50 noch keine eigene Identität entwickelt hatten, lebenslang innerlich abhängig von ihrer Herkunftsfamilie oder von Institutionen blieben. Vaillant: „Sie waren auch nicht fähig, eine befriedigende Berufstätigkeit auszuüben oder eine enge, vertrauensvolle Beziehung aufrechtzuerhalten."

Intimität – zu zweit ist es schöner als allein

Beziehungsfähigkeit ist die nächste große Entwicklungsaufgabe, die im Erwachsenenalter auf uns wartet. Dabei geht es konkret um die Fähigkeit, eine stabile Beziehung zu einer anderen Person aufzubauen, die von Zuneigung, beidseitiger Wertschätzung und Vertrauen geprägt und getragen ist. Dabei muss sich diese Beziehungsfähigkeit nicht unbedingt als Liebe präsentieren, auch in Freundschaften kann sich Beziehungsfähigkeit zeigen und entwickeln. Menschen, die diese Entwicklungsaufgabe gut bewältigen, haben prima Aussichten, dass sie ihre psychische Gesundheit und ihr Wohlbefinden über das gesamte Leben hinweg erhalten. Das zeigt, wie wichtig nahe Beziehungen für uns Menschen sind: Sie sind unser Lebenselixier.

Konsolidierung der Karriere – das ist mein Beruf!

„Diese Aufgabe beinhaltet, dass man seine persönliche Identität erweitert, um sich eine soziale Identität in der Welt des Berufes anzueignen", erläutert Vaillant. Das Ziel ist, im Großen und Ganzen mit seiner Arbeit zufrieden zu sein – als Angestellter ebenso wie als Hausmann.

Generativität – was bleibt von mir?

Menschen möchten mit ihrem Wirken auch die nächste Generation beeinflussen. Sie möchten, dass etwas von ihnen bleibt. Ein Kind, eine Idee, Erfahrung, ein Unternehmen. Der Wunsch nach Generativität und die Frage „Was bleibt von mir?" stellt uns ab spätestens 40 und häufig bis ins hohe Alter hinein vor immer wieder neue Facetten dieser Entwicklungsaufgaben.

Bewahren des Sinns – das sind wichtige Werte!

„Diese Aufgabe ist am besten verkörpert in der Rolle des weisen Richters", erklärt Vaillant. Ab 60 oder 70 entwickeln viele Menschen den Wunsch, dass ihre Werte und ihre Lebenserfahrung der Gesellschaft zugutekommen.

Integrität – das war mein Leben!

Als letzte große Lebensaufgabe formulieren Erikson und Vaillant die Aufgabe der Integrität. Das bedeutet „die Annahme seines einen und einzigen Lebenszyklus und der Menschen, die in ihm notwendig da sein mussten und durch keine anderen ersetzt werden können"[62]. Es geht darum, alle Facetten des Lebens in seiner Lebensgeschichte akzeptieren zu können und auf diese Weise Frieden mit sich und der Welt zu machen.

Dabei ist es nicht so, dass wir die einzelnen Aufgaben nur einmal in unserem Leben vor die Nase gesetzt bekommen und dann abhaken oder scheitern. Vielmehr haben wir immer wieder die Chance, uns den einzelnen Entwicklungsmöglichkeiten zuzuwenden und uns in unserem eigenen Tempo zu entwickeln. Viele Aufgaben, wie zum Beispiel die eigene Identität auszubilden, der Wunsch nach einer festen Beziehung oder der Einstieg in den Beruf, treten zwar in einem bestimmten Zeitfenster das erste Mal auf.

Aber wenn es uns zu diesem Zeitpunkt nicht gelingt, können wir auch einen neuen Anlauf nehmen. Nicht selten finden wir beim zweiten oder dritten Versuch den richtigen Dreh für eine dauerhafte Beziehung und den richtigen Partner oder landen letztlich doch im passenden Beruf oder entwickeln ein stabiles Gefühl für unsere Handlungsmöglichkeiten und unsere Identität. „Keine Anforderung ist irgendwann im Leben komplett abgehakt", erklärt der Professor für Psychologische Alternsforschung Hans-Werner Wahl. „Wir nehmen die Aufgaben mit in die nächste Lebensphase. Und es ist auch möglich, schwierige oder zurückgebliebene Anteile später noch einmal aufzugreifen und daran im Lichte der anderen, vielleicht besser gelösten Aufgaben, weiterzuarbeiten."

Unsere Entwicklung verläuft also nicht streng chronologisch, sondern eher in lockerer Folge von Aufgaben, die uns das Leben stellt. Und jeder Mensch ist eine Wundertüte an Entwicklungsmöglichkeiten. Dabei konnte Vaillant deutlich beobachten, dass Lebensfreude, Zukunftspläne und die Lust, das Leben zu gestalten, bei den meisten Menschen völlig unabhängig vom Alter ist. Erst der Tod setzt der Möglichkeit der persönlichen Entwicklung und dem Wunsch, sein Leben durch persönliche Ziele zu gestalten, ein Ende.

Lebenskunst ist ...

Die allgemeingültige Geheimformel für ein gutes Leben und Älterwerden fand Vaillant entgegen seiner Hoffnung nicht. Zu unterschiedlich waren die Lebensläufe der Menschen, die er begleitete.

Aber in einigen Punkten zeigten sich doch auffällige Übereinstimmungen bei den Menschen, die sehr alt wurden und ihr Leben im Großen und Ganzen als gelungen empfanden.

Zum einen waren diese Menschen fähig, enge Beziehungen zu ihren Mitmenschen einzugehen. Viele waren fest mit einem Partner zusammen und führten eine Beziehung, die sie als gut beschrieben. Auffällig oft waren die Menschen, die gut alt wurden, außerdem Personen, die sich in ihren mittleren Lebensjahren sozial und in Beziehungen mit ihren direkten Mitmenschen engagiert hatten. „Das Ausweiten des sozialen Radius in der Lebensphase der Generativität war genauso wichtig für das erfolgreiche psychosoziale Älterwerden wie die emotionale Reife", erklärt Vaillant.

Die „emotionale Reife" ist dann auch die zweite wichtige Gemeinsamkeit, die Vaillant bei den Studienteilnehmern ausmachen konnten, die zufrieden und subjektiv bei guter Gesundheit 80 und älter wurden. Mit emotionaler Reife beschreibt Vaillant dabei die Fähigkeit, den Schwierigkeiten im Leben aktiv und konstruktiv mit „reifen" Reaktionen zu begegnen, statt sich von ihnen in Ohnmacht oder Hoffnungslosigkeit treiben zu lassen.

... wenn man mit Schwierigkeiten umzugehen weiß

Als sinnvolle und „reife" Reaktionen auf Schwierigkeiten benennt Vaillant beispielsweise Humor, das Engagement für andere Menschen, die Fähigkeit, Situationen, in denen man scheiterte, als Lernmöglichkeit zu begreifen, aber auch die Fähigkeit, ein Problem für eine gewisse Zeit beiseitezulegen, um sich später damit zu beschäftigen. Ebenfalls als hilfreich beschreibt Vaillant die Fähigkeit, geeignete Ventile für aggressive oder destruktive Gefühle wie Wut und Enttäuschung zu finden (zum Beispiel Sport zu treiben oder künstlerisch aktiv zu werden).

Menschen mit der Fähigkeit zur reifen Reaktion auf Schwierigkeiten können offensichtlich die Anforderungen und Veränderungen im Leben annehmen und sich konstruktiv mit ihnen auseinandersetzen. Sie können an und in ihrem ganz persönlichen Leben wachsen. Sie haben subjektiv das Gefühl „Mein Leben gelingt mir" und werden objektiv überdurchschnittlich häufig glücklich und zufrieden alt.

Als eher „unreife" Reaktionen, die einen im Leben nicht wirklich weiterbringen, zählt Vaillant dagegen passive oder aktive Aggressionen auf, ebenso die Tendenz, ein Problem auf seine rationalen und intellektuellen Komponenten zu reduzieren und es damit von sich fernzuhalten. Auch das unbewusste Verdrängen, das sich beispielsweise in unerklärlichen Gedächtnislücken zeigen kann, sieht Vaillant als problematisch an, ebenso die Flucht in Krankheiten (Hypochondrie), in Projektionen und Schuldzuweisungen oder auch in Fantasiewelten.

In Vaillants Studie zeigte sich in krasser Weise, welche Auswirkungen es auf unser gesamtes Leben hat, wie wir überwiegend in unserem Alltag reagieren: „In allen drei Studienkohorten (Harvard-Studenten, hochbegabte Frauen, Arbeiterkinder) war der zweitwichtigste Indikator, ob die Person glücklich und zufrieden 75 oder 80 Jahre alt werden würde, ein reifer Stil der Bewältigung von Schwierigkeiten", erklärt Vaillant. „Die Menschen, die eher mit den unreifen Reaktionsmustern durchs Leben gingen, waren mit 75 bereits gestorben oder krank und enttäuscht vom Leben."

Als Extrembeispiel für zwei Menschen, die ganz unterschiedliche Entwicklungswege einschlugen, obwohl sie mit ganz ähnlichen Voraussetzungen starteten, nennt Vaillant das Beispiel zweier Männer. Beide erlebten eine Kindheit, die von Angst, Einsamkeit und unberechenbaren, alkoholkranken Vätern geprägt war. Der eine entwickelte trotzdem im Laufe seines Lebens reife Anpassungsmechanismen, konnte beispielsweise seine Aggressionen in Sport und körperlicher Betätigung ausagieren und entwickelte aufgrund seiner Lebenserfahrung den Wunsch, dass es anderen nicht so ergehen solle wie ihm. Er wurde eine Führungsfigur der Bürgerrechtsbewegung, setzte sich stark für andere Menschen ein. Der andere konnte zwar äußerlich einen vielversprechenden Weg einschlagen und wurde Arzt. Er reagierte jedoch auf Schwierigkeiten, in dem er sie mit Alkohol und Tabletten betäubte, er wählte den unreifen Weg von Abspaltung und Projektion. Seine Ehen scheiterten, seine berufliche Existenz ebenso. Mit 53 war sein Lebenswille aufgebraucht. Er wählte den Freitod.

Lebenskunst kann man lernen

Während Vaillant seine Probanden begleitete, griff er nicht in deren Leben ein. Wer rauchte, rauchte weiter. Wer sich immer wieder in unglückliche Beziehungen stürzte, tat das vielleicht ein Leben lang. Wer auf Schwierigkeiten mit Ignoranz oder Drogenkonsum reagierte, wurde nicht gemaßregelt oder beraten. In der Studie war nicht vorgesehen, den Menschen beim Älterwerden behilflich zu sein, sondern es ging darum, sie dabei zu beobachten.

Allerdings bieten die Lebensgeschichten uns als nachfolgenden Generationen sehr konkrete Anregungen, worauf wir achten sollten, wenn wir unser Leben in gute Bahnen lenken möchten, um möglichst zufrieden und gesund alt zu werden.

Im Moment steht in der öffentlichen Diskussion ja häufig die körperliche Gesundheit im Vordergrund. Man könnte fast denken, dass sie der Schlüssel zu einem guten Altwerden ist. Aber Vaillants Studien zeigen so deutlich wie nie zuvor: Die psychosoziale Gesundheit, also unserer Fähigkeit mit schwierigen Situationen und Krisen umzugehen, ist mindestens genau so wichtig, wenn wir zufrieden und mit dem Gefühl von Gesundheit alt werden möchten. Und gute soziale Beziehungen brauchen wir auch. Es ist ein bisschen wie beim Autofahren. Die gute Karosserie nutzt einem nichts, wenn man keinen Sprit und kein Öl hat, die den Wagen am Laufen halten.

Vermutlich ist es kein Zufall, sondern einfach das glückliche Zusammenkommen von verschiedenen Forschungszweigen der Psychologie: Die neuere Forschung der positiven Psychologie liefert genau die Erkenntnisse, die wir an dieser Stelle gut gebrauchen können. Die positive Psychologie beschäftigt sich intensiv mit den Fragen, was Menschen gesund hält und wie wir unsere Zufriedenheit und Zuversicht im Leben und unsere „reife Reaktion" auf Schwierigkeiten aktiv ausbauen können. Letztlich also genau mit dem Puzzleteil, das in Vaillants Bild vom Älterwerden fehlt.

Der amerikanische Psychologe Martin Seligman war mit seinen Kollegen der erste, der Studienteilnehmern Übungen zukommen ließ, mit denen sie gewisse Charaktereigenschaften trainieren sollten. Nach einer gewissen Trainingszeit prüften die Wissenschaftler, ob sich die Lebenszufriedenheit der Probanden verbessert hatte. Die Antwort war: Ja.[63] Beispielsweise entwickeln Menschen, die sich jeden Abend kurz aufschreiben, was an diesem Tag gut gelaufen ist und warum, ein generell optimistischeres Lebensgefühl und fühlen sich handlungsfähiger. Die Aufmerksamkeit und Dankbarkeit für die guten Dinge im Leben stärkt ihr positives Lebensgefühl.

Inzwischen gibt es eine ganze Reihe von Studien, die zeigen, dass man tatsächlich viele Persönlichkeitseigenschaften mithilfe von Übungen trainieren kann – und einige Übungen ziemlich direkt dafür sorgen können, dass die Studienteilnehmer mehr Lebenszufriedenheit und psychische Widerstandskraft empfinden: So ließ Barbara Fredrickson von der University of North Carolina Menschen einen Meditationskurs mitmachen, in dem die Teilnehmer lernten, bewusst mit Wohlwollen an andere Menschen zu denken.[64] Im Anschluss an das Training konnte Fredrickson über Monate hinweg feststellen: Die Menschen waren insgesamt aufmerksamer für ihr Leben und optimistischer geworden und empfanden häufiger positive Emotionen als vorher. Dabei sorgen positive Emotionen wiederum dafür, dass wir uns lieber mit dem Leben, unserem Alltag und unseren Mitmenschen beschäftigen, als wenn wir überwiegend negativ gestimmt sind. Wer es also schafft, seine positiven Gefühle etwas auf Trab zu bringen, kann so etwas wie eine Aufwärtsspirale in Gang bringen, hat Fredrickson herausgefunden. Genau das ist den Kursteilnehmer passiert, die mithilfe der Meditation gelernt hatten, sich aktiv positive Gefühle ins Bewusstsein zu rufen: „Sie hatten eine ganze Reihe neuer innerer Ressourcen aufgebaut – und wurden buchstäblich zu besseren Menschen."[65] Im deutschsprachigen Raum erforschen der Persönlichkeitspsychologe Willibald Ruch und sein Kollege René Proyer von der Universität Zürich die praktische Seite der positiven Psychologie. Sie konzipieren einfache Übungen, die unterschiedliche Charakterstärken schulen können, und lassen Menschen auf freiwilliger Basis ein Stärkentraining machen. Auch haben sie Fragebögen entwickelt, mit denen man in 30 Minuten sein persönliches Stärkenprofil ermitteln kann. Man findet die kostenfreien Tests der Wissenschaftler im Internet unter www.charakterstaerken.org.

Am Ende des Kapitels haben wir die wichtigsten Charakterstärken, die in den Studien eng mit der Lebenszufriedenheit zusammenhängen, und einige Übungen zusammengestellt, mit denen Sie genau diese Fähigkeiten stärken können. Dabei sollte man beachten: Für jeden Menschen haben andere Fähigkeiten eine besonders große Bedeutung für die Lebenszufriedenheit. Keine dieser Übungen ist *die* Garantie für ein besseres Lebensgefühl. Dafür sind die Menschen zu unterschiedlich. Die Übungen funktionieren auch nicht, wenn man sie nicht gerne macht. Aber wenn Sie eine oder einige Übungen finden, die Ihnen spontan zusagen, dann könnte es gut sein, dass Sie sehr von diesem selbst gewählten Anstoß profitieren und Ihre Fähigkeit zur Lebensfreude ausbauen und feststellen, dass Sie auch mit schwierigen Situationen besser zurechtkommen.

Gut älter werden? Vieles liegt in unserer Hand

In gewisser Weise ergibt sich aus all dem Wissen über das gelingende Leben und Altwerden eine neue Entwicklungsaufgabe für uns: einen Lebensstil zu entwickeln, der dem langen Leben entspricht. „Auf der psychologischen Ebene sehe ich eine große Herausforderung darin, dass wir lernen müssen, den sehr langen Lebenslauf zu planen", erklärt Hans-Werner Wahl, Professor für Psychologische Alternsforschung am Psychologischen Institut der Universität Heidelberg. Man könne heute nicht mehr so wie früher denken: Ich mache meine Ausbildung, bin dann 30 oder 40 Jahre lang im Arbeitsleben, am besten in meinem gelernten Beruf, und ruhe mich danach in der Rente richtig aus, mache endlich, was ich möchte, bevor ich alt und gebrechlich werde. Und wenn ich dann alt und gebrechlich bin, dann erwarte ich, dass andere sich um mein Wohl kümmern.

Dabei ist mit Plan nicht gemeint, dass jedes Lebensjahr abgezirkelt und vorherbestimmt verläuft. Es geht eher um eine grobe Idee für das lange Leben. Und um einen Lebensstil, der uns unsere Gesundheit, innere Unabhängigkeit und Lebenslust über all die Jahre erhält – und uns im Idealfall sogar hilft, damit zurechtzukommen, wenn wir tatsächlich an den Punkt kommen, dass wir Hilfe annehmen müssen und große Einschränkungen erfahren.

Das kann zum Beispiel heißen, dass wir ab Mitte 40 stärker die Verantwortung für unseren Lebensstil übernehmen und ihn so verändern, dass er uns nicht die Lebenszeit raubt. Damit es nicht so kommt wie in Vaillants Studien: Die Menschen, die mit 50 relativ viel Alkohol tranken und rauchten, sich wenig um ihr Sozialleben kümmerten und ihre Probleme lieber verdrängten, als sie anzupacken, waren mit 80 in der Regel verstorben. Schlicht, weil dieser Lebensstil nur für 60, aber nicht für 80 Jahre Lebenszeit funktioniert.

Hätten sie mit 50 die Möglichkeit zur Veränderung ergriffen, hätten sie noch gute Chancen gehabt, ihrem Leben eine andere Richtung zu geben. „Spätestens mit 45 sollte man sich über seine Wohnsituation, sein Sozialleben und die Frage, was der Körper braucht, Gedanken machen", erklärt Wahl. Dabei ist ihm bewusst, dass es im Moment für diesen weitsichtigen Lebensstil noch nicht viele Vorbilder gibt. Und ihm ist auch klar, dass es gar nicht so einfach ist, in einem Alltag, der häufig von Hektik und Unsicherheit geprägt ist, auch noch das Älterwerden in den Blick zu nehmen. Dennoch ist Wahl davon überzeugt, dass wir unser „Autonomiepotenzial", also unsere Fähigkeit, unser Leben selbst und selbstbestimmt zu gestalten, in der Gesellschaft der Langlebigen sehr viel stärker nutzen müssten, als wir es bisher tun.

Vielleicht sollte man das mit dem Plan auch einfach nicht zu hoch hängen. Man könnte es angehen, als plane man den Traumurlaub. Da fragt man sich ja auch vorher, was interessiert mich? Welche Sehenswürdigkeiten und Naturspektakel möchte ich auf jeden Fall sehen? Wie will ich reisen? Bequem? Unabhängig?

Doch wenn man dann losgefahren ist, kommt oft alles anders. Die eine Stadt gefällt weniger als gedacht und man zieht schneller weiter als geplant. Man ist allein gestartet und lernt dann nette Reisepartner kennen. Eine Reisebekanntschaft erzählt von einem Nationalpark, den man unbedingt sehen müsse. Man ändert die Route, gibt Pläne auf, die plötzlich veraltet wirken, und freut sich an den Überraschungen. Aber vor allem ist man die meiste Zeit aufmerksam und interessiert an seiner Reise. Sogar den Pleiten, Pech und Pannen kann man oft etwas Amüsantes abgewinnen. Denn man weiß: Interessant ist eigentlich alles, was ich erlebe, wenn ich es nur zulasse. Und diese Reise ist einmalig!

Auf den folgenden Seiten erfahren Sie, welche Themen im Alter von 40, 50, 60, 70 und 80 besondere Bedeutung für unsere persönliche Entwicklung und unser weiteres Leben haben – und was man gewinnt, wenn man diese Aufgabe meistert.

Bindungsfähigkeit[66]: Menschen mit einer sicheren Bindungsfähigkeit zeichnen sich dadurch aus, dass sie anderen Menschen ihre Liebe zeigen können und auch in der Lage sind, Liebe von anderen anzunehmen. Bei dieser Stärke handelt es sich um die Fähigkeit, enge Beziehungen und Freundschaften mit Mitmenschen aufzubauen, die von Zuneigung und Gegenseitigkeit gekennzeichnet sind. Diese Beziehungen sind durch gegenseitige Hilfeleistung, Akzeptanz und Verpflichtung geprägt. Menschen, die weniger bindungsfähig sind, werden eher als distanziert, entfremdet und einsam bezeichnet.

Eine Übung: Die freundliche Seite pflegen

„Der allgemeine Glaube ist, dass vergnügliche Aktivitäten zufriedenstellender sind als philanthropische, also Aktivitäten, die anderen Menschen nutzen. Aber diese Annahme ist falsch", erklärt Persönlichkeitspsychologe René Proyer. Die Forschung über Optimismus zeigt vielmehr, dass wir länger ein positives Grundgefühl empfinden, wenn wir uns mit Tätigkeiten beschäftigen, von denen nicht nur wir selbst, sondern auch die anderen profitieren. Um ihre menschenfreundliche Seite zu pflegen, könnten Sie beispielsweise eine Woche lang bewusst ein freundlicher Mensch sein: Überlassen Sie einem Autofahrer den Parkplatz, der vollgepackten Mutter mit Kind den Vortritt an der Kasse. Vielleicht spenden Sie eine kleine Summe an ein Projekt im Stadtteil oder Sie pflanzen Blumen im Eckchen um den Baum vor Ihrer Haustür. Zeigen Sie anderen Menschen, dass Sie sie wertschätzen.

Neugier: Neugierige Menschen haben ein ausgeprägtes Interesse an neuen Erfahrungen. Sie sind sehr offen und flexibel bezüglich neuen, oft auch unerwarteten Situationen. Sie haben viele Interessen und finden an jeder Situation etwas Interessantes. Sie suchen aktiv nach Abwechslungen und Herausforderungen in ihrem täglichen Leben. Menschen können neugierig in Bezug auf einen spezifischen Bereich sein (z. B. Interesse an speziellen Rosen) oder ein globales Interesse an unterschiedlichen Dingen aufweisen. Menschen mit einer schwach ausgeprägten Neugier wirken oft eher langweilig, teilnahmslos und desinteressiert – dabei kann es durchaus sein, dass sie eigentlich mit ihrem Leben zufrieden sind.

Eine Übung: Ungewohntes Erleben
Hören Sie sich einen Vortrag über ein Thema an, von dem Sie bisher noch nichts wussten. Oder besuchen Sie ein Kulturereignis, das für Sie völlig ungewohnt ist: die Show im Planetarium, die Oper, eine Exkursion mit dem Naturschutzbund, ein Stadtrundgang mit Obdachlosen.

Tatendrang: Menschen mit einem ausgeprägten Tatendrang sind voller Energie und Lebensfreude und können sich für viele unterschiedliche Aktivitäten begeistern. Sie freuen sich auf jeden neuen Tag. Solche Menschen werden oft als energisch, flott, munter und schwungvoll beschrieben. Sie setzen sich für ihre Aufgaben jeweils voll ein und bringen sie zu Ende. Diese Stärke ist jedoch von Hyperaktivität und manischem Verhalten zu unterscheiden. Menschen mit einem niedrig ausgeprägten Tatendrang werden im Allgemeinen eher als faul, zurückhaltend, teilnahmslos, lustlos oder leblos bezeichnet.

Ausdauer: Ausdauer kennzeichnet Individuen, die alles zu Ende bringen wollen, was sie sich vorgenommen haben. Sie sind zielstrebig, geben nicht schnell auf, beenden, was sie angefangen haben, und lassen sich selten ablenken. Ausdauernde Menschen sind beharrlich – sie verfolgen aber nicht zwanghaft unerreichbare Ziele. Beharrliche Menschen passen sich flexibel und realistisch den jeweiligen Situationsbedingungen an, ohne perfektionistisch zu werden. Menschen mit geringer Ausdauer beginnen oft mit vielen Projekten, schließen dann aber kaum eines ab. Sie neigen dazu, schnell aufzugeben, den Mut sinken zu lassen und Abkürzungen zu suchen. Sie werden als eher faul und unschlüssig bezeichnet.

Eine Übung für Ausdauer und Tatendrang: Adieu, schlechte Gewohnheit!

Überlegen Sie sich eine Gewohnheit, die Sie schon oft verändern wollten, zum Beispiel „Ich möchte weniger Fernsehen gucken". Psychologen wissen heute, dass man auch große Gewohnheiten am besten mit kleinen Schritten ändert. Notieren Sie deshalb möglichst detailliert, wie ein erster Schritt aussehen könnte, was Ihnen helfen würde, um die Attraktivität des Fernsehens zu vermindern. Beginnen Sie mit der Maßnahme, die Ihnen am leichtesten erscheint. Ein Spaziergang mit einem Freund? Gemeinsam kochen mit dem Partner? Den Fernseher weggeben? Manchmal hilft es auch sehr, eine unerwünschte Gewohnheit durch eine andere (bessere) zu ersetzen: Statt dem regelmäßigen Besuch in einer Bar könnten Sie beispielsweise einem Schachclub beitreten, um Ihre sozialen Bedürfnisse zu befriedigen. Natürlich braucht es trotzdem ein gewisses Durchhaltevermögen. Aber nach einigen Wochen hat die neue die alte Gewohnheit ersetzt.

Hoffnung/Optimismus: Hoffnungsvolle Menschen haben grundsätzlich eine positive Einstellung gegenüber der Zukunft. Sie sind optimistisch und zuversichtlich und können auch dann etwas noch positiv sehen, wenn es für andere negativ erscheint. Sie hoffen das Beste für die Zukunft und tun ihr Mögliches, um ihre Ziele zu erreichen. Dabei haben sie ein klares Bild, was sie sich für die Zukunft wünschen und wie sie sich die Zukunft vorstellen. Wenn mal etwas nicht klappt, versuchen hoffnungsvolle Menschen trotz Herausforderungen oder Rückschlägen optimistisch in die Zukunft zu blicken. Niedrige Ausprägungen in der Hoffnung werden mit Pessimismus, Hoffnungslosigkeit und Hilflosigkeit in Verbindung gebracht. Der Blick in die Zukunft ist negativ geprägt.

Übung: Es hatte auch seine guten Seiten ...

Überlegen Sie sich, wann in Ihrem Leben durch etwas Negatives etwas Positives entstanden ist. Wir alle kennen Situationen, die uns im ersten Moment erschüttert haben, eine Erkrankung, ein Verlust, ein Scheitern an einem Traum – doch im Nachhinein betrachtet, hat sich erst durch dieses Ereignis eine andere Perspektive, eine neue Möglichkeit im Leben ergeben. Schreiben Sie auf, welche positiven Veränderungen in Ihrem Leben von einem negativen Ereignis ausgelöst wurden.

Dankbarkeit: Dankbare Menschen sind sich bewusst über die vielen guten Dinge in ihrem Leben, wissen diese zu schätzen und nehmen sie nicht als selbstverständlich hin. Sie nehmen sich die Zeit, ihre Dankbarkeit Menschen gegenüber auszudrücken, etwa wenn sie ein Geschenk bekommen. Sie realisieren, dass sie im Leben mit vielem gesegnet sind. Die Dankbarkeit kann sich sowohl auf Menschen beziehen als auch auf nichtmenschliche Quellen (z. B. Tiere, Natur, Gott). Man kann die Dankbarkeit als emotionale Antwort auf ein „Geschenk" betrachten. Undankbare Menschen sehen es nicht als notwendig an, Dankeschön zu sagen und Menschen ihre Wertschätzung und Dankbarkeit auszudrücken.

Eine Übung: Drei gute Dinge am Tag
Schreiben Sie eine Woche lang jeden Abend in Ihr Tagebuch oder ein anderes kleines Büchlein drei Dinge, die an diesem Tag für Sie gut gelaufen sind – und erklären Sie sich selbst auch kurz, was die Gründe dafür waren.

Humor: Humorvolle Menschen lachen gerne und bringen andere Menschen gerne zum Lächeln oder zum Lachen. Sie versuchen ihre Freunde und Freundinnen aufzuheitern, wenn diese in einer bedrückten Stimmung sind. Menschen mit einem ausgeprägten Sinn für Humor versuchen in allen möglichen Situationen Spaß zu haben und gehen alles, was sie tun, mit ein bisschen Humor an. Eine weitere Stärke humorvoller Menschen besteht darin, dass sie verschiedene Situationen von einer leichteren Seite her betrachten können. Auch unangenehmen Veränderungen, wie beispielsweise Altersflecken oder Beschwerden im Alter, begegnen sie, indem sie die skurrile oder witzige Seite betonen und darüber lachen können. Menschen ohne Humor werden tendenziell als grimmig, mürrisch, ermüdend oder langweilig beschrieben.

Eine Übung: Das Humor-Tagebuch
Humor hilft uns, das Leben mitsamt seinen Schwierigkeiten von der leichteren Seite her zu betrachten. Das kann man üben: Führen Sie für eine Woche ein Tagebuch der witzigen Begebenheiten: Schreiben Sie eine Woche lang jeden Abend kurz auf, was Sie (vielleicht auch nur innerlich) zum Lachen gebracht hat. Die Frau mit dem absurd großen Hut. Wie Ihre Chefs wie die Orgelpfeifen vor Ihnen standen.

Welche Übung spricht Sie spontan am stärksten an?[67] Beginnen Sie einfach damit. Dabei gilt bei diesen Übungen für die innere Stärke das Gleiche, was beim Muskeltraining gilt: Die Regelmäßigkeit macht den Übungserfolg aus. Wählen Sie sich deshalb lieber ein oder zwei Übungen, die Ihnen einfach Spaß machen – und beschäftigen Sie sich eine Woche lang damit.

40: Die Ereignisse überschlagen sich

Rebekka W., 40, Architektin: „Ich fühle mich wie 40, also genau so alt, wie ich bin. Ich denke viel dran, dass ich in der Mitte meines Lebens stehe. Was ist erreicht? Ausbildung, Verantwortung für mein Leben übernehmen, eine wundervolle Tochter, gute, nahe Freunde, einen Platz in meiner Familie, wie er mir gefällt, eingerichtet. Was liegt noch vor mir: ein bescheidener Wohlstand. Die Frage: Arbeite ich am richtigen Platz? Ein Liebhaber, auf Berge steigen. Wenn ich an mein Leben ab 65 denke, dann freue ich mich auf das Glück, dass man beim Blätterrascheln empfinden kann. Auf die Zeit, mich mit mir selbst zu beschäftigen. Was ich am Alter fürchte? Armut.

Andrzej K., 49, Grafikdesigner: Im Moment geht es einfach darum, dass wir genug Geld verdienen, um unser Leben zu führen. Wir haben ein Kind, zahlen eine Mietwohnung. Wir haben nicht viel Geld, um es für später zu sparen. Ich zahle natürlich meinen Rentenbeitrag und finde das auch normal. Aber in erster Linie bezahlen wir damit ja die jetzigen Renten. Was für uns übrig bleibt, ist gar nicht abzusehen. Deshalb rechne ich für später mit nichts.

Im Idealfall sollte der Staat zumindest eine Grundsicherung bieten. Und wenn das nicht so ist, dann kann nur der Weg hin zur Gemeinschaft helfen. Meine älteren Verwandten in Polen haben auch keine Rente – aber sie haben ihre Familien. Die Älteren, die alleine stehen, fragen sich gegenseitig: Möchtest du heute bei mir mitessen oder treffen wir uns bei dir? Oder sie ziehen gleich zusammen in ein Haus – und verkaufen das andere. Die Jüngeren sagen: Komm, wir gehen zusammen einkaufen. Laufend wird telefoniert, um etwas hier und dort zu organisieren. Die Gemeinschaft funktioniert – und dann kann man auch mit wenig Geld versorgt sein. Hier schuften die Menschen ein Leben lang, damit sie am

Ende das Altenheim mit 2000 oder 3000 Euro im Monat bezahlen können. Das ist doch verrückt. Mit Freunden haben wir schon gesagt: Später ziehen wir wieder zusammen. Nicht alleine. Zusammen.

Sinnkrise: War das schon alles?

Zwischen 20 und 30 ging es noch darum, Schritt für Schritt aus der Kindheit hinaus- und in das eigene Erwachsenenleben hineinzugehen. Man hat die Abhängigkeit von den Eltern abgestreift, sie abgelegt wie eine zu enge Jacke. Wir haben einen beruflichen Weg eingeschlagen, viel ausprobiert in Praktika und ersten Jobs. Man hat sich dem selbstständigen Leben ohne die schützende Hand der Eltern ausgesetzt, Unsicherheiten überlebt und ganz persönliche Erfolge gefeiert – und dabei die eigene Identität und Wertvorstellungen immer weiter gefestigt. Dann, zwischen 30 und 40, haben wir das selbst bestimmte Ich im Praxistest erprobt. Das Erwachsensein ist zum Alltag geworden. Wir bestreiten unseren Lebensunterhalt, verdienen vielleicht sogar in unserem Traumjob Geld. Wir leben Beziehungen zu Partnern und Freunden, vielleicht haben wir sogar ein Kind bekommen.

Wir sind mitten in der Phase der „Generativität", wie es Entwicklungspsychologen wie Erik H. Erikson, Robert J. Havighurst oder auch George E. Vaillant benennen: Der Wunsch, etwas zu erschaffen, das von Bestand ist, generativ zu sein, bestimmt zu großen Teilen unser Leben und Wirken zwischen 30 und 50. Fast jeder Mensch empfindet diese Sehnsucht, etwas zu erzeugen oder etwas zu tun, was länger Relevanz hat als unser kurzes Dasein auf der Erde. Die Frage, die dahinter steht, ist: „Was bleibt von mir, wenn ich mal nicht mehr bin?" Und eine gelebte Antwort auf diese Frage ist uns enorm wichtig. Der Wunsch, sein Leben und sein Umfeld aktiv mit den eigenen Ideen und Vorstellungen zu gestalten und Dauerhaftes zu erschaffen, ist deshalb wohl nie größer als jetzt.

Mit 40 haben wir oft schon eine ganze Menge von dem erreicht, was wir uns in der Jugendzeit vorgestellt haben: Unabhängigkeit, selbst gewählte Freunde, Erfolg. Auch unser Wunsch nach Generativität hat oft schon seine Bahn gefunden. Die Kinder sind geboren, Projekte gestartet, die Firma gegründet.

Und genau deshalb trifft es uns hart, wenn sich trotz allem in unserem Kopf Sätze einnisten, die fragen: War das jetzt alles? Geht das jetzt einfach immer so weiter? Will ich das alles überhaupt so, wie es jetzt ist? Alltag für immer? War da nicht noch etwas anderes? Obwohl das Leben um uns tobt und wir mittendrin stehen, ist es in uns manchmal ganz still und nachdenklich: Unsere Seele zieht Bilanz und fragt, wie es weitergehen soll.

Die zweite Pubertät

Carl Gustav Jung, der Begründer der analytischen Psychologie, vergleicht diese Krise, die häufig eine Umbruchphase einleitet, in ihrer Bedeutung mit der Pubertät. Mit 40 ist man in gewisser Weise an einer Kreuzung des Lebens angekommen: Wir haben die große Aufbauphase hinter uns – aber noch genug Lebenszeit vor uns, um auch radikale Richtungswechsel zu verwirklichen. Mit 40 kann man sich beruflich noch einmal neu erfinden. Ein Umzug, eine neue Partnerschaft, ein ehrgeiziges Hobby – all das ist realistisch. Aber wir stehen auch nicht mehr am Anfang unseres Lebens. Manches ist auch unwiederbringlich vorbei: Mit 40 ist es zu spät, um eine Karriere als Primaballerina oder Fußballstar anzustreben. Man kann nicht rückgängig machen, dass man Kinder hat. Und für Frauen, die noch keine haben, schließt sich die Tür zum realistischen Kinderwunsch langsam. Diese Erkenntnisse und Gedanken können uns in eine veritable Sinnkrise stürzen – das tut weh, ist aber genau richtig in diesem Alter. C. G. Jung sieht darin eine wichtige Möglichkeit für die Entwicklung unserer Persönlichkeit, die er als „Individuation" bezeichnet. Er beschreibt den Sinn dieser Zweifel an unserem bisherigen Lebensstil und der Sehnsucht nach Wandel so: In der ersten Phase unseres Lebens ist der „Naturzweck" unserer Entwicklung der Aufbau der beruflichen und familiären Basis. Wir sind vor allem mit den „Außenbezirken" unserer Seele in Kontakt. Doch wenn wir das geschafft haben, die Anforderungen von außen erfüllt oder auch bewusst abgelehnt und abgehakt haben, fordert unser Inneres Gehör. Die zweite Hälfte des Lebens dient nach Jung der Entdeckung der „Innenbezirke" der Seele.

Die Hamburgerin Andrea Patzer, Psychologin und Coach, übersetzt Jungs Anliegen für den modernen Menschen so: „In der ersten Lebenshälfte lassen wir uns stark von außen diktieren und reagieren vor allem auf Anforderungen: Ich strebe nach einem Schulabschluss. Ich fange eine Ausbildung an. Ich gründe eine Familie. Aber mit spätestens 40 muss ich den Weg nach innen antreten." Dann reicht es für unser Wohlbefinden nicht mehr aus, wenn wir den äußeren Anforderungen gerecht werden, sondern die drängenden Sinnfragen fordern uns dazu auf, nach innen zu schauen, unsere Persönlichkeit und unsere inneren Wünsche weiterzuentwickeln und zu entfalten. Letztlich haben wir alle den Wunsch, die Fähigkeiten, die in uns stecken, auch zu leben. Oder wie es der Psychologe Abraham Maslow beschrieb: „Der Mensch muss das sein, was er sein kann."

Dabei betonen die Psychologen immer wieder, dass diese Entwicklung nicht heißt, dass man sich von seinem sozialen Umfeld immer stärker abgrenzt. Vielmehr steht hinter der Idee der Individuation oder Selbstverwirklichung die Überzeugung, dass sich jeder Mensch besser und befriedigender in eine soziale Gemeinschaft einbringen kann, wenn er möglichst viele Seiten seiner Persönlichkeit entdecken, akzeptieren und entwickeln kann.

Der Starke entdeckt die Weichheit, die Sanfte das Harte

Mit 40 spüren wir die Seiten, die bisher im Verborgenen lagen: „Die Karrierefrau will Kinder, die Mutter will Karriere. Der Vielarbeiter entdeckt die Freizeit, der Hippie das Geld", beschreibt es Psychologin Andrea Patzer. Sie erlebt häufig Geschichten wie diese: Ein 40-jähriger Polizist, ein durchtrainierter Sportler, Schwarzgurt im Kampfsport Karate, kommt ins Coaching, weil er mit seinem ganzen Leben unzufrieden ist. In der Auseinandersetzung mit sich selbst entdeckt er seine Sehnsucht nach seiner weicheren Seite. Die hatte in seinem bisherigen Leben keinen Platz. Er beginnt zu suchen, was ihm gefallen könnte, und entdeckt die asiatische Massagetechnik Shiatsu – und mit ihr neue Lebensfreude.

Interessanterweise stellen Psychotherapeuten fest, dass es für das innere Gleichgewicht sehr heilsam ist, wenn man den inneren Wünschen wieder mehr Platz einräumt. Ganz gleich, wie sehr das Leben um einen herum tobt. Zu spüren, welche Wünsche man noch in sich trägt, welche Seite von einem Selbst gerade nach vorne drängt und diesen Anteilen Aufmerksamkeit zu geben, Platz einzuräumen, gibt einem sehr viel Kraft. Außerdem sind es häufig genau diese Beschäftigungen, die einem ermöglichen, vom Alltag etwas Abstand zu nehmen – und damit auch aus Belastungen oder Stresssituationen auszusteigen und sie mit dem erweiterten Blick neu zu bewerten. Die Stunden mit Shiatsu sind für den Polizisten zu Inseln der inneren Ruhe geworden, in denen er auftankt und die ihm erlauben, auch sein restliches Leben mit neuem Blick zu sehen und Stück für Stück zu verändern.

Wer in den 40ern die Chance wahrnimmt, Kontakt zu seinen inneren Wünschen aufzunehmen, schafft sich eine gute Basis für eine stabile Zufriedenheit in den zukünftigen Lebensjahren, die relativ unabhängig von den äußeren Bedingungen ist. Denn letztlich können wir Freude und Lebenskraft daraus schöpfen, wenn wir immer wieder einen Blick auf die Seiten von uns werfen, die wir bisher noch nicht gesehen, noch nicht gelebt haben. Eine Freude, die ganz allein unserer Entwicklungsfähigkeit entspringt und nichts mit äußerlichen Triumphen oder Tiefschlägen zu tun hat.

Die Sinnkrise: Wir entkommen ihr nicht

Die Psychologin Andrea Patzer spricht gerne vom „tanzenden Stern", den jeder Mensch in sich trägt und den es immer wieder aufs Neue zu entdecken gilt. Der Philosoph und Dichter Friedrich Nietzsche prägte dieses Bild und meinte damit, dass alle Menschen verrückte Wünsche und Sehnsüchte in sich tragen, die sich nicht an ihrer Nützlichkeit messen lassen, sondern die einen einfach glücklich machen, weil sie zu einem gehören.[68]

Nicht alle nehmen diese Entwicklungsaufgabe freiwillig an. Schließlich sind die Verunsicherung und die Fragen, die am Anfang der Veränderung stehen, nicht angenehm. Man ist leicht versucht, die Zeichen zu verdrängen. Zum Beispiel wenn man sich als Mann Mitte 40 eine jugendliche Freundin sucht, um sich selbst ein Stück Jugend zurückzuholen. Oder wenn man als Frau hintenanstellt, dass man älter wird, die Kinderfrage einfach ignoriert und sein Leben weiterführt, als sei man immer noch 20, sehr jung und hätte alle Zeit der Welt, um sich zu überlegen, ob man Mutter werden will oder lieber nicht. Aber: „Man kommt nicht davon", weiß Andrea Patzer. „Menschen, die diese Krise mit aller Macht vermeiden, empfinden ihr Leben irgendwann einfach als sinnentleert." Man kann sich zwar äußerlich weigern, älter zu werden, indem man sich weiterhin einfach so verhält, anzieht und wohnt, als sei man jung oder sogar jugendlich. Aber wir können nicht verhindern, dass unser Inneres sehr wohl um die Zeit weiß und danach drängt, sich zu entfalten, älter zu werden. In gewisser Weise kappen wir deshalb den Faden zu uns selbst, wenn wir die Fragen und Zweifel unseres Inneren ignorieren. Wir nehmen uns die Möglichkeit, uns zu entwickeln, genau an diesen Fragen zu wachsen, und damit das Gefühl für einen Sinn in unserem Leben.

An erster Stelle: die Burn-out-Krise

Natürlich kommt diese Sinnkrise – so wie die meisten – fast bei allen Menschen denkbar ungelegen. Mit 40 sind wir meist voll involviert in unseren Alltag, rennen zwischen Job und Familie hin und her. Die einen bauen ein Haus aus, die anderen suchen noch den richtigen Partner für die Familiengründung. So oder so. Das Gerenne ist groß. Und dann auch noch eine Sinnkrise? Der Aufruf zu innerer Entwicklung? Dafür hat man nun wirklich keine Zeit!

Es könnte jedoch sein, dass im Moment gerade deshalb so viele Menschen einen psychischen Zusammenbruch zwischen 35 und 45 erleben, weil wir uns kollektiv ein bisschen vor diesem Entwicklungsschritt scheuen. Die Krankenkassen berichten von der ständig steigenden Zahl von Menschen, die zwischen 35 und 45 eine psychische Erschöpfungskrise erleben, Burn-out-Seminare und Anti-Stress-Kurse sind gefragt wie nie. Unser Leben mit 40 wächst uns nicht selten über den Kopf.

„Zwischen 30 und 40 hat man extrem viele neue Situationen zu bewältigen. Auch wenn es freudige Ereignisse sind, wie der erste feste Job oder das erste Kind, so fordern sie doch viel Kraft", erklärt die Psychologin und Burn-out-Expertin Christina Zimmermann vom Cor-Institut für Gesundheitsförderung in Hamburg eine der Ursachen für die psychische Erschöpfung der 35plus.

Die typischen Aufgaben in dieser Lebensphase sind also schon anstrengend genug. Aber die meisten würden diese Aufgaben vermutlich bewältigen können, wenn sie sich nicht noch ein Extrapäckchen auf den Rücken schnallen würden. Das Päckchen heißt Perfektion und treibt einen ständig dazu an, die Aufgaben nicht nur gut genug, sondern möglichst perfekt und sicher zu lösen. Letztlich ist es vor allem die Kombination aus einem leidlich großen Paket an Aufgaben mit diesem Extragewicht aus Perfektion und dem Wunsch, es allen recht machen zu wollen, die viele in die Knie zwingt. „Man kommt schnell in ein Hamsterrad, wenn man versucht, alle Aufgaben gleichermaßen perfekt zu erfüllen, und dabei ständig über seine persönlichen Grenzen geht. Mit der Zeit erschöpft man aber so seine Kräfte und Reserven. Unter Umständen so sehr, dass man ein Burn-out-Syndrom entwickelt, sich also emotional völlig erschöpft und kraftlos fühlt", weiß Zimmermann aus ihren Kursen mit Betroffenen. Denn Perfektionismus führt dazu, dass man in jede einzelne Aufgabe zu viel Kraft investiert – und am Ende ja trotzdem nicht ganz zufrieden ist. Schließlich hätte es potenziell meist eine noch bessere Lösung gegeben: die schnellere Beförderung, mehr Geld im Job, der bessere Kindergarten, die ruhigere Wohnung, der partnerschaftlichere oder liebenswertere Partner.

Burn-out und Perfektionismus – häufig im Doppelpack

Christina Zimmermann hat viele Menschen in ihren Burn-out-Kursen erlebt. Und immer wieder zeigen sich ähnliche Facetten der Leidensgeschichte: Eine Mutter wuppt den Haushalt und eine 30-Stunden-Stelle. Daneben besucht sie regelmäßig die Mutter des Mannes, die nicht mehr gut gehen kann. Und trotzdem meldet sie sich sofort bei der Frage, wer wohl fürs Kindergartenfest fünf Kuchen backen könnte – und wird diese natürlich selbst backen. Der Kindergeburtstag wird natürlich eine Themenparty – mit Leckereien und Kostümen für alle. Sie bereitet das tagelang vor. Spätabends.

Oder der Projektleiter, der sich durch den Tag beeilt, damit er einigermaßen pünktlich zu Hause ist und die Kinder noch sieht. Er schafft es auch fast jeden Tag. Noch ein Küsschen und Licht aus. Aber abends Abschalten kann er nicht. Zu viel Verantwortung. Deshalb setzt er sich nachts wieder an den Schreibtisch, um Anträge weiterzuschreiben und die Texte seiner Kollegen zu überprüfen. Schlafprobleme plagen ihn. Auch die Angst, zu versagen. Doch als der Chef fragt, ob er noch ein Projekt übernehmen könne, sagt er ohne nachzudenken Ja!

Wenn in den Runden über das persönliche Leistungsethos gesprochen wird, müssen viele sogar selbst lachen, beobachtet Zimmermann. In gewisser Weise ist einem klar, dass man sich ziemlich viel auflädt und sich jeden Morgen auch freiwillig ins Hamsterrad schwingt. Aber zwischen Theorie und Praxis sind natürlich Welten. Was tun?

„Wer etwas erreichen will, muss gut sein. Aber nicht perfekt", erklärt Zimmermann. Denn wer Aufgaben gut erledigt, kommt weiter, weil er effizient und flott ist. Natürlich muss man auch mal perfekt sein, wenn es um eine Abrechnung geht oder eine fehlerfreie Bewerbung. Aber letztlich ist das 120-Prozentige eigentlich nur selten gefragt. Wer auf Perfektion in allen Bereichen setzt, agiert ein bisschen wie jemand, der einen teuren Sportwagen mietet, um dann damit in der Stadt in der 30-Kilometer-Zone herumzufahren. Viel Aufwand für sehr wenig Gewinn. „Das Geheimnis der Menschen, die drei Kinder bekommen und nebenbei ein Haus bauen, beruflich erfolgreich sind und immer noch Lebensenergie ausstrahlen, ist, dass sie keine Perfektionisten sind und dass sie ein gutes Gefühl für ihre ganz persönlichen Bedürfnisse haben", weiß Christina Zimmermann. Diese Menschen wissen, wann etwas gut genug ist – und wann es wichtiger ist, mittags 30 Minuten Pause zu haben, als das Drei-Gänge-Vollwertmenü zu kochen. Sie nehmen Fehler nicht gleich persönlich, sondern akzeptieren, dass auch mal etwas schiefgeht, wenn man viel wagt. Dass man etwas vergisst, wenn man mit einem Dutzend Terminen jongliert. Dass es manchmal wichtiger ist, abends in die Sauna zu gehen, als die Akte abzuschließen. Dass eine Haushaltshilfe manchmal besser ist, als täglich mit dem Mann über den vollen Mülleimer zu streiten. „Menschen, die ein Burn-out entwickeln, haben sich meist vorher lange Zeit selbst nicht wichtig genommen", erklärt Zimmermann. „Sie schaffen sich selbst keine Räume, in denen sie wieder Energien schöpfen können. Häufig haben sie sogar alle Beschäftigungen gestrichen, die ihnen einfach guttun." Der Spaß am Singen oder Spazieren, die Vorliebe fürs Kino oder das Bedürfnis nach kinderfreier Zeit ist nach und nach dem Alltag zum Opfer gefallen. Dabei ist genau die Fähigkeit, eine gute Balance von Zeiten der Anforderung und Zeiten des Auftankens hinzubekommen, wohl die wichtigste Basis, um gut durch die bewegte Zeit der 40er zu kommen.

Der Lohn der Krise: Lebendigkeit, Zufriedenheit und Stärke

Genau deshalb kommen Menschen, die sich den Fragen ihrer Seele, ihren inneren Wünschen zuwenden konnten, häufig besser durch stressige Zeiten. Sie konnten das Gefühl der Verunsicherung annehmen und die Chance nutzen, um wirklich erwachsen zu werden. Sie haben ihre persönlichen Ruheinseln entdeckt – so wie der Polizist beim Shiatsu – und damit einen Ort in ihrem Inneren, der ihnen erlaubt, das restliche Leben auch mal mit Abstand zu sehen. Schon das hilft ja häufig, um selbst zu merken, an welchen Stellen man sich in unhaltbare Ansprüche an sich selbst verstrickt hat. Der erste Schritt raus aus Perfektionismus und Hamsterrad wird so erst möglich: „Im Idealfall lernt man Prioritäten zu setzen und erkennt, dass es keine katastrophalen Folgen hat, wenn man etwas nicht perfekt macht", erklärt Zimmermann.

Die Auseinandersetzung in der Krise führt viele Menschen auch dazu, ihre eigenen Maßstäbe noch einmal neu zu definieren. Persönlicher. Diese Werte unterscheiden sich dann vielleicht auch stark von den Ansichten, die man sich bisher hat von außen aufdrücken lassen. Die Sinnkrise führt uns so auch zu einer neuen, reiferen Schicht unserer Identität. Wir wissen ein Stück mehr, wer wir sind, wie wir unser Leben und unseren Alltag gestalten wollen – und können uns immer öfter von den Ansprüchen anderer frei machen.

Dieser eigene Maßstab kann sich im Berufsalltag genauso wie im Privatleben zeigen; in dem eigenen Wertmaßstab, was die Kindererziehung betrifft, in einer persönlichen Definition von „guter Arbeit" oder auch in einem Beziehungsmodell, das vielleicht unkonventionell ist, sich aber passend anfühlt. Im Idealfall lernen wir in dieser Zeit, wie wir uns entspannen und welche Werte uns wirklich wichtig sind. Viele Menschen entwickeln auch eine gelassene Flexibilität im Umgang mit dem Alltag und seinen kleinen und größeren Katastrophen. Sie können akzeptieren, dass es am Ende sowieso immer anders kommt, als man dachte, und dass es in 90 Prozent der Fälle so auch in Ordnung ist. „Das übt man in dieser Zeit schließlich jahrelang. Viele Menschen werden dadurch mutiger, selbstbewusster und auch gelassener", beobachtet Zimmermann. Und man lernt, dass Krisen keine Katastrophe, sondern letztlich Lerngelegenheiten sind. „Man hat erlebt, dass man an einer Krise wachsen kann und nicht vor ihr flüchten muss", erklärt Zimmermann.

Mythos Midlife-Crisis

Bis vor einigen Jahren dachte man noch, dass die Krise in der Mitte des Lebens, die Midlife-Crisis, eine der größten Lebenskrisen ist, auf die Menschen häufig mit einem harten Bruch mit ihrem bisherigen Leben reagieren. Vor allem in Amerika beobachteten Wissenschaftler in den 1970er-Jahren viele solcher radikalen Geschichten der Veränderung bei Mittvierzigern. Ein Mann verlässt mit Mitte 40 die Familie und wird Schafzüchter in Neuseeland, weil er das alte Leben zwischen Büro und Bett nicht mehr ertragen kann. Eine Frau kündigt Job und Ehe, reist monatelang durch Indien und fängt ein völlig neues Leben als Kunsthandwerkerin an. Auch in Deutschland gab und gibt es diese Aussteiger-Geschichten von Menschen, die in den 40ern alles hinschmeißen und noch mal zurück auf Los gehen.

Heute geht man allerdings nicht mehr davon aus, dass gerade Mitte 40 die größte Krise des Lebens auf einen lauert. Vielmehr vermutet man heute, dass die Generation, die in den Studien zur Midlife-Crisis untersucht wurde, eine sehr spezielle Generation war, die diesen starken Wunsch zum Bruch und Neuanfang erlebte: „Untersucht wurden vor allem um 1930 geborene Jahrgänge, die die große Depression in den USA als Kinder erlebten, die im Nachkriegsboom berufstätig wurden und dann zwischen 1960 und 1970 eine gesellschaftliche Liberalisierung erlebten, die ihnen Anlass zum kritischen Bilanzieren ihrer Lebensinhalte gab", erklärt Entwicklungspsychologe Toni Faltermaier. Andere Kohorten, die später untersucht wurden, zeigten in den 40ern bei Weitem nicht so eine Megakrise mit Tendenz zur dramatischen Lebenswende.

Man geht heute davon aus, dass eine Sinnkrise in den 40ern durchaus normal ist. Allerdings haben auch alle anderen Lebensphasen ihr Krisenpotenzial. Krisen in der Mitte des Lebens sind dann meist kein Aufruf, alles von Grund auf zu erneuern. „Es geht nicht um das Zerstören des bisherigen Lebens, sondern um eine Erweiterung", erklärt Psychologin Patzer. Wir entwickeln uns schlicht unser gesamtes Leben lang weiter – und häufig läutet eine persönliche Krise diese Veränderung erst ein. Sie ist das spürbare Zeichen dafür, dass es so nicht weitergeht, und gibt uns den Anstoß zur Entwicklung. Denn mal ehrlich: Ohne ein gewisses Unbehagen, das Gefühl von Unwohlsein und Krise würden wir vermutlich häufig gar nichts in unserem Leben ändern, uns innerlich nicht unbedingt weiterentwickeln. Dazu wären wir schlicht zu faul.

Berufliche Identität: Hier gehöre ich hin!

In unserer Arbeitsgesellschaft ist der Beruf nicht nur für unsere Entwicklung zum Fachmann oder zur Fachfrau wichtig, sondern auch für unsere persönliche Entfaltung. George E. Vaillant konnte bei seinen Langzeitbeobachtungen sogar feststellen, dass es eine Entwicklungsaufgabe ist, eine stabile soziale Identität in der Arbeitswelt aufzubauen. Ein wenig so, wie wir uns in der Jugend eine Identität als Person aufgebaut haben, definieren wir uns zwischen 25 und 45 auch in unserer Identität als arbeitende Person – und damit unsere Position als Mitglied unserer Gesellschaft. Voraussetzung dafür, dass diese Aufgabe gelingt, ist, dass man einen bestimmten Grad der Kompetenz erworben hat und damit einhergehend auch den Respekt anderer Menschen. Dabei ist es nicht relevant, ob „berufliche Karriere" im Unternehmen, als Selbstständige oder in der häuslichen Arbeit stattfindet. Auch Hausfrauen und -männer können diesen Entwicklungsschritt gehen. „Wer diese Aufgabe meistert, wird fähig, eine berufliche Laufbahn einzuschlagen, die sowohl für die Gesellschaft gewinnbringend ist und auch die Person selbst bereichert, in etwa so wie das Spielen in Kindertagen", erklärt Lebenslaufforscher George E. Vaillant, der diesen Entwicklungsschritt „Konsolidierung der beruflichen Karriere" nennt. Wenn diese Entwicklung gelingt, weiten wir unseren sozialen Radius ein Stück mehr aus, etablieren uns in der Welt der Arbeit und damit in der gesamten Gesellschaft. Ein tieferes und gefestigtes Selbstwertgefühl kann sich entwickeln ebenso wie ein festes Gefühl der Verbundenheit mit der Welt.

Heute ist es nicht ganz einfach, diesen Entwicklungsschritt zu gehen. Denn zum einen starten wir häufig erst relativ spät mit dem Arbeitsleben und dann meist in Praktika und auf befristeten Stellen. Doch in diesen unsicheren Arbeitsverhältnissen entwickelt man letztlich kein Gefühl von Sicherheit für die eigenen Kompetenzen oder seinen Platz in der Gesellschaft. Irgendwann ist es einfach nur noch verletzend, von einem prekären Arbeitsverhältnis ins nächste zu wechseln. Ganz abgesehen davon, dass man so natürlich auch nur schlecht verdient, was wiederum den gesamten Lebensstil beeinflusst: Man bleibt in einer Art Jugendstadium stecken, immer bereit, für den nächsten Job den Arbeitgeber, die Stadt oder sogar das Land zu wechseln. Wünsche wie Familiengründung werden eher nach hinten gestellt. „Die verlängerte Ausbildungsphase und der für viele junge Menschen schwierige Einstieg in den Beruf, mit Phasen der Arbeitslosigkeit, von Warteschleifen und Nachqualifikationen in Zweitausbildungen, verlegen für einen Teil der jungen Erwachsenen ein entscheidendes Kriterium für den Erwachsenenstatus, die Berufstätigkeit, weit nach hinten", erklärt der Psychologe und Gesundheitsforscher Toni Faltermaier.

Immer häufiger: Auch mit 40 noch nicht angekommen

Dabei verschiebt sich das Gefühl, beruflich noch am Anfang oder zumindest auf unsicheren Beinen zu stehen, immer weiter nach hinten. Auch unter den 40-Jährigen sitzen viele auf befristeten Stellen und haben die gleichen Ängste und Blockaden wie die jungen Berufseinsteiger. Das kürzere Bachelor-Studium ändert an der Situation nicht viel – obwohl es die berufliche Etablierung potenziell nach vorne verlagern könnte –, denn die meisten Studenten bleiben direkt an der Hochschule und machen den Master. Aus Angst, sonst nicht ausreichend für den Arbeitsmarkt qualifiziert zu sein.

Insofern mag es stimmen, dass die Wirtschaft von den superflexiblen Arbeitnehmern profitiert, die man von einem Jahresvertrag zum nächsten beschäftigen kann. Aber die Flexiblen selbst profitieren davon auf Dauer meist nicht. Die meisten wünschen sich eine feste Stelle. Und auch wenn das von Seiten der Unternehmen schon fast als Luxusdenken dargestellt wird, ist das aus Sicht der persönlichen Entwicklung sehr verständlich. Man spürt einfach, dass einem sonst die Basis für andere wichtige Lebenspläne fehlt, wie beispielsweise die Familiengründung.

Selbstständigkeit statt Sicherheit – eine Lösung?

Manche Menschen lösen dieses Dilemma, indem sie das Gefühl von Sicherheit nicht mehr am Arbeitgeber oder Arbeitsverhältnis festmachen, sondern an ihrem Können und an ihren Ideen. Nach dem Motto: Wenn ich weiß, was ich kann, meinen Marktwert und meine Fähigkeiten kenne und mich online und offline sehr gut mit Gleichgesinnten und Kunden vernetze, dann ist das auch eine Form von Sicherheit. Und Spaß macht die Arbeit dann auch. Die Werbe- und Internetprofis Sascha Lobo und Holm Friebe gaben dieser Bewegung mit ihrem Buch „Wir nennen es Arbeit" sogar einen Namen, die „digitale Boheme". Damit umschreiben sie die modernen Arbeitnehmer, die sich vor allem dafür interessieren, dass ihre Arbeit der Selbstverwirklichung dient, und sie den Tag und ihre Tätigkeiten selbst gestalten können. Die Verbindlichkeiten eines Arbeitsvertrags empfinden sie daher eher als hinderlich und freiheitsraubend. Mit diesem Selbstbild des unabhängigen, aber extrem kompetenten Netzwerkers kann auch Sicherheit in unsicheren Zeiten gelingen – aber man muss auch sagen, dass es eine gewisse persönliche Stärke voraussetzt, sich so unabhängig vom Üblichen zu definieren und zu arbeiten. Davon abgesehen verdienen nur einige dieser digitalen Bohemiens wirklich viel Geld mit ihrer Arbeit.

Letztlich leben wir heute mit einem Dilemma: In unserer Arbeitsgesellschaft ist das Ankommen im Job extrem wichtig für die persönliche Zufriedenheit und Entwicklung. Allerdings hat sich die Arbeitswelt zugleich so verändert, dass der Weg Ausbildung, Berufsstart, sichere Position fast nie reibungslos funktioniert. Man muss sich selbst darum kümmern, dass man einen Platz in der Arbeitswelt findet, der zu einem passt. Das ist oft mühsam und verlangt eine gehörige Portion Eigeninitiative. Der Vorteil ist allerdings, dass wir auch die Möglichkeit haben, unsere Tätigkeit so zu verändern, dass sie mit uns wachsen kann.

Francisca Hahn, 44, Sängerin, Mezzosopran (www.francisca hahn.de): „Ich war fest engagiert in einem Opernchor. Hatte also einen lebenslangen, sicheren Job. Allerdings ist man als Sängerin im Opernchor ein Rädchen unter vielen. Ich fühlte mich eingeengt, denn ich wollte schon immer vor allem eines:

Die Menschen mit meiner Stimme und meinen Liedern im Herzen berühren. Ich habe lange versucht, mich als Chorsängerin einzufinden, und nebenbei Liederabende veranstaltet, um meine persönlichen Vorstellungen zu leben. Aber das ging nicht gut zusammen.

Deshalb traf ich mit 41 Jahren die Entscheidung, mich als Sängerin selbstständig zu machen. Ich hatte gerade ein Kind bekommen und dachte: ,Wenn ich es jetzt nicht wage, wann dann?' Ich habe Kurse besucht, in denen ich viele Ideen entwickeln konnte. Auch den Mut, mich dafür einzusetzen, was ich wirklich will. Viele meiner Chorkollegen haben geunkt, dass ich diese Entscheidung bestimmt bereuen würde.

Aber es funktioniert. Ich habe Schwung, Ideen und Kollegen, mit denen ich gerne arbeite: Pianisten, Gitarristen, Harfenisten, Kirchenchöre. Ich gestalte viele Liederabende. Spiele Kammermusik genauso wie Kirchenmusik und entwickle themenbezogene Programme. Aktuell den Liederabend ,Tage und Nächte'. Bei der Zusammenstellung der Lieder schöpfe ich aus dem großen Repertoire meiner gesamten Laufbahn.

Ab und zu kommt eine Unruhe, wenn ich in ein paar Monaten eine Lücke sehe. Aber es plagt mich nicht wirklich. Denn ich habe ein Gottvertrauen, dass es immer weitergeht. Selbst wenn es mal nicht mehr klappen sollte, dann denke ich mir etwas anderes aus. Aber ich kann sagen: Ich habe wenigstens versucht, das zu tun, was ich wirklich tun will. Ich bin dadurch viel selbstbewusster und zufriedener geworden. Ich finde, das Leben ist eigentlich zu schade, um es mit einer Arbeit zu verbringen, in der man sich gebremst und lahmgelegt fühlt."

Elke V., 46, Biologin: Die Biologin fing mit Anfang 40 noch einmal an zu studieren. Davor hatte sie jahrelang als SAP-Organisatorin gearbeitet. Doch sie wollte zurück in die Naturwissenschaften. Im Master-Studium „Transnational Water Management" hat sie gelernt, wie man Projekte zum Hochwasserschutz oder zur Verbesserung der Qualität von Flüssen durchführt. „Auf Studienfeten bin ich nicht mehr mitgegangen", sagt Elke V. Und auch das Dasein als Praktikantin fand sie schwierig, „statt wie vorher Verantwortung zu übernehmen". Inzwischen hat sie eine Stelle bei einem Gesundheitsamt und sagt: „Meine neuen Arbeitgeber sind von meinem Zweitstudium beeindruckt. Es zeigt ja, dass ich keine Angst vor Herausforderungen habe."

Kinder – letzte Gelegenheit

Adenauer irrte sich gewaltig, als er sagte: Kinder bekommen die Menschen sowieso. Seit einigen Jahrzehnten sind Kinder nicht mehr einfach da, sondern meist eine bewusste Entscheidung. „Die Entwicklungsaufgabe heißt nicht mehr ‚eigene Kinder haben', sondern ‚Auseinandersetzung mit den verschiedenen Möglichkeiten generativen Verhaltens'", erklärt der Entwicklungspsychologe und Gesundheitsexperte Toni Faltermaier. Diese Auseinandersetzung verschiebt sich für viele immer weiter nach hinten. Immer mehr Frauen denken erst mit 40 und auch später das erste Mal intensiv über die Frage nach, ob sie ein Kind wollen, beobachtet die Berliner Medizinpsychologin Dr. Beate Schultz-Zehden. Dann ist die berufliche Laufbahn so weit abgesichert und der Kopf frei für das Thema. Auch die Tatsache, dass die biologische Uhr jetzt hörbar tickt, scheint das Thema zusätzlich in unser Bewusstsein zu drängen – auch bei den Frauen, die schon Kinder haben.

„Es ist gleichgültig, ob man kein Kind, eins oder drei Kinder hat. Mit 40 wird eine Frau noch einmal darüber nachdenken: Will ich noch ein Kind?", erklärt Kinderwunschexpertin Andrea Patzer. Die biologische Uhr gibt uns unmissverständlich das Zeichen: Du wirst älter!

Immer mehr Frauen entscheiden sich angesichts des Ultimatums doch noch für ein Kind. Heute kennt fast jeder eine 40-jährige Erstgebärende. Die Fruchtbarkeit sinkt zwar ab 35 rapide und manchmal hilft die Reproduktionsmedizin nach, aber für viele Frauen ist die Schwangerschaft um die 40 kein Problem mehr. Und langsam ändert auch die Gesellschaft – zumindest in städtischer Umgebung – ihren Blick auf die Spätgebärenden und akzeptiert sie einfach. Es werden ja immer mehr.

Dabei ist die Frage, ob man noch ein Kind will, nicht nur für die Frauen relevant, die sich für Kinder entscheiden, sondern auch für diejenigen, die am Ende feststellen: Nein danke! Ich bleibe gerne ohne Kinder. Denn für das Lebensglück einer Frau ist letztlich nicht relevant, ob sie Kinder hat oder nicht. Wichtiger ist, ob sie die Entscheidung selbst aktiv getroffen hat oder in ihr Schicksal gestolpert ist. „Frauen, die nie Kinder wollten und das mit 20, 30 und eben auch mit 40 gespürt haben, werden ein reiches, ausgefülltes Leben auch ohne Kinder führen können", erklärt Patzer. „Wichtig ist vielmehr, ob man das Gefühl hat, ein fruchtbares Leben zu führen, in dem man seine persönliche Kreativität und sein Potenzial zum Ausdruck bringt. Und das können Frauen in der heutigen Gesellschaft natürlich auch ohne Kind, wenn sie in einen Kreis von Freunden eingebettet sind und interessante Aktivitäten leben." Ein echter Fortschritt zu früheren Zeiten, in denen die Mutterrolle für Frauen häufig die einzige Chance war, ein fruchtbares Leben zu führen, und in der Ansichten wie diese undenkbar gewesen wären: „Schon als Kind wusste ich, dass ich selber keine Kinder und nie Mutter sein wollte. Ich hatte einfach nie den Wunsch danach. Mein Leben gefällt mir sehr gut, wie es ist. Ich habe viel Zeit für meine Hobbys: Ich fahre Motorrad, liebe Pflanzen und habe einen großen Wintergarten. Ich höre öfter von Leuten, dass sie mich egoistisch finden. Oder sie vermuten, dass ich Kinder nicht mag. Das ist aber nicht der Fall. Und es sind auch keine karrieristischen oder finanziellen Gründe. Wenn ich Kinder gewollt hätte, hätte ich bestimmt schon welche", sagt Iris B., 40, chemisch-technische Assistentin.

Mehr Schwierigkeiten mit der Kinderlosigkeit können Frauen haben, die dem Kinderwunsch schon immer zwiespältig gegenüberstanden, vielleicht aus reinen Vernunftgründen keine Kinder bekamen oder keine bekommen konnten, obwohl sie wollten. Dann kann es sein, dass irgendwann die Trauer kommt.

„Es steckt eine große Wehmut hinter dem Gefühl, sich etwas versagt zu haben, nur weil man die Welt auf den Kopf stellen wollte. Ich vermisse die Herausforderung, junges provozierendes Leben um mich zu haben. Das Schlimmste aber ist wohl, dass man sich ohne Kinder um die größte und haltbarste Liebesgeschichte seines Lebens bringt. Und so ist es mehr das Gesamterlebnis ,Abenteuer Kind', das ich am meisten vermisse. Die echte Chance hinter dem narzisstischen Wunsch, durch seine Kinder in der Welt ein wenig weiter mitmischen zu können", schreibt Autorin Sabine Reichel (geb. 1947) in ihrem Artikel „Das stumme Nein kämpft mit der Sehnsucht nach dem Ja".

Die Herausforderung und Gelegenheit, an der Elternrolle zu wachsen, betonen auch die Entwicklungspsychologen. Aus ihrer Sicht können Kinder auf unsere Entwicklung wie Turbostarter wirken. Das Leben als Familie mit Kind prägt die Menschen mindestens so sehr wie ihre Berufswahl. „Eltern genießen das Zusammensein mit ihren Kindern, deren Fantasie, Charme, Fröhlichkeit und Unbefangenheit sowie deren besondere Interpretation der Welt. Sie erleben ihre Kinder zugleich als Spiegel ihrer selbst und sind dadurch herausgefordert, sich mit eigenen Verhaltensweisen auseinanderzusetzen und sich selbst immer wieder infrage zu stellen", erklärt Faltermaier. Die Verantwortung hilft beim Erwachsenwerden. Themen wie Umweltschutz, Bildungsdebatte und Ungerechtigkeit in der Gesellschaft bekommen eine neue Relevanz, weil man sich dessen bewusst wird, dass sie direkt das Leben und die Chancen der Kinder beeinflussen werden.

Natürlich kann man all diese Entwicklungen und Interessen auch ohne Kinder ausbilden. Und wer denkt, Hauptsache ein Kind, dann bin ich alle Sorgen los und die Sinnfrage ist ein für allemal geklärt, der irrt. Kinder reichen heute auch nicht mehr aus, um unseren Wunsch nach einem fruchtbaren Leben vollständig zu erfüllen. In der modernen Welt wollen wir viel mehr wirken, unsere Entfaltung hat mehr Facetten als die Familienrolle. „Es ist ein Irrtum zu glauben, wenn ich ein Kind habe, dann sind viele Fragen gelöst", erklärt Patzer. Auch Müttern und Vätern stellen sich die Sinnfragen: Wer bin ich noch? Fühle ich mich in meinem Freundeskreis wohl? Mag ich meine Tätigkeiten? Was will ich noch vom Leben?

Gesundheit: das erste Zwicken

Die Krankenkassen-Berichte zeigen es deutlich. Etwa ab 40 fängt es bei vielen Menschen an, hier zu zwicken und dort zu zwacken. Diese Altersgruppe bucht viele Gesundheitskurse bei den Krankenkassen. Ganz vorne: Yoga, Rückenschule, Stress-Training.

Wir bemerken die ersten Anzeichen des Älterwerdens an unserem Körper und stellen fest: So wie bisher kann es nicht weitergehen. Wenn der Rücken jetzt schon zwickt, wie soll das in 20 Jahren aussehen? Mit unserer längeren Lebenserwartung bekommen unser Lebensstil und das aktive Kümmern um unsere langfristige

Gesundheit und unser Wohlbefinden eine neue Brisanz. „Im Alter ab 40 können sich bereits Risiken für chronische oder akute Erkrankungen zeigen, die später beispielsweise zu einem Herzinfarkt führen können", erklärt Gesundheitspsychologe Faltermaier. Andere Studien zeigen, dass Menschen, die sich in jungen Jahren regelmäßig bewegen, auch im Alter besser auf den Beinen sind. In einer großen schwedischen Langzeitstudie am renommierten Karolinska-Institut konnte sogar gezeigt werden, dass man an den Lebensgewohnheiten und gesundheitlichen Eckdaten der Menschen im Alter von 50 Jahren bereits absehen konnte, wer 20 Jahre später mit relativ großer Wahrscheinlichkeit eine Demenz, also übermäßig starke Gedächtnisprobleme entwickelt. Ein hoher Blutdruck (über 90/140), erhöhte Cholesterinwerte, wenig körperliche Bewegung und Übergewicht gelten als größte Risikofaktoren.

„Die Auseinandersetzung mit dem Alter ist in gewisser Weise eine neue Entwicklungsaufgabe", stellt Toni Faltermaier deshalb fest. Denn sie fordert von uns, dass wir mit 40 oder spätestens 50 die Zeichen unserer Seele und unseres Körpers wahrnehmen und gegensteuern, wenn wir aus der Balance geraten: wenn der Rücken permanent schmerzt oder wenn wir das Gefühl haben, keine Energie mehr zum Leben zu haben. „Ab diesem Alter sollte man mit den Ressourcen und Energien ein Stück weit haushalten, wenn Körper und Psyche eindeutige Zeichen senden", erklärt Faltermaier. Wer weiterpowert, als wäre der Akku endlos voll, die Kraft grenzenlos, hat einige Zeit später oft mit einem Burn-out, Bandscheibenvorfall, Herz-Kreislauf-Krise oder anderen Erkrankungen zu tun, die sich chronisch entwickelt haben und die Lebensqualität der weiteren Jahre stark beeinträchtigen können. Wer sich und sein langes Leben ernst nimmt, sich dementsprechend ein wenig umstellt, kann seinen Lebensstil neu justieren – und wird fit für das lange Leben.

Das hilft in dieser Lebensphase besonders

Eine ehrliche Zwischenbilanz: Was habe ich in meinem Leben erreicht, von den Dingen, die mir wichtig waren? Welche Möglichkeiten sind verstrichen? Was möchte ich noch unbedingt tun? Welcher „tanzende Stern" ist in mir und möchte ans Licht? Welche Veränderung, die eigentlich ansteht, vermeide ich? Wo verschwende ich meine Energie, zum Beispiel weil ich Anforderungen von außen erfülle, hinter denen ich innerlich gar nicht stehe? Aufhören mit Aufschieben: Mit 40 kann man noch viele Weichen stellen, die zehn Jahre später nicht mehr zu stellen sind: etwa die Kinderfrage oder die Entscheidung, gelassener durch die Turbulenzen des Alltags zu gehen.

Dauerlauf statt Sprint: Auch gesundheitlich ist jetzt der richtige Moment, um die Richtung zu ändern, darauf zu achten, dass man auch mal zur Ruhe kommt, das Fast-Food-Mittagessen abschafft und mehr Bewegung in den Tag bringt. Wer jetzt etwas verändert und vom Sprintmodus auf den Dauerlaufmodus umschaltet, hat gute Chancen, seine gesamte weitere Lebenszeit positiv zu beeinflussen.

50: Mitten im Leben

Hermann S., **51, Steuerfachgehilfe:** „Ich freue mich täglich über mein gewonnenes Wissen und gesammelte Erfahrungen, die ich fast jeden Tag nutzen kann, und ich freue mich regelmäßig, dass ich meine nahe Beziehung zur Natur, die ich als Kind schon einmal hatte, wiedergefunden habe.

Im Alter fürchte ich vor allem Armut, da ich bislang nur von einer Altersrente in Höhe von 650 Euro ausgehen muss. Das heißt, Hartz IV beziehungsweise arbeiten, bis zum letzten Tag, soweit möglich."

Carina A., **55, Reiseleiterin:** „Ich bin 55. Aber ich fühle mich viel jünger, eher so wie 30. Seit einiger Zeit freue ich mich über meine wachsende soziale Kompetenz und größere innere Souveränität. Ich kann feststellen, dass ich bestimmte, wiederkehrende Themen, die mich seit meiner Kindheit gefangen hielten, tatsächlich überwinden und mich weiterentwickeln kann. Das finde ich phänomenal und bin sehr dankbar dafür! Das kommt aber nicht automatisch mit dem Älterwerden. Man muss was dafür tun und an seinen Konflikten und Problemen arbeiten!

Am Alter fürchte ich das Gebrechlicherwerden, Krankheiten und Verschrumpeln. Ich finde, das Alter ist vor allem ein optisches Problem."

Gabi B., **54, Trainerin:** „Man realisiert zum ersten Mal, dass das Leben endlich ist. Mit 30 schien das Leben endlos. Aber mit 50 sieht man, dass man manches nicht mehr haben wird. Zum Beispiel Kinder. Man sieht, was man erreicht hat und was nicht. Man sieht, was man schon längst abgehakt hatte, weil man dachte, man sei zu alt. Und dann sieht man, dass andere in dem Alter das ganz selbstverständlich machen."

Bruce Willis, 55, Schauspieler: „In meinen 20ern dachte ich, ich wüsste ganz genau, wie die Welt tickt. In meinen 30ern musste ich all das revidieren. Und in den 40ern schon wieder das Gleiche: ‚Mann, wie hab ich mich geirrt.‘ Und heute wird mir klar, dass ich zu keinem Zeitpunkt richtiglag."

Verantwortung: Wie schwer darf das Leben sein, das ich trage?

„Wer mit 40 dachte, oh Gott, da trage ich ja viel Verantwortung, dem kann man versprechen: Mit 50 ist es mehr", erklärt Coach Andrea Patzer. Zum einen haben wir jetzt in vielen Bereichen Erfahrung, sodass es ein logischer Schritt ist, verantwortungsvollere Positionen und Aufgaben zu übernehmen: Der dienstälteste Erzieher wird zum Teamleiter. Die Projektmitarbeiterin steigt zur Koordinatorin auf. Eltern werden zu erfahrenen Eltern. Nicht umsonst sind beispielsweise Pflegeeltern häufig über 45. Sie haben aufgrund ihrer Erfahrung mit dem Leben und Kindern die Stärke und Sicherheit, um auch Kindern aus schwierigen Lebenssituationen Halt und ein Zuhause zu geben.

Dazu kommen die vielen anderen Baustellen, die unser Leben begleiten und jetzt besondere Verantwortung einfordern. Kinder, die noch Unterstützung brauchen und gleichzeitig Freiheit, Eltern, die wieder Unterstützung möchten. Eine Partnerschaft, der Beruf und das Geld, das verdient werden will. Das Haus mit Garten, der Kleingarten mitsamt dem Verein, das Boot, das Ferienhaus, der Freundeskreis. Manchmal ist die Liste länger, als man in wenigen Minuten aufzählen könnte.

Allerdings haben sich die Aufgaben so unauffällig vermehrt wie Wollmäuse unter dem Bett. Und in vielen Bereichen sind wir so langsam und stetig aus der Rolle des Mitmachens in die Rolle der Verantwortung hineingewachsen, dass wir oft gar nicht mehr bewusst wahrnehmen, welch großes Rad wir täglich in Bewegung halten, welche Berge von Aufgaben wir in Angriff nehmen und abarbeiten.

Die Kraft verteilt sich anders

Manchmal fragen wir uns sogar: Wo ist nur meine Kraft? Ich fühle mich so müde. Ich werde wohl alt. Aber wenn man einmal ehrlich alle Aufgaben, die man heute stemmt, mit Kraftpunkten auszeichnen würde und diese Punkte zusammenzählt, sozusagen zur Summe der Gesamtkraft, und dann dasselbe mit seinem Leben und seinen Aufgaben als 30-Jähriger macht, dann merken die meisten: Oha, ich investiere heute mehr Kraft als damals – und habe sie auch. Sie verteilt sich nur anders. Ein großer Teil unserer Kraft ist jetzt an feste Aufgaben gebunden. Mit 30 hatten wir schlicht viel Kraft zur freien Verfügung, die wir bei Partys, Tanz und Bier verpulvern konnten. Diese freie Kraft ist wirklich weniger geworden. Deshalb ist es gerade mit 50 wichtig, gut mit seinen Kräften zu haushalten. Man hat nichts zu verschwenden. „Wichtig wäre hier die Frage, welche Rollen und Aufgaben inzwischen vielleicht auch veraltet sind", erklärt Andrea Patzer. „Welche Rolle will ich noch weiter oder zusätzlich übernehmen? Welche nicht?" Viele Menschen spüren diese Notwendigkeit intuitiv und prüfen Tätigkeiten kritisch. „Während man sich mit 40 noch die Arme mit Ämtern vollpackt, fangen viele mit 50 an, kritischer auszuwählen, auch Ämter und Aufgaben wieder abzugeben." Das Gleiche gilt für Beziehungen. Es ist völlig normal, wenn man sich gerade jetzt fragt: Was bringt mir der Kontakt noch? Will ich diese Beziehung weiterführen? Aus Sicht der Psychologin Andrea Patzer ist das sehr gesund. Denn wir haben meist sehr viel um die Ohren, tragen viel Verantwortung. Da haben Energiefresser wie lästige Ämter und ärgerliche Bekannte einfach keinen Platz.

Beruf: Erfahrung und Gemeinschaft gewinnen an Bedeutung

Wir freuen uns jetzt besonders, wenn unsere Expertise uns im Arbeitsalltag Vorteile bringt. Zum Beispiel, weil wir Aufgaben schneller erledigen können oder die Knackpunkte eines Projektes auf den ersten Blick erkennen. Die Altersforscherin Ursula Lehr beschreibt den Unterschied zwischen Jung und Alt im Arbeitsleben sehr treffend so: „Die Jungen rennen schneller. Aber die Älteren kennen die Abkürzung."[69] Neues Wissen interessiert uns jetzt vor allem, wenn es unsere Erfahrungen sinnvoll ergänzt und sofort in der Praxis einsetzbar ist. Lernen einfach um des Lernens willen finden wir dagegen schnell langweilig.

Studien zeigen, dass bei vielen Menschen zwischen 30 und 45, manchmal auch erst ab 50, das innere Interesse an persönlichen

Höchstleistungen tendenziell sinkt, während die Bedeutsamkeit von Gemeinschaft und der Wunsch, in diese Gemeinschaft eingebunden zu sein, wächst, erklärt Lebenslaufforscher George Vaillant. Häufig zeigt sich diese innere Veränderung daran, dass man plötzlich Lust bekommt, sein Wissen weiterzugeben. Man freut sich, wenn jüngere Kollegen einen um Rat fragen. Manche bemerken in dieser Zeit auch, dass sie mehr Lust auf gemeinsame Projekte bekommen oder lieber mit Kunden als im stillen Kämmerlein arbeiten würden. Der Sinn für Gemeinschaft wächst.

Leistung ja – aber mit Sinn

Es scheint auf jeden Fall im Wesen des Menschen zu liegen, dass er diesen Entwicklungsschritt vom Leistungsmensch zum Lehrer im Laufe seines Lebens geht. Viele Menschen werden in diesem Lebensabschnitt zum kollegialen Berater oder Mentor. Oder sie schlagen sogar einen neuen Weg zum professionellen Lehrer, Coach oder Trainer ein.

Dieser innere Wechsel bedeutet allerdings nicht, dass wir uns ab jetzt von allen Leistungsfragen fernhalten sollten. Es geht mehr darum, die neue Dimension mit aufzunehmen. Zum Beispiel auch als Führungskraft, die ihre sozialen und empathischen Kompetenzen verstärkt nutzt, um ein Team zu leiten und Mitarbeiter zu fördern, statt vor allem das persönliche Weiterkommen in den Mittelpunkt ihres Wirkens zu stellen. Letztlich ist diese Entwicklung aus Sicht der Entwicklungspsychologen eine weitere Facette der Generativität: Wir kümmern uns aktiv darum, etwas von uns an die nächste Generation weiterzugeben.

Menschen, die diesen Wertewandel leben, profitieren davon häufig sofort, aber auch auf lange Sicht: „Die Studien zeigten, dass sich für die Frauen und Männer, die die Phase der Generativität meisterten, die Chance verdreifachte, dass ihr Leben zwischen 70 und 80 eine Zeit der Freude und nicht der Hoffnungslosigkeit wurde", erklärt Vaillant.

Allerdings erklärt dieser innere Wandel der 50-Jährigen auch, warum es persönlich extrem verletzend sein kann, wenn die Erfahrungen im beruflichen Umfeld gar nicht gefragt sind – so wie es heute häufig der Fall ist. Es könnte sich aber lohnen, sich selbst Felder zu suchen, in denen man seine Erfahrung stärker einbringt.

Das kann der Gesundheitszirkel sein, der wohlwollende Blick auf den Lehrling oder auch eine Tätigkeit außerhalb der Arbeit. Sich selbst mit seiner Expertise wertzuschätzen ist wichtig, denn genau an diesem Punkt findet man auch selbst interessante neue oder weiterführende Gebiete, die man sich gerne aneignen möchte, in denen man sich weiterentwickeln könnte. Denn letztlich speist sich daraus unsere Motivation für den Alltag. Nur wer für sich Entwicklungsmöglichkeiten sieht, wird auch die nächsten Jahre Lust auf seinen Beruf oder sogar einen beruflichen Wechsel entwickeln. Wer sich dagegen für „Durchhalten bis zur Rente" entscheidet, hat meist ziemlich harte Jahre vor sich.

Wie mit den Eltern umgehen?

Viele erwachsene Kinder übernehmen auf die eine oder andere Weise Verantwortung für das Wohl der Eltern, wenn sie alt werden und Unterstützung brauchen. Und auch die, die es derzeit nicht tun, sehen spätestens jetzt, dass die Frage irgendwann im Raum stehen wird: Was machen wir mit Mama und Papa, wenn sie mal nicht mehr alleine in ihrem Haus oder ihrer Wohnung zurechtkommen? Manche – vor allem manche Töchter und Schwiegertöchter – wissen ganz klar: Ich werde meine Eltern pflegen. Die Regisseurin und Autorin Ilse Biberti, 50, ist diesen Weg gegangen und ist bei ihren Eltern eingezogen, als diese Hilfe brauchten. Sie hat ihre Arbeit und ihr Privatleben auf Sparflamme umgestellt, um sich ihren Eltern zu widmen. Ihre Erfahrungen hat sie in dem ehrlichen und deshalb bewegenden Buch „Hilfe, meine Eltern sind alt" festgehalten[70].

In einem Interview zu ihren Erfahrungen befragt, sagt sie: „Die größte Herausforderung ist, das Verhältnis Vater-Mutter-Tochter oder Mutter-Vater-Tochter nicht umzukehren. Die Hierarchie muss erhalten bleiben. Das Kind bleibt das Kind. Gleiche Augenhöhe: Ja. Aufgabenübernahme: Ja. Bevormundung: Nein! Natürlich kann ich jetzt vieles schneller und leichter machen als sie. Aber alles, was meine Eltern selbst können – in ihrem eigenen Tempo –, muss unterstützt und erhalten werden. ... Die noch größere Herausforderung ist, mein eigenes Leben zu leben. Unterstützung: Ja. Aufgabe meines Lebens: Nein. Es geht um ein partnerschaftliches Verhältnis. Ich musste und muss lernen, ohne

schlechtes Gewissen – in den Augen meiner Mutter viel interessantere – Unternehmungen zu machen als mit ihr. Meinen Vater in seiner Lebensangst auch mal anderen überlassen. Leben und leben lassen."[71] Doch trotz aller Schwierigkeiten empfindet sie die Zeit mit ihren alten Eltern als Bereicherung. „Ein gemeinsames Vertrauen leben, zusammen lachen und das Leben genießen, dazu ist es da, egal wie eingeschränkt die Möglichkeiten dazu sind."
     Ilse Biberti hat aus der Entscheidung, diese Zeit mit ihren Eltern zu verbringen, viel Kraft gewonnen. Inzwischen hat sie ihren Vater in den Tod begleitet. Jetzt hat sie gemeinsam mit Henning Scherf ihr zweites Buch geschrieben, „Das Alter kommt auf meine Weise"[72], in dem beide aus ihren Erfahrungen von einem Älterwerden in Gemeinschaft und Geborgenheit Ideen für eine gesellschaftliche Veränderung entwickeln.

Dialog mit den Eltern? Ja. Bevormundung? Nein

Viele können der Idee, die eigenen Eltern zu pflegen, nicht so viele positive Seiten abgewinnen. Es ist eher eine Last oder eine belastende Vorstellung, die meist auch noch mit einem schlechten Gewissen einhergeht. Was tun?
     „Versuchen Sie einen Dialog mit Ihren Eltern über das Thema herzustellen", empfiehlt Andrea Patzer. Ihrer Ansicht und Erfahrung nach klappt es am besten, wenn die jüngere Generation die Verantwortung für diesen ersten Schritt zur Kommunikation übernimmt und fragt: Wie soll das Leben für dich in Zukunft aussehen? Hast du eine Idee? Was stellst du dir vor? Welche Schritte wären wichtig und richtig für dich?
     Natürlich gibt es eine Reihe von Menschen, die nicht gleich Juchhu schreien werden, wenn man mit dem Thema kommt. Aber es macht auch keinen Sinn, das Thema zum Tabu zu erklären. „Manche Ältere haben ausgefeilte Konzepte im Kopf, andere machen sich zumindest Gedanken und bei denen, die alles abwehren, muss man auch als Tochter oder Sohn akzeptieren, dass dieser Mensch so entscheidet. Da müsste man sagen: Okay, jeder ist für sich selbst verantwortlich. Du hast die freie Wahl, dein Alter nicht aktiv zu gestalten und auf dich zukommen zu lassen. Aber dann kommt eben auch das, was kommt." Die Psychothera-

peutin weiß: Wer seine Eltern bevormunden möchte, sät Streit und Leid. Manchmal sorgen sich die Kinder selbst ja viel mehr als die Älteren. Die leben ihren Tag, auch mit Einschränkungen, aber wollen einfach keine Einmischung.

Pflege sollte keine Kinderpflicht sein

Die Psychologin hält es deshalb nicht für eine selbstverständliche Pflicht der Kinder, die Eltern zu pflegen. Schließlich sind die Eltern ihr Leben lang unabhängig und selbstbestimmt gewesen, also wäre es auch an ihnen, dafür zu sorgen, dass sie im Alter gut versorgt sind und die Hilfe haben, die sie brauchen. Dass diese Hilfe die Kinder übernehmen, wäre dann nur normal, wenn beide Seiten das so möchten und abgesprochen haben. Nicht, weil „man" das tut.

All denen, die sich dafür frei entscheiden, könnte natürlich eine Maßnahme wie die Pflegeteilzeit, die Familienministerin Kristina Schröder formulierte, nutzen. Aber diese Möglichkeit kann nicht heißen, dass wieder mehr erwachsene Kinder sich verpflichtet fühlen, ihre Eltern im Alter zu pflegen.

Interessanterweise betonen Länder wie Norwegen, in denen der Umgang mit älteren Menschen als vorbildlich gilt, immer wieder die Bedeutung der professionellen Pflegedienste. Die Kinder sind hier vor allem als Organisatoren und Koordinatoren angesprochen und sorgen für emotionale Fürsorge. Die Pflege selbst übernehmen qualifizierte Fachkräfte.

Die Generation 50plus will anders leben

Allerdings ist davon auszugehen, dass die zukünftigen Alten, also wir selbst und vermutlich die meisten, die ab 1950 geboren sind, dieses Pflegemodell in der Familie sowieso nicht mehr möchten. Die „Generation Kinderladen", die heute über 60 ist, hat Kinderläden und Schulen gegründet, damit ihre Kinder gut versorgt sind. Und sie werden sich auch aktiv um ihr Leben im Alter kümmern, ist sich Psychologin Andrea Patzer sicher: „In dem Moment, in dem wir uns selbst ernst nehmen und unser Leben gestalten, werden wir uns auch intensiv mit diesem Lebensabschnitt befassen."

Dass die Entwicklung in diese Richtung geht, zeigt beispielsweise das große Interesse der Generation 50plus an alternativen

Wohnmöglichkeiten für das Alter, wie der Soziologe Dieter Otten in seinen Umfragen feststellte. Und inzwischen gibt es ja auch in der Praxis immer mehr alternative Ansätze, wie das Beispiel der Seniorengemeinschaft in Riedlingen oder auch die Heimstiftung in Bremen zeigen. Allerdings fordert diese Veränderung im Generationenmiteinander natürlich von uns allen, dass wir uns mit dem Thema, wie wir im Alter leben wollen, auch wirklich ab 50 beschäftigen und nicht stecken bleiben in der vagen Idee: Darum kümmere ich mich natürlich selbst. Irgendwann.

Endlichkeit: Wie viel Zeit habe ich noch? Und wie nutze ich sie?

„Wenn man jung ist, lebt man mit einem Gefühl, unendlich viel Zeit zu haben. Wenn man dann jedoch merkt, dass es da Grenzen gibt, die man auch körperlich spürt, oder wenn die eigenen Eltern sterben, kann das zu einem Perspektivenwechsel führen, der eher den Fokus hat: Wie viel Zeit habe ich noch? Was möchte ich noch gestalten?", erklärt der Psychologe Toni Faltermaier.

Die Gewissheit, dass das Leben endlich ist, trifft einen vielleicht wie ein harter Schlag. Aber der Schock kann heilsam sein: „Der Zeitdruck gibt auch Kraft", erklärt Psychologin Andrea Patzer. Persönliche Träume und Wünsche drängen nach vorne, werden in unserer Vorstellung immer plastischer, bunter und dringlicher. Die 54-jährige Verwaltungsangestellte mietet sich endlich in einem Künstleratelier ein und nimmt den Lebensfaden Kunst wieder intensiv und regelmäßig auf. Jahrelang hatte sie ihre Lust an der Kunst auf Sparflamme gehalten und nur in den Ferien Wochenkurse in Akademien besucht. Jetzt ist es ein fester Bestandteil in ihrem Leben – der emotional und für ihre persönliche Entwicklung fast bedeutender ist als der Job. Denn hier entdeckt sie in ihren Installationen mit kleinen Figuren, Flugzeugen und Kriegsschiffen tatsächlich Seiten an sich, die sie gar nicht kannte. „Ich weiß selbst nicht, was am Ende entsteht", gibt sie freimütig zu. Die 56-jährige Diplombiologin und Redakteurin, die jetzt schon seit Jahren keine neue Anstellung in ihren Berufen findet, entscheidet gerade jetzt, alles auf eine Karte zu setzen: Sie beginnt, sich intensiv mit Schauspiel, Gesang und Kabarett zu beschäftigen. Ihr Ziel: freischaffende Kabarettistin. Menschen zum Lachen und Nachdenken zu bringen war schon immer ihre Leidenschaft. Doch erst jetzt fühlt sie sich tatkräftig genug, um ihren Traum auch in die Tat umzusetzen. Manchmal geben auch Leidenschaften aus der Jugend den Kick zu einem mutigen Schritt: drei Monate ins Kloster, die Atlantik-Überquerung gebucht, den Posten in der Bank gegen einen eigenen Käseladen eingetauscht. Menschen, die sich den Kontakt zu ihrer inneren Vielfalt bewahren, wirken häufig in jedem Alter jung.

Der Schauspieler und Action-Held Bruce Willis ist normalerweise nicht als weiser Mann bekannt, aber in einem Interview mit der Zeitschrift GQ[73] sagt der 55-Jährige, der sich heute „fit wie nie" zuvor fühlt und schon seit einigen Jahren ganz bewusst mehr Wasser als Alkohol trinkt, doch in einfachen Worten etwas Kluges über das Älterwerden: „Umarme deinen Tod. Freunde dich an mit ihm. Mach dir bewusst, dass es ihn gibt. ... Benutze ihn als Anreiz, um all das zu tun, was du in diesem Leben tun willst, bevor es zu Ende geht mit dir."

Schönheit: Jetzt ist die Jugend echt vorbei

Trotz aller Vitalität: Mit 50 kann man es nicht mehr wegdiskutieren: Man ist nicht mehr jugendlich. Auch wenn es Lachfalten sind, die Haut kräuselt sich, im Haar sind graue Strähnen. Na und? Die Autorin Vera Sandberg, selbst über 50 Jahre alt, ist sichtlich genervt von allen Frauen, die sich mit 50 aus dem Thema Schönheit, Attraktivität und Sex ausklinken, weil sie vermeintlich sowieso nicht mehr gefragt seien. „Es ist doch so: Wer keinen Bock auf sich selbst hat, darf sich nicht wundern, wenn andere auch keinen Bock auf ihn haben. Jammern übers Alter stößt Jüngere ab, nicht das Datum im Personalausweis." Für sie steht deshalb fest: „Das eigene Alter ist kein Grund, sich keine Mühe mehr zu geben. Dem Ruf des Sofas und der Marzipanpralinen nachzugeben. Die Verantwortung für Frust und Tatenlosigkeit auf andere zu verlagern, schön weit weg von sich selbst."[74] Ihrer Ansicht nach kann es weder darum gehen, mit 50 immer weiter der straffen Jugendhaut hinterherzujammern, noch erscheint es sinnvoll, alle Ansprüche loszulassen und sich aufs Altenteil zurückzuziehen. Sie fordert vielmehr von jedem und jeder 50-Jährigen, sich aktiv darum zu kümmern, dass man für den Liebes- genauso wie für den Jobmarkt attraktiv bleibt. Letztlich geht es darum, das Leben immer stärker in die eigene Hand zu nehmen – denn das hält lebendig, stärkt die Ausstrahlung, die Souveränität und das Strahlen in den Augen –, und nichts anderes ist Attraktivität. „Können wir verlangen, dass die Gesellschaft uns respektiert, wenn wir es selbst nicht tun?", fragt die Autorin provokant.

Schöne Falten sind okay

Die Modelagentin Christa Höhs will zeigen, wie schön ältere Frauen sein können. Höhs hat 1994 die erste Modelagentur für ältere Models gegründet. Das erste grauhaarige Modell Susanne Schöneborn, das für die Marke Nivea-Vital warb, war ihr Verdienst. Inzwischen hat sie Hunderte von älteren Frauen in die Werbung vermittelt. Solche mit mädchenhaft glatt gelifteter Haut sind nicht darunter. „Dieser Jugendlichkeitswahn ist absurd", sagt Höhs. „Ich will den Leuten zeigen, dass man auch älter gut aussehen kann und dass sie keine Angst haben müssen. Jedes Alter hat seine Schönheiten, nur die Sichtweise muss sich ändern."[75]

Allerdings geht es weder Höhs noch Sandberg darum, das Alter vom Schönheitsideal zu befreien – auch wenn sich genau das so manche Frau vom Älterwerden verspricht. Es geht vielmehr um eine Neujustierung der Definition von schön. Sandberg propagiert die gute Figur und Ausstrahlung, während Höhs es völlig in Ordnung findet, wenn man sich – unsichtbar – Hässlichkeiten wie Schlupflider operativ entfernen lässt. Auch der Erfolg der Kosmetikwerbung von Dove mit den lächelnden Seniorinnen beruht auf dieser Mischung aus Wahrheit und Ästhetik. Älter werden darf man schon, aber bitte mit hübschen Lachfalten und nicht mit steiler Zornesfalte oder Hängebäckchen. 70 Prozent der Deutschen können sich unter Umständen vorstellen, sich vom Chirurgen ein wenig korrigieren zu lassen[76]. 700 000 tun es jährlich. Und die meisten so unauffällig wie Christa Höhs. Vermutlich wird die Zahl steigen. In den USA sind solche Operationen bereits völlig normal[77].

Es ist gar nicht so leicht in diesem Spannungsfeld zwischen „natürlich" und „schön" einen Weg zu finden, wie die Gedanken von Andrea S., 50, zeigen: „Ich muss jetzt wirklich mal abnehmen. Ich fühle mich zu dick. Ich war viel schlanker früher. Und die Falten am Hals: Mit der Zwischenstufe habe ich mich abgefunden. Das kann ich lösen, indem ich den Hals gerade halte. Aber ich glaube nicht, dass ich das auf die Dauer hinnehmen werde. Was zu flicken ist, wird geflickt. Das werde ich irgendwann machen lassen. So ein kleines Face-Neck-Lifting – so heißen die – das wird in einem gemacht. Keine so riesengroße Aktion. Und das schenkt Ihnen mindestens zehn bis 15 Jahre. Und da ich nur dieses eine Leben hab, neige ich nicht dazu, das hinzunehmen. Ich bin mir aber noch nicht sicher. Vielleicht nehme ich es auch hin. Aber dass es die Möglichkeit gibt, es zu ändern, dass man dem nicht vollkommen ausgeliefert ist, das finde ich schon mal angenehm. Immerhin hat man die Möglichkeit, noch ein bisschen was zu verändern, wenn es einem nicht passt. Ehrlich gesagt, wäre ich am liebsten so klug wie heute und würde aussehen wie mit 20. Aber ich möchte meinen Verstand nicht mehr hergeben. Die ganze Lebenserfahrung, Reife, Erkenntnisse, die ich mir über die Jahre angesammelt habe, die sind mir sehr viel Wert. Im Zweifelsfall möchte ich lieber so schlau sein wie jetzt und so aussehen wie jetzt. Es geht ja auch noch. Fragen Sie mich mal in 20 Jahren."

Schöner statt älter klappt nicht, aber Humor hilft

„Schönheitsoperationen kann man machen", sagt dazu Psychologin Patzer, „aber sie verhindern ja nicht, dass man älter wird." Eher bergen sie die Gefahr, dass man sich davor drückt, sich mit dem eigenen Älterwerden zu beschäftigen. Denn zu dem inneren Prozess und der Auseinandersetzung mit dem eigenen Leben gehört einfach auch die Akzeptanz der gelebten Jahre. Und auf eine Art kann die Operation einem auch die Chance nehmen, wirklich stolz auf das gelebte Leben zu sein und im Kontakt mit anderen Menschen eben dieses Leben auch als Gewicht, als Geschenk mit einzubringen. Allen, die keine Lust auf das korrigierende Messer haben, empfiehlt Andrea Patzer stattdessen den Weg des Humors: Wer über seine Falten und Altersflecken lachen kann, habe gute Chancen auch ohne straffen Hals attraktiv zu bleiben.

Miteinander: die Generationen verbinden

Mit 50 hat man sich in seinem Leben eingerichtet – und häufig auch in seinen Ansichten und mit seinen Freunden. Das gibt Sicherheit. Aber es kann auch dazu führen, dass eine gewisse

Unbeweglichkeit entsteht, dass die Lust, sich mit Neuem zu beschäftigen, nach und nach versiegt, einfach weil man sie nicht mehr nutzt, weil man denkt: „Ach, das neumodische Zeug interessiert mich nicht und abgesehen davon, verstehe ich es sowieso nicht."

„Nichts lässt uns schneller altern als die Resignation", erklärt der Psychologe und Psychoanalytiker Fritz Riemann. Zudem entwickeln Menschen, die resignieren und sich dem Neuen verschließen, häufig eine Tendenz, alles Neue zu bekämpfen und abzuwerten. Der Konflikt mit den Jüngeren ist programmiert. Schließlich wertet man letztlich auch sie, die Vertreter des Neuen ab. Er empfiehlt allen, die sich die Lebendigkeit erhalten wollen, sich klarzumachen, dass es ein Ja zum Leben ist, wenn man sagt: „Das würde ich gern noch miterleben, diese Entwicklung noch selbst mitmachen, an ihr teilnehmen", statt sich selbst einzureden: „Dazu bin ich zu alt" und sich damit in gewisser Weise selbst auf den Weg zur „Verknöcherung" zu schicken.

Aber auch das Gegenteil, wenn man ständig seine Jugendlichkeit betont und einfach so tut, als altere man nur im Personalausweis, aber nicht im Leben, kann schwierig sein, denn es bewirkt genau das Gegenteil von dem, was man sich davon erhofft. Fritz Riemann erklärt, was Ältersein heute bedeuten kann: „Der alternde Mensch kann heute nur zweierlei der Jugend noch voraushaben: allgemeine Lebenserfahrung und vielleicht persönliche Reife, also das erlebte Wissen um biologische und seelische Entwicklungen, um menschliche Krisen, Reifungsschritte und Wandlungserlebnisse, um Auseinandersetzungen mit Aufgaben, kurz, um all das, was menschliches Leben ausmacht, was man aber erst im Laufe seines Lebens erfährt. Hier hat der alternde Mensch nach wie vor der Jugend etwas zu geben. Umso peinlicher ist es, wenn er stattdessen mit der Jugend zu konkurrieren versucht und nicht altern kann. Dadurch verscherzt er sich oft genug selbst die vorhandene Bereitschaft der Jugend, echten Respekt zu haben vor einer überzeugenden menschlichen Leistung – auch der des Alternkönnens."

Was hilft? Kontakt zu Jüngeren und Älteren: Mit 50 steht man dazwischen. Man kann sich noch sehr jugendlich fühlen – und auch schon sehr alt. Manchmal bleiben wir im Jugendmodus stecken, manchmal hadern wir mit unserem vermeintlich hohen

Alter. Echter Austausch kann den Blick öffnen für die Besonderheiten und Gewinne, die gerade die 50er auszeichnen. Allerdings
nur, wenn man es schafft, den anderen Generationen gleichwertig
zu begegnen. Also mit echtem Interesse und ohne Besserwisserei
die Jüngeren nach ihrem Leben zu fragen. Und ebenso den Älteren ohne Abwertung zu begegnen.

Interessanterweise berichten viele Menschen, die auch mit 50
und älter sehr lebendig wirken, dass sie Freunde aller Altersgruppen haben.

Gesundheit: dem Herzinfarkt den Saft abdrehen

Mit jedem Jahr, das wir älter werden, entfernen wir uns mehr von
den biologisch festgelegten Entwicklungsprogrammen. Unser
Lebensstil bestimmt stärker, wie körperlich gesund und psychisch
fit wir sind, denn unsere Gesundheit ist mehr und mehr das Ergebnis unseres bereits gelebten Lebens. Schon der Begründer der
Altersforschung in Deutschland, Paul Baltes, stellte fest: Bei Drei-
jährigen verschätzen wir uns nur selten, wenn wir das Alter erra-
ten wollen. Bei 70-Jährigen liegen wir viel öfter daneben. Das liegt
schlicht daran, dass sich im Aussehen und Agieren des 70-Jähri-
gen sein ganzes Leben widerspiegelt – und ihn verjüngt oder älter
macht, als wir denken.

Man kann auch sagen: Ab 50 bekommen wir die Rechnungen
für unseren bisherigen Lebensstil. Was mit 40 noch ein etwas
erhöhter Blutdruck war, kann mit 50 zur chronischen Erkrankung
geworden sein, die erste Spuren im Körper hinterlassen hat. Deshalb geht bereits mit 50 die Schere zwischen den einzelnen Personen weit auseinander. Da gibt es extrem fitte 50-Jährige und solche, die in Frührente gehen müssen, weil gar nichts mehr geht.

In der Langzeitstudie von George Vaillant konnte man schon
bei den 50-Jährigen sehen, wer einmal alt werden würde und wer
nicht. Diejenigen, die rauchten und viel Alkohol tranken, waren
merklich früher tot. Allerdings ist es kein Naturgesetz, dass man
mit 50 absehen kann, wie sich die Gesundheit eines Menschen
entwickelt. Damals wusste man nicht halb so viel wie heute über
den Zusammenhang zwischen Lebensstil und Gesundheit. Vermutlich war den Probanden nicht einmal klar, dass Rauchen das
Herz extrem belastet. Heute ist das anders. Wir kennen die wich-

tigsten Risikofaktoren und wissen, dass es einige Dinge gibt, die unsere Gesundheit auf Dauer massiv zerstören, andere, die sehr förderlich sind. Altersforscher Hans-Werner Wahl ist überzeugt davon, dass wir in immer stärkerem Maße „unseres Alters Schmied" sind, indem wir schon in jungen Jahren durch unseren Lebensstil stark beeinflussen, wie gesund und zufrieden wir im Alter sein werden[78].

Das Herz will Fürsorge. Jetzt

An erster Stelle der unliebsamen Erkrankungen stehen Herzinfarkt und Schlaganfall. Es sind die häufigsten Todesursachen in Deutschland – natürlich nicht unter den 50-Jährigen, sondern später. Aber genau jetzt wäre die Zeit, in der man das Herz noch schützen könnte, indem man die Risikofaktoren aus seinem Leben kickt, die man relativ leicht beeinflussen kann: Rauchen, körperliche Inaktivität und eine ungesunde Ernährung sind die größten Herzkiller, wie man seit über 20 Jahren weiß. Inzwischen wird auch Dauerstress als eine der Hauptursachen diskutiert. Für Frauen ist die Einnahme der Pille in Kombination mit dem Rauchen extrem ungesund.

Dabei sind Frauen wie Männer von diesem Gesundheitsthema betroffen. Entgegen der landläufigen Meinung ist nicht Brustkrebs, sondern Herzinfarkt die häufigste Todesursache bei Frauen – also die gleiche wie bei Männern. Jeder zweite Tod bei Frauen geht auf eine Herz-Kreislauf-Erkrankung zurück, nur jeder vierte auf Krebs. Frauen sterben sogar häufiger als Männer an kardiovaskulären Erkrankungen – allerdings meist in späterem Alter als die Männer.

Was kann man tun? Der „Check-up 35" ist so ein Herz-Fürsorge-Baustein, aber auch gesunde Ernährung (die wichtigsten Eckpunkte finden Sie im Anhang ab S. 237), regelmäßige Bewegung (30 Minuten, moderat bis intensiv, mehrmals die Woche) und nicht rauchen.

Wer sich darauf einlässt – ganz gleich, ob Frau oder Mann – profitiert gleich mehrfach: Denn die Maßnahmen, die das Herzinfarktrisiko senken, vermindern auch das Risiko, an Diabetes mellitus II (Altersdiabetes) und Bluthochdruck zu erkranken, und damit auch das Risiko für einen Schlaganfall und vermutlich sogar für eine Demenz im hohen Alter.

Gesundheitliche Knackpunkte, die Männer mit 50 häufig unterschätzen und für die sie später eine hohe Rechnung bezahlen,
sind dagegen eine ungesunde und risikoreiche Lebensweise: An
Lungenkrebs und alkoholbedingter Leberzirrhose sterben doppelt
so viele Männer wie Frauen. Sie sind öfter von Unfällen im Beruf,
Straßenverkehr und in der Freizeit betroffen, erklärt der DAK-
Gesundheitsreport 2008, der sich speziell der Männergesundheit
widmete. Auch psychische Probleme wie depressive Verstimmungen vertuschen Männer häufig.

Harte Probe für Frauen: die Wechseljahre

Für viele Frauen eine harte Probe für Nerven und Körper sind die
Wechseljahre. Lange Zeit waren sie ein Tabuthema, aber 2010 hat
die Regisseurin Doris Dörrie mit der Serie „Klimawechsel" das
Thema ins Fernsehen und damit ans große Publikum gebracht.
Immerhin betrifft das Thema etwa acht Millionen Frauen in
Deutschland. Und das zum Teil über mehrere Jahre hinweg. In
Dörries Film versuchen stellvertretend vier Lehrerinnen die Haltung zu bewahren, obwohl ihnen zum Schreien zumute ist. Sie
schwitzen, schlafen schlecht, brechen bei Kleinigkeiten in Tränen
aus und ärgern sich über ihr unbefriedigendes Sexleben.
   Auf die Frage, ob es wirklich so schlimm sei, nickt Schauspielerin Maren Kroymann (60), die im Film eine Gynäkologin spielt,
und erzählt von Herzrasen, Schwitzattacken und Gedächtnisproblemen, die sie quälten, als sie in die Wechseljahre kam. Aber sie
erzählt auch, dass sie in dieser Zeit gelernt hat, sich mehr zu
bewegen, bewusst zu ernähren und zu entspannen. Das half. Sie
macht allen Mut, denen der Klimawechsel noch bevorsteht, indem
sie zeigt, dass man seinen Hormonen nicht völlig hilflos ausgeliefert ist. Für Kroymann waren die Wechseljahre auch der Wechsel zu mehr Gelassenheit und weniger selbst gemachtem Leistungsdruck. „Danach war alles viel schöner", berichtet Kroymann.
Eine Forsa-Umfrage aus dem Jahr 2008 bestätigt, dass sich fast
die Hälfte der Frauen nach den Wechseljahren so gut fühlen wie
noch nie in ihrem Leben[79].
   So richtig hart wird es natürlich, wenn die Wechseljahre der
Mutter mit der Pubertät der Kinder zusammenfallen, so wie in der
Familie T.: „Ich habe meiner Tochter gesagt, dass wir ein wenig

achtgeben müssen, weil wir beide im Moment abends nicht wissen, mit welcher Laune wir morgens aufstehen. Das schützt uns zwar nicht vor dem Streit. Aber in den ruhigen Phasen finde ich den Gedanken, dass diese Gefühlsschwankungen vorbeigehen werden, doch erholsam."

So wie bei vielen Themen, die lange ein Tabu waren, hebt sich mit der Akzeptanz auch der Schleier des Schreckens von den Wechseljahren. Heute denkt man nicht mehr, dass die Frauen automatisch mit porösen Knochen rechnen müssen, sondern dass regelmäßige Bewegung durchaus dazu führt, dass die Knochen auch nach der körperlichen Umstellung stabil bleiben. Auch dass die Lust die Frau mit den Wechseljahren verlässt, ist inzwischen widerlegt. Eher können private und berufliche Umbrüche, die sich auch in dieser Zeit häufen, eine Ursache sein, wenn Sex gerade keinen Spaß macht.

Etwa ein Drittel der Frauen erleben wenige oder gar keine Wechseljahresbeschwerden. Ein Drittel hat manchmal Missempfindungen und ein Drittel leidet sehr. Und: Frauen, die sich wenig Sorgen um die Wechseljahre machen, erleben sie oft weniger heftig, hat die Medizinpsychologin Beate Schultz-Zehden festgestellt, die mehrere Studien zum Thema durchführte. Ebenfalls hilfreich für die Umstellung: ein positives Körpergefühl, gute Beziehungen und eine Berufstätigkeit. (Also noch ein Grund mehr, sich mit den Fragen „Was ist veraltet? Was will ich noch im Leben?" zu beschäftigen.)

Apropos Hormonbehandlung: Inzwischen werden immer seltener Hormone als Behandlung bei Wechseljahresbeschweden empfohlen. Und das ist nach Einschätzung von Experten auch gut so. Denn ob sie die Beschwerden tatsächlich lindern oder sonstige Altersbeschwerden vermeiden, ist umstritten. Klar ist aber, dass sie das Risiko für Herzinfarkt, Schlaganfall, Thrombosen und Brustkrebs erhöhen[80].

Die Männer trifft es auch

Inzwischen geht man davon aus, dass Männer auch so etwas wie Wechseljahre erleben. „Ab etwa dem 40. Lebensjahr verringert sich der Testosteronspiegel um ein bis zwei Prozent", erklärt der Urologe Georg Fudickar. Beschwerden wie Schlafstörungen, starkes Schwitzen, Gelenk- und Muskelbeschwerden bis hin zu

Depressionen, Potenzstörungen und Osteoporose können auftreten. Auch hier hilft ein gesunder Lebensstil, um die Auswirkungen der hormonellen Veränderungen abzumildern. Man kann sich ja gut mit seiner Partnerin zusammentun.

Was jetzt besonders hilfreich ist

Mut und Tatkraft: Um Abschied zu nehmen von Dingen, die vorbei sind (z. B. das Jungsein) und die Chance zu ergreifen, auch große Träume noch zu verwirklichen: die Atlantik-Überquerung, die Klosterwochen, Singen lernen etc.

Humor: Um mit den Altersflecken, Falten und Zipperlein und den Malaisen der Wechseljahre zurechtzukommen.

Schluss mit den Vergleichen: Die Gemeinde der gehörlosen Menschen macht es vor: Ältere gehörlose Menschen bewegen sich häufig in generationenübergreifenden Zusammenhängen, sind sehr aktiv und in ihrer Gruppe gleichwertig oder sogar höher angesehen als Jüngere. Studienleiterin Becca R. Levy interpretiert das Ergebnis so: Hier gibt es keine negativen Stereotype über das Älterwerden, niemand wird wegen seines Alters ausgeschlossen oder klein geredet. Insofern kann man wohl allen ab 50 empfehlen: Beschäftigen Sie sich so wenig wie möglich mit den gesellschaftlichen Stereotypen und horchen Sie viel mehr in sich selbst: Wo stehe ich? Was tue ich gerne? Was kann ich gut? Was macht mich aus? Was bringt mich zum Lachen? Wo will ich noch hin? Was steht jetzt an?

Philosophie und Spiritualität: Ohne diesen Anker ist es schwer, die Endlichkeit des Lebens mit einer gewissen Gelassenheit zu akzeptieren und daraus Kraft statt Verzweiflung zu entwickeln. Dabei geht es hier nicht nur um religiösen Glauben. Es geht vielmehr um die Frage: Was gibt meinem Leben Sinn? Was ist mein Weg zu einem Gefühl der Verbundenheit mit der Welt und meinem Lebensweg? Humor, Dankbarkeit, Optimismus und auch die Freude an der Schönheit in allen Dingen können uns den Weg zu dieser Sinnebene weisen. Manchen helfen meditative Übungen, andere fühlen sich durch einen Spaziergang und der Nähe zur Natur mit dem Sinn des Lebens verbunden.

60: Das Leben mit Humor ernst nehmen

„Mama, du musst was machen. Ich habe Angst, dass du sonst ver-einsamst", sagt die 20-jährige Tochter zu ihrer nicht mehr berufs-tätigen Mutter, 61.

„Ich fühle mich im Vergleich zu mir als junger Mensch so befreit von irgendwelchen Zwängen. Und ich denke: Die durchschnitt-liche Lebenserwartung ist derzeit doch etwa 83 Jahre für Frauen. Das heißt, ich habe jetzt vielleicht noch 20 Jahre. Ich sage mir immer wieder: Die kannst du mit so vielen tollen Sachen voll-stopfen. Das ist ein Luxus!", Monika B., 62.

Selbstannahme: Sich selbst und das Leben akzeptieren, wie es ist

Wenn man in einer kurzen Zusammenfassung sagen wollte, was wir eigentlich suchen, wenn wir ein glückliches Leben anstreben, dann sind es vor allem zwei Ziele, die uns leiten: der Wunsch nach Selbst-verwirklichung und der Wunsch nach Liebe und Verbundenheit mit anderen Menschen. Dabei bedeutet Selbstverwirklichung letztlich nicht mehr, als dass jeder Mensch den Wunsch hat, „das Bestmög-liche aus sich und seinem Leben zu machen, es so reich und erfüllt zu gestalten, so sinnvoll zu leben, wie es ihm möglich ist", wie es der Psychologe Fritz Riemann in seinem Buch „Die Kunst des Alterns" beschreibt[81]. Man könnte Selbstverwirklichung also auch Entwicklung unserer Persönlichkeit nennen. Die Liebe umfasst dagegen den Wunsch nach „verstehendem, liebenden, mitmensch-lichem Austausch" und „die Sehnsucht nach Ausweitung seiner ihn isolierenden Ichgrenzen". Dabei ist sich Riemann sicher: Selbstver-wirklichung und Liebe ergänzen sich. „Es kann für uns nicht heißen: Selbstverwirklichung oder Liebesfähigkeit, sondern das Glück, nach dem wir suchen, hat sehr viel mit dem Finden einer Synthese zwi-schen diesen einander widersprechenden Zielen zu tun."

Mit etwas Glück und Bemühen sind wir diesem Ziel mit 60 etwas näher als mit 40. Wir konnten Teile unserer Persönlichkeit entfalten, Träume wurden Wirklichkeit, Talente fanden ihren Weg ins praktische Leben. Manchmal ließen wir unsere persönliche Entwicklung vielleicht für eine Weile in der Schublade ruhen, weil wir das Gefühl hatten, dass sie neben Job, Familie, Partner keinen Platz hat. Vielleicht hatten wir sogar Angst, dass wir unsere Familie zerstören, den Arbeitsplatz verlieren, wenn wir wirklich unseren inneren Wünschen folgen würden. Wir haben es manchmal nicht geschafft, unser Streben nach Selbstverwirklichung und unseren Wunsch nach Liebe unter einen Hut zu bekommen. Manchmal standen uns andere Hindernisse im Weg. Und manchmal waren wir auch nur zu faul, um unseren inneren Wünschen zu folgen. Vielleicht haben wir sie in unserer Fantasie einfach nur nach hinten geschoben. Später!

Doch jetzt wird klar: Es gibt nicht für alles ein „Später". Wir können es um uns herum sehen: Die eigenen Eltern sterben. Freunde werden schwer krank. Die Kinder gehen aus dem Haus. Die Pensionierung rückt näher. Eine ganze Reihe von Lebensmöglichkeiten und Lebensabschnitten sind unwiederbringlich vorbei. Vielleicht hat auch die Gesundheit einen nicht mehr zu reparierenden Knacks. Das tut weh. Und gegen den Schmerz hilft nicht Ignoranz, sondern nur eine gewisse Gelassenheit. Gelassenheit? Wie soll das gehen? „Ich fange an, mich mit meinen Möglichkeiten und Grenzen anzunehmen. Es geht letztlich darum, in Hinblick auf die Endlichkeit des Daseins, aber auch in Hinblick auf die Begrenztheit der eigenen Fähigkeiten, eine gewisse Gelassenheit zu entwickeln", erklärt Psychologin Andrea Patzer.

Es geht darum, wertzuschätzen, was war und was ist, statt immer weiter zu bedauern, was nicht mehr ist oder nicht mehr möglich ist. Riemann nennt die Fähigkeit, sich selbst und das Leben von dieser Seite zu sehen, die Fähigkeit der „Selbstannahme". Und diese Selbstannahme schließt den Tod ein, denn auch er gehört zu unserem Leben. Die Chance, die in dieser Aufgabe liegt, ist: Wir nehmen das Leben bewusster wahr, halten uns weniger mit Unmöglichkeiten auf oder mit Themen, die vorbei sind. Wir lassen in gewisser Weise vieles los. Und wenn alles gut läuft, dann können wir irgendwann die Endlichkeit unseres Lebens akzeptieren und uns trotzdem – oder gerade deshalb – an jedem Tag unseres Lebens erfreuen.

Dabei sind wir mit 60 ja noch lange nicht dabei, uns vom Leben zu verabschieden. Viele fühlen sich nicht alt, vielleicht älter. Aber nicht alt. Dennoch: Sich selbst anzunehmen und Gelassenheit in Bezug auf das eigene Leben und die persönlichen Grenzen zu entwickeln, ist keine leichte Aufgabe – und wer sie mit spätestens 80 wirklich erreicht haben möchte (wenn das Alter tatsächlich eingetreten ist), sollte jetzt anfangen. Dann kann er vermutlich auch wie Margarete Mitscherlich mit 90 Jahren und trotz Gehbeschwerden und anderer Einschränkungen sagen: „Das Leben ist immer interessant." Und sogar, wenn es so kommen sollte, dass man irgendwann Pflege benötigt, nur noch wenig selbst tun kann, dann haben die Menschen, die das Leben und sich annehmen konnten, gute Chancen, auch in dieser Situation noch Lebensfreude zu empfinden. Denn die eigenen Grenzen zu akzeptieren, heißt ja auch, dass man ein gutes Gefühl für seine Möglichkeiten entwickelt. Davon profitieren besonders sehr alte Menschen.

Das gelebte Leben zahlt sich aus

Diejenigen, die in den Jahren zuvor ihre Lebendigkeit zugelassen haben, viele Facetten ihrer selbst entfalten und ins Leben bringen konnten, fällt dieses Akzeptieren der eigenen Begrenztheit meist etwas leichter. Es ist nicht so – wie man vielleicht erwarten könnte –, dass Menschen, die ein sehr lebendiges Leben führten, schlechter mit dem Gedanken zurechtkommen, dass das Leben irgendwann vorbei ist. Sondern im Gegenteil. „Je ungelebter ein Leben ist, desto schwerer ist es, die Endlichkeit zu akzeptieren", erklärt die Therapeutin. Denn dann haben wir wirklich das Gefühl, etwas zu versäumen, nicht mehr genug Zeit zu haben, das Leben verpasst zu haben. „Deshalb ist die Krise mit 40 so wichtig", erklärt Patzer. Sie hat die Kraft, uns rechtzeitig aufzurütteln.

Wenn dieser Schritt glückt, dann liegt in ihm die Chance zu einer tiefen Zufriedenheit und einem fundierten Selbstwertgefühl, das 40-Jährige nicht kennen. Die Schauspielerin Hannelore Elsner (Jahrgang 1942) beschreibt es so: Sie erlebte ihren 60. Geburtstag „mit Freude", weil „ich mich selbst mehr gemocht, mehr akzeptiert habe, weil ich anfing, stolz auf mich zu sein. Ich verstehe viel mehr, ich sehe viel mehr, ich bin mehr bei mir, ich habe weniger Angst. Ich fühle mich viel unbegrenzter. Was so wunderbar ist:

dass man sein ganzes eigenes Leben in sich trägt. Das kleine Mädchen, das man einmal war, die Jugend, die junge Frau." Und zugleich sieht sie sehr klar, dass sie es nie geschafft hat, eine „richtige Familie zu haben", und dass sie mit 60 lernen musste, dass „ich etwas rücksichtsvoller mit meinem Körper umgehen müsste und nicht mehr so unbegrenzt Kräfte habe"[82].

Loslassen: Wir räumen auf!

Ina und Charly L. (64 und 69), Fremdsprachenkorrespondentin und Marketingfachmann, drei erwachsene Kinder, haben etwas getan, was viele Bekannte schlicht kommentieren mit: Ihr seid verrückt! Sie haben ihr Eigentumshäuschen im Grünen gegen eine gemietete Dreizimmerwohnung mitten in der Stadt eingetauscht. „Es war ein gutes Haus", erzählen die beiden am sonnigen Kaffeetisch ihrer neuen Wohnung. Aber irgendwann sei ein Haus nicht mehr gut für sie gewesen. Den Rasen mähen, die Terrasse hochdruckreinigen. „Es wurde immer mehr zur Belastung, die 800 Quadratmeter Grundstück zu pflegen", erklärt Charly. An seiner Fitness lag es bei dem Skifahrer und Tennisspieler nicht. Eher an der Lust. „Natürlich war es toll, wenn die Kinder, Enkel und Freunde im Sommer kamen und wir alle zusammen im Garten saßen", erzählt Ina. Aber immer öfter nervte sie auch die Gebundenheit an das Haus. Sie wollten noch so viel: Reisen, Radtouren, Stadtbummel. Der Überlegung folgte die Tat: Sie haben das Haus im Internet inseriert und ohne Makler verkauft: „Wir wussten, was wir dafür wollen. Und das haben wir auch bekommen. Das Ganze hat nur ein paar Wochen gedauert. Wir hatten noch nicht einmal eine neue Wohnung." Die war aber schnell gefunden – ganz in der Nähe einer Tochter. Zur Miete. „Mit einem Teil des Geldes haben wir sofort auch eine kleine Wohnung in dem Stadtteil gekauft, indem unser Haus war und wo wir viele Freunde haben. Die haben wir vermietet. Sie ist Geldanlage und könnte auch ein Alterswohnsitz werden", sagt Charly, der besonders stolz darauf ist, dass sie alles allein gemacht haben. Vom Verkauf bis zum Umzug. Viele Freunde fanden den schnellen Entschluss übertrieben, aber Ina sagt: „Man kann ja immer lange überlegen. Am Ende tut man gar nichts."

Loslassen, Sachen abschaffen, die nicht mehr zu einem passen – innerlich wie äußerlich – und zugleich Neues wagen, das steht mit 60 an. Manchmal geht es bei dem Neuen gar nicht wirklich um etwas Neues, sondern um einen ganz alten Traum, der jahrelang im letzten Winkel der Persönlichkeit anstaubte. Der Arzt fängt nach der Pensionierung an, Geschichte zu studieren. Der Ingenieur erfüllt sich den Traum vom Ausland und geht als Seniorexperte nach Afrika. Ina und Charly haben sich den Traum vom städtisch-freien Leben erfüllt. Und fast immer ist dieser Neuanfang mit einem Abschied gekoppelt: das Entrümpeln des Hauses und ein Umzug, die Pensionierung.

Pensionierung: vom Arbeitsmenschen zum Privatmenschen

Die Pensionierung stellt für die meisten Menschen einen großen Veränderungsschritt mit Ende 60 dar. Ob dieser Schritt als schwierige Krise oder Befreiung empfunden wird, ist dabei sehr abhängig von den letzten Berufsjahren. Wenn man sehr stark in den Beruf involviert war und keine anderen Interessen aufgebaut hat, fällt der Abschnitt meist viel schwerer. Der Psychologe Philipp Mayring begleitete 329 Menschen durch die Zeit der letzten Berufstätigkeit und des Übergangs in die Rente: „Dabei zeigt sich, dass die Pensionierung zwar Gewinne (Freizeit) und Verluste (Finanzen, Status) mit sich bringt, insgesamt aber überwiegend positiv erlebt wird." Als besonders günstig für einen gelungenen Wechsel vom Arbeitnehmer zum Ruheständler erwiesen sich dabei: „Ein biografisch aufgebautes gesichertes Trait-Wohlbefinden (= allgemeine Lebenszufriedenheit), Gesundheit, soziales Netzwerk und eine optimistische Persönlichkeit."[83] Ziemlich viele positive Parameter, auf die nicht jeder zurückgreifen kann.

Die Umstellung von „Arbeitsmensch" auf „Privatmensch" ist deshalb für viele ein Kraftakt. Denn häufig sind die Erwartungen an das Lebensgefühl als Rentner groß und werden (erst einmal) nicht erfüllt. Wissenschaftler im Team mit Ursula Staudinger, Expertin für lebenslanges Lernen an der Jacobs University Bremen, beobachten, dass viele Menschen die Pensionierung weitaus attraktiver finden, wenn sie noch arbeiten – als wenn sie bereits in Rente sind. Für die Studie wurden Berufstätige und Frühruheständler des gleichen Unternehmens gefragt: „Möchten Sie gerne weiter/wieder arbeiten?" Von den Beschäftigten wollten 40

Prozent gerne weiterarbeiten. Bei den Frühpensionären waren es jedoch erstaunliche 58 Prozent, die gerne wieder in den Job zurück wollten. Sie spürten im Ruhestand „Sinnverlust, Vereinsamung und die Gefahr, unsichtbar zu werden", erklärt Staudinger. Diese Folgen der Frühpensionierung waren ihnen jedoch gar nicht bewusst, als sie damals ein frühes Ende des Jobs anstrebten. Da überwog der Wunsch nach „weniger Zeitdruck, weniger Stress, mehr Gestaltungsfreiheit".

Die Vorteile des neuen Lebens ohne Stechuhr müssen sich viele erst einmal hart erarbeiten. Aber dann kann das Leben wirklich ganz neu und überraschend sein:

Ich bin jetzt ohne Verpflichtung und entdecke jeden Tag Neues!

Monika B., 62, MTA, Medizinische Masseurin, zuletzt Angestellte in einem Mobilfunkunternehmen, zwei erwachsene Kinder. Seit fünf Jahren im Ruhestand. „Man kommt plötzlich aus dem Beruf raus. Und oft zieht gleichzeitig das letzte Kind aus. Wo steht man da? Keiner liebt einen mehr? Keiner braucht mich. Da muss man sich fragen: Was hat mir mein Leben noch zu bieten?

Als ich 57 war, entließ die Firma viele Mitarbeiter. Mich auch. Mit einer Abfindung. Neue Jobs gab es keine adäquaten. Alles ging rückwärts. Dann war ich eine Weile arbeitslos. Dann bin ich in den Vorruhestand. Ich lebe mit Abzügen. Das, was mir einmal an Rente vorausgesagt wurde, habe ich nicht. Das wäre genug zum Leben und auch für Urlaub gewesen. Das habe ich jetzt nicht. Ich kann von meiner Rente leben. Ich kann keine großen Sprünge machen, auch nicht meine Kinder unterstützen. Aber die können für sich selbst sorgen.

Es hat einige Zeit gedauert, bis ich mich in der neuen Situation gut gefühlt habe. Aber dann habe ich mich daran erinnert, was mich schon immer interessiert hat: Philosophie. Jetzt studiere ich. Das wollte ich schon mein ganzes Leben lang tun, hatte aber nie die Gelegenheit dazu. Ich arbeite auch. Für ein Marketingunternehmen betreue ich Präsentationen in verschiedenen Städten. Das Unternehmen ermöglicht Leuten in einem Spezialanzug, dem sogenannten Age-Explorer, auszuprobieren, wie es sich anfühlt, 70 Jahre und älter zu sein. Das finde ich spannend und der Job macht mir viel Freude. Ich arbeite auch ehrenamtlich. Gerade habe ich einige Wochen in einem Altenstift gearbeitet und mich um Menschen mit Demenz gekümmert. Ich bin jetzt ohne Verpflichtung, kann leben und mit offenen Augen durch die Welt gehen. Ich gehe zur Uni. Interessiere mich für Philosophie, Soziologie. Ich entdecke jeden Tag Neues!! Ich finde mein Leben wahnsinnig spannend. Ich habe alles – Kinder und Berufsleben – hinter mich gebracht und fühle mich enorm befreit. Ich fühle mich gesund, kräftig, vital und voller Ideen. Ich habe irrsinnige Freude am Radfahren, an Tagesausflügen, Wochenendausflügen, Wanderungen. Ich empfinde das als so wunderschön, dass ich gar keine große Lust habe, Weltreisen zu machen. Ich möchte vor allem, das, was ich noch nicht weiß, lernen."

Anderen kommen die modernen Veränderungen sehr gelegen, die immer mehr Berufsgruppen auch längeres Arbeiten erlauben. Sie verfolgen ihre Tätigkeit auch nach der Pensionsgrenze weiter – aber mit mehr Freiheitsgraden:

Seit ich nicht mehr muss, ist alles völlig entspannt

Klaus K., Orthopäde, 67 Jahre alt, verheiratet, zwei erwachsene Kinder. Wenn der Orthopäde Klaus K. morgens seinen weißen Kittel anzieht und sich auf den Weg zu den frisch operierten Patienten macht, dann ist alles so wie immer. Und nichts ist so wie immer. Wie jeder Arzt geht Klaus K. erst einmal bei den Patienten vorbei. Wie war die Nacht? Haben Sie Schmerzen? Zeigen Sie mal die Wunde. Danach die Absprachen mit den Kollegen über OP-Plan, Neuzugänge und Notfälle. Danach stehen Operationen an. Besprechungen. Untersuchungen. Alles Alltag eines Arztes. Aber irgendetwas fehlt. Der Stress. Klaus K. hat keinen Ärger mit der Krankenhausverwaltung auszukämpfen, keine unliebsame Zusatzarbeit zu erledigen. Und er weiß: Die nächsten vier Wochen habe ich frei.

Klaus K. ist ein Avantgardist unter Ärzten. Nicht, weil er so ungewöhnliche Operationsmethoden anwenden würde. Er ist ein eher solider Handwerker. Er ist ein Avantgardist der Arbeitsform. Denn der Mann aus dem Ruhrgebiet ist 67 Jahre alt. Also längst pensioniert und doch noch kein bisschen im Ruhestand. Beziehungsweise ein kleines bisschen. Klaus K.: „Wenn ich arbeite, dann bin ich Vollzeit in der Klinik. Auch Wochenenddienste. Aber ich habe zwei volle Monate im Jahr und noch ein paar weitere Tage frei. Das habe ich vertraglich so ausgehandelt." Aber warum tut er sich den Arbeitsalltag überhaupt noch an? Eine Arztrente ist ja nicht gerade übel. „Als mein altes Krankenhaus zumachte, war ich 63 und bin in diese Klinik gewechselt. Mit einem unbefristeten Vertrag. Ich fühle mich nicht krank, ich bin nicht kaputt gearbeitet und die hier wollen mich gerne behalten. Kein Wunder." Klaus K. hat nicht nur viele Patienten aus dem Einzugsgebiet seiner alten Klinik in die neue mitgebracht: „Ich operiere 40 Prozent schneller wegen meiner Erfahrung. Darüber führt die Verwaltung natürlich Statistik und sagt: Bitte bleiben Sie! Und seit ich nicht mehr muss, ist das Arbeiten völlig entspannt." Gerne nimmt er sich auch die Zeit und zeigt den Kollegen vieles, stellt sich bei der Beratung der Patienten als Fachmann dazu. „Manche Operationen haben die ja noch nie gemacht." Zwei Jahre will er bestimmt noch arbeiten. Und danach will er mal sehen, wie er sich fühlt, wie zufrieden er ist.

Letztlich kommt es vor allem darauf an, Tätigkeiten zu finden, die einem unabhängig von dem früheren Arbeitsplatz gefallen. Und auffällig oft wählen Menschen Tätigkeiten, die sie auch mit anderen verbinden. Sie spüren, dass es nicht nur darum geht, etwas zu tun, was man mag, sondern zugleich den Verbindungsfaden zu anderen Menschen neu zu knüpfen. Schließlich war das Arbeitsumfeld meist auch ein großes Feld für Bekanntschaften und sogar Freundschaften. „Menschen, denen es gelingt, zwischen 60 und 70 aktiv zu werden, sich neue Interessen nach dem Berufsleben zu erschließen, tun sich viel Gutes", erklärt Andrea Patzer.

Dabei ist es nicht wichtig, welche Interessen es konkret sind. Wichtiger ist, dass sie die Person wirklich begeistern. Der 65-jährige Arbeiter tritt in den Naturschutzbund ein und wird zum begeisterten Naturkundler, der morgens durch neblige Wiesen streift, um Vögel zu zählen, und am Nachmittag Krötentunnel baut. Über seine Naturbegeisterung lernt er Menschen jeden Alters kennen, mit denen er losziehen kann. Die Kinder sagen von ihm, sie hätten ihn noch nie so lebendig erlebt. Der Arzt entdeckt das Seniorenstudium für sich und beschäftigt sich endlich intensiv mit den verschiedensten Fragen der Geografie – schon in der Schule sein Lieblingsfach. Das Zusammensein mit den Studenten findet er bereichernd, weil er sieht, was die jungen Menschen bewegt, welche Fragen sie haben. Die Schauspielerin Susan Sarandon (Jahrgang 1946) hat einen Pingpong-Klub in New York eröffnet, als sie feststellen musste, dass gute Frauenrollen für Schauspielerinnen ihres Alters sehr selten sind. Sie sagt: „Ich habe andere Dinge in meinem Leben, also sitze ich nicht herum und warte." Der Pingpong-Klub sei „wirklich ein Trip". Wenn die Rollen noch länger ausbleiben, dann wird sie ihr Leben noch grundlegender ändern und sich mehr um ihre Projekte in aller Welt kümmern. „Ich habe nicht noch 20 weitere Jahre, um mich langsam umzustellen: Ich habe nur das Jetzt, ich muss präsent sein, aufwachen und die Dinge tun, die ich wirklich tun möchte", erkennt die Schauspielerin[84].

Für viele ist die Zeit nach dem Berufsleben das Zeitfenster, indem sie endlich die Dinge tun können, die sie einfach interessant und freudvoll finden. Wie viel Kraft man daraus ziehen kann, zeigen die vielen Künstler und Musiker, die ihr ganzes Leben lang einfach weitermachen: Sie tun schon immer das, was ihr Herz höher hüpfen lässt. Sie können sich gar nicht vorstellen aufzuhören. Im Gegenteil. Sie schöpfen aus ihrem Tun oft bis ins hohe Alter genug Kraft für kräftezehrende Tourneen oder aufwendige Kunstwerke. James Last dirigiert noch mit über 80, Udo Jürgens rockt mit über 75 die Konzertsäle, Tina Turner ebenso. Henri Matisse machte seine berühmten Scherenschnitte von nackten blauen Frauen mit über 80, die Schauspielerin Katharina Matz steht auch mit 80 auf der Bühne und begeistert.

In dem Büchlein „Und dann? 101 Ideen für den Ruhestand"[85] hat die Journalistin Dagmar Giersberg viele konkrete Ideen für Engagement im Ruhestand zusammengetragen und wunderbar sortiert, nämlich nach den Interessen der Menschen. Es gibt Anregungen für „Geschichtenerzähler" genauso wie Tipps für „Karrierehelfer". Dabei hat sich inzwischen gezeigt, dass es extrem sinnvoll ist, einen kleinen Vorbereitungskurs für das Ehrenamt in einer Volkshochschule oder einer Freiwilligenagentur zu belegen. Studien zeigen, dass viele Engagierte ohne Vorbereitung ziemlich schnell enttäuscht wieder mit ihrem Engagement aufhören, weil das alles nicht so klappt, wie sie sich das vorgestellt haben, weil sich kein Gefühl von Erfolg einstellt. Teilnehmer der Vorbereitungskurse haben aber offensichtlich den Dreh raus und ein Gefühl dafür, was sie im Ehrenamt erwarten und wie sie sich so einbringen können, dass es ihnen wirklich Freude macht und zur Bereicherung wird. Sie engagieren sich meist Jahre später noch intensiv und vielfältig.

Beziehung: Welche Lebensdauer hat die Liebe?

Offensichtlich weniger Jahre, als man früher dachte und davon ausging, dass der „Tod uns scheidet". Heute scheidet oft der Scheidungsrichter. Und zwar jede dritte Ehe. Im Schnitt hält das Bündnis fürs Leben sieben Jahre. Zumindest bei den jüngeren Ehen. Die älteren Ehen sind häufig schon lange über das verflixte siebte Jahr hinaus. Doch in den letzten Jahren steigt die Rate der Scheidungen kurz nach der Silberhochzeit besonders rasant. Offensichtlich wollen auch immer weniger ältere Menschen ihre Zukunft, die ja noch einige Jahre dauern kann, mit einem ungeliebten Partner verbringen. Der Auslöser ist oft eine Veränderung im Alltag, die zeigt, dass die Beziehung nicht mehr funktioniert, wie die Psychologin Insa Fooken in einer Befragung von Scheidungspaaren herausfand, die im Schnitt 25 Jahre miteinander verheiratet waren[86]: Die Kinder gehen aus dem Haus. Ein Partner wird arbeitslos oder geht in Rente. Oder ein Partner entwickelt sich überraschend weiter. Der Umbruch bringt plötzlich ans Licht, dass außer dem gut durchorganisierten Alltag nicht mehr viele Verbindungsfäden zwischen dem Paar bestehen. Häufig machen dabei die Frauen dann den ersten Schritt in Richtung Trennung. Männer würden sich oft auch noch mit einer Ehe arrangieren, die nicht so erfüllt sei, erklärt Fooken. Aber Frauen wollten klare Verhältnisse. Und wenn die Männer dann auch noch das Gespräch abblocken, die Probleme negieren, dann packen die Frauen ihre Koffer. Dabei wünscht sich vermutlich fast jedes Paar am Tag der Hochzeit, dass die Liebe länger halten möge. Vielleicht sogar ein Leben lang.

Was ist das Geheimnis langer Lieben?

Ist es noch realistisch, sich die Liebe auf Lebenszeit zu versprechen? Oder sind solche Lieben überhaupt noch zeitgemäß oder ist die lebenslange Verbindung doch ein auslaufendes Modell? Einfach weil unsere Leben zu lang sind, um sich lebenslang zu binden. Die Autorin Sabine Bode hat für ihr Buch „Wir Alten" einige Paare aufgesucht, deren Beziehungen ihr auch nach langen Ehejahren lebendig erschienen. Dabei fand sie zum Beispiel das Ehepaar Stollberg aus Wuppertal, beide über 70, streitlustig und dennoch gerne zusammen, beschreiben, wie sie im Laufe ihrer Ehe ein Gefühl für die richtige Mischung aus Nähe und Distanz entwickelt haben. Sie gehen gemeinsam ins Theater und zu Ausstellungen, weil sie beide Kunst lieben – aber sie gehen getrennt spazieren, weil ihre Schrittgeschwindigkeit nicht kompatibel ist. Er langsam. Sie schnell. Letztlich zeichnet alle alten Paare, die Bode besucht hat, weil sie ihre Lebendigkeit auffällig fand, genau das aus: Sie haben ihrer Beziehung im Laufe ihres Zusammenlebens die Form gegeben, die zu beiden passt. Sie haben das romantische Ideal abgestreift, Bereiche entwickelt, in denen Distanz vorherrscht, man sich in Ruhe lässt – und es dennoch geschafft, den Kontakt zueinander zu behalten. Und fast immer erzählen die Frauen von der Eigenständigkeit, die sie sich erkämpft oder bewahrt haben – und die sich sehr positiv in der Beziehung niedergeschlagen hat.

Der Schauspieler Felix von Manteuffel, geb. 1945, erzählt mit 65 Jahren über seine Frau, die Schauspielerin Leslie Malton, geb. 1958, dass er sie auch nach 15-jähriger Ehe so sehr dafür schätzt, dass sie seine Verhärtung nach einem Streit auflösen könne – sodass ein Krach nie langfristige Folgen hat. Und sie schwärmt von ihm: „Ich fühle mich anerkannt und akzeptiert und gleichzeitig mit einer großen Neugierde empfangen"[87].

Das Psychologen-Paar Claudia Clasen-Holzberg und Oskar Holzberg, 53 und 57 Jahre alt, selbst über 25 Jahre verheiratet, wissen: „Unglückliche Paare leiden eigentlich immer an emotionaler Verhärtung." Genau deshalb legt das Paar großen Wert auf das emotionale Gleichgewicht in der Beziehung: gemeinsame Werte haben und dennoch streiten können, selbstständig bleiben und dennoch die Fähigkeit zur Intimität zu bewahren. Und: Nicht gleich aufgeben, wenn es schwierig wird, sondern gerade im Problem die Chance für Veränderung zu entdecken – das sind für sie die wichtigsten Grundsteine für eine längere Beziehung. Das bedeutet, beide Partner haben ihre eigene Meinung und Interessen und geben diese auch nicht für den Partner auf. Aber wenn sie merken, dass sie vor lauter Alltag und Routine gar nicht mehr wissen, was den anderen gerade bewegt, dann sprechen sie den Wunsch, dass sie mehr vom anderen wissen möchten, offen an – auch auf die Gefahr hin, abgewiesen zu werden oder als ängstlich dazustehen. „Die Fähigkeit, sich durch Selbstöffnung verwundbar zu machen, ist übrigens eine elementare Fähigkeit, die die glücklichen von den unglücklichen Paaren unterscheidet", weiß Oskar Holzberg.

Die Psychologin und Psychotherapeutin Friederike von Tiedemann umschreibt den gelungenen Wechsel von der jungen zur reifen Beziehung sehr treffend so: „Anfangs fühlen wir ‚Ich liebe dich, weil ich dich brauche'. In einer reifen Beziehung können wir dagegen eher sagen: ‚Ich komme eigentlich ganz gut ohne dich klar. Aber mit dir zusammen ist es viel schöner'."[88]

Die größten Liebeskiller: Die Fronten verhärten. Einer oder sogar beide fühlen sich vom Partner nicht mehr verstanden, gesehen, respektiert. Die Rechnung von Geben und Nehmen geht nicht mehr auf. Humor und Wohlwollen verabschieden sich aus der Beziehung.

Letztlich fällt ziemlich viel, was eine gute, lange Beziehung ausmacht, unter die Definition „Freundschaft". Am Anfang der Liebe stehen das Verliebtsein, Sex und Erotik ganz vorne. Aber umso länger eine Beziehung dauert, umso wichtiger werden die freundschaftlichen Werte wie Vertrauen, Verstehen und das Gefühl, verbunden zu sein, auch wenn es schwierig wird. Freundschaft funktioniert ohne Liebe. Aber eine lange Liebe funktioniert nicht ohne Freundschaft.

Natürlich ist es in unserer heutigen Welt ziemlich normal, dass man sich trennt und einen neuen Partner findet, mit dem wirklich alles besser klappt. Oder dass man sich im Laufe der Jahre so weit auseinanderentwickelt, dass man nicht mehr zusammenpasst. Auch dass einem die Liebe erst mit 50 oder später begegnet, kann vorkommen. Aber auch dann ist ja noch Zeit für eine lange Beziehung. Wer dieses Ziel hat, könnte es einmal mit dem kleinen Einmaleins von einer Liebe versuchen, die auch Freundschaft mit einschließt.

Was jetzt hilfreich ist

Die Kunst des Alleinseins üben: Mit sich allein zu sein, kann einen auf dem Weg, sich selbst und das Leben so anzunehmen, wie es ist, weiterbringen. Das können ungestörte Lesestunden sein. Zeiten der Reflexion beim Spazierengehen oder Sport oder auch ein Tagebuch.

Neugier und Flexibilität: Die Veränderungen im Beruf, manchmal auch gesundheitliche Einschränkungen zwingen uns zur Anpassung an unsere neuen Verhältnisse. Neugier und ein gewisser „Anfängergeist", der erst einmal schaut, noch nichts weiß und nicht bewertet, können uns dabei helfen, in diesen Veränderungen handlungsfähig zu bleiben und auch in schwierigen Situationen die positiven Seiten zu entdecken.

Freundschaft: Wenn sich viel im Leben verändert, sind Freunde ein großer Schutz. Sie können uns ganz praktisch helfen, unser Leben neu zu gestalten. Sie sind aber auch einer der stabilen Faktoren in der wechselhaften Zeit. Über unser Tun können wir immer wieder neue Kontakte zu Menschen aufbauen, die uns und den anderen guttun. Der Psychologe Riemann spricht deshalb von der „tätigen Liebe". Behalten Sie Ihr soziales Netzwerk im Blick und engagieren Sie sich für die Menschen und Werte, die Ihnen etwas bedeuten.

70: Gelassen loslassen und das Leben genießen

Rudolf Thome, Regisseur, wurde anlässlich seines 70. Geburtstags im November 2009 von Stefan Grissemann für die FAZ interviewt[89].

Grissmann: Ihr 70. Geburtstag naht. Ist das für Sie ein Problem?
Thome: Wieso? Was verstehen Sie unter Problem?
Grissemann: 70 ist doch ein Lebensalter, vor dem manche ein wenig Angst haben.
Thome: Ach so, nein, ich sehe dem Älterwerden relativ gelassen entgegen; es fallen nur leider immer mehr Dinge aus. Bis 50, vielleicht noch bis 60 hat man körperliche Probleme, die alle nach einer Weile wieder verschwinden. Irgendwann aber beginnt man an Dingen zu leiden, die bleiben.
Grissemann: Ihre Filme allerdings weisen keine Alterungsspuren auf.
Thome: Ist das so? Dabei habe ich in der Zeit, als ich anfing, Filme zu machen, immer gesagt: Ich freue mich auf meine Alterswerke!

Lebensgefühl: Bin ich schon alt oder noch jung?

„Irgendwann fiel mir auf, das ich mein Älterwerden in zwei krass unterschiedlichen Versionen erzählen könnte: als gesundheitliche Katastrophenabfolge. Eine Horrorgeschichte. Ich könnte damit Leute erschrecken. Zugleich aber kann ich mein Leben in eine helle Erzählung bringen. Ich kann viele Momente des Glücks, der Liebe und der freudigen Erregung in ihr bergen. Ich stelle fest, dass ich die Berechtigung beider Geschichten anerkenne, dass sie völlig unversöhnt, unvermittelt, gewissermaßen parallel geführt, in meinem Gemüt (wann wurde dieses Wort, das ich mag, aufgegeben?) Raum haben. Himmel und Hölle. Glück und Elend. Kaum was dazwischen", schreibt die Essayistin Silvia Bovenschen in ihrem Bestseller „Älter werden", in dem sie in losen Gedankenfolgen über das Leben und Älterwerden sinniert. In ihrer lakonischen Art erzählt sie, wie sie und ihre älteren Freundinnen feststellen, dass man ab einem gewissen Alter nach Arbeiten im Haushalt, nach dem Einkauf – Dinge, die man früher nebenbei erledigte – eine kleine Pause braucht. Dass man manchmal schon nach dem Duschen und Zähneputzen wieder müde ist. Dass man irgendwann täglich, wenn auch nur für eine Sekunde, an den eigenen Tod denkt. Und dass man doch zugleich und eigentlich in derselben Sekunde über eine witzige Alltagsbeobachtung lachen und frohen Mutes sagen kann: „Ich lebe gerne."

Humor als Jungbrunnen

Bovenschen ist zwar erst 60, als sie das Buch schreibt. Aber weil sie seit Jahrzehnten mit der chronischen Erkrankung Multiple Sklerose lebt, die viele typische Einschränkungen mit sich bringt, die man sonst eher vom höheren Alter kennt, fühlt sie sich befugt, über das Älterwerden und das Gefühl, älter zu sein, ausführlich zu reflektieren. Und mit ihrer direkten Sprache, ihren aus dem Leben gegriffenen Beobachtungen traf sie genau den Nerv vieler Leser – alt und jung. So lebendig hat noch niemand in jüngerer Zeit über das Älterwerden geschrieben. Sie zeigt, dass Lebenslust nichts mit Leidensfreiheit zu tun hat. Dass man sich auch über einen Gehwagen amüsieren kann und sogar über Gedächtnisschwierigkeiten. Vorausgesetzt, man kann überhaupt über sich selbst und den Irrsinn des Lebens lachen.

Und offensichtlich hilft uns Humor auch dabei, die Schwierigkeiten das Älterwerdens anzunehmen – die es ja unzweifelhaft gibt –, ohne ihnen die Macht über unsere Stimmung zu geben. So wie der Schauspieler Walter Giller, inzwischen über 80 Jahre alt. Als er einen Journalisten zum Interview empfängt und beim Einschenken den Kaffee verschüttet, ist sein Kommentar: „Ich habe den Tadder", und fährt fort: „Meine Frau sagt immer: ‚Zitter dir doch noch ein bisschen Kaffee in die Tasse!'" Humor, so glaubt er, „ist vielleicht im Alter noch wichtiger als in der Jugend." Auch in den Langzeitstudien von George Vaillant schnitten die Menschen mit Humor im Leben besonders gut ab: Sie wurden häufig sehr alt und überstanden überdurchschnittlich oft Krisen und auch Erkrankungen gut.

„Humor korreliert bedeutsam mit Lebenszufriedenheit", stellen die Persönlichkeitspsychologen Willibald Ruch und René Proyer von der Universität Zürich für die älteren Teilnehmer ihrer Studie mit fast 43 000 Menschen fest[90].

Das engagierte Leben bringt Freude

Interessanterweise lebten die humorvollen Älteren auch häufiger als andere ein Leben, das von Engagement geprägt war. Das „engagierte Leben" gilt in der Zufriedenheitsforschung als ein besonders befriedigender Lebensstil. Menschen wählen im Groben zwischen drei Lebensstilen, von denen sie sich Glück und Zufriedenheit versprechen: Menschen können ihre Zufriedenheit in erster Linie im Genuss suchen, also auf dem Weg des Hedonismus. Sie können als zweite Variante danach streben, ihr Potenzial in einem engagierten, tätigen Leben zu verwirklichen. Und schließlich gibt es den Weg der Sinnsuche. Alle drei Lebensstile sind dafür bekannt, dass sie auch tatsächlich zu Zufriedenheit und Lebensfreude führen. Am stärksten ist jedoch das engagierte Leben mit Lebenszufriedenheit verbunden – und das nahezu in allen Ländern der Erde.

Offensichtlich macht uns gerade die Kombination aus persönlichem Engagement und der Verbindung mit anderen Menschen sehr zufrieden. Letztlich knüpfen diese Erkenntnisse ja auch an die Überlegungen von Psychologen wie Fritz Riemann an, die sich Gedanken über das Älterwerden machten. Denn eine gelungene Balance zwischen Selbstverwirklichung und Liebe, wie Riemann die Pole unseres Strebens beschrieb, ist letztlich das engagierte Leben, das Ruch und Proyer meinen.

In seinen Interviews stellte der Lebenslaufforscher George E. Vaillant außerdem fest, dass viele Menschen jenseits der 60 oder 70, die ihr Leben als gelungen betrachten, nach der Phase des Mentors und Lehrers ihr Engagement für das Allgemeinwohl noch ausbauen. Sie werden zu „Bewahrern des Sinns", wie Vaillant es nennt. Sie engagieren sich für kulturelle Werte und für die Gesellschaft, indem sie die Tugenden von Weisheit und Gerechtigkeit praktizieren. Manche übernehmen tatsächlich die Rolle eines

Streitschlichters oder beginnen, sich um alte Traditionen zu
bemühen, um sie zu bewahren. Häufig wirkt dieses Engagement
weit über den Kreis der persönlichen Familie hinaus.

Wie Engagement gelingt

Dass dieser Entwicklungsschritt wichtig für das persönliche Wohlbefinden sein kann, zeigen die Geschichten von Menschen, die ein
Interesse daran hätten, ihre Seite als „Bewahrer des Sinns" aus-
zuleben, aber dies nicht tun können: Sie verlieren ihre Lebenslust.
Vaillant erzählt die Geschichte eines Juristen, der im mittleren
Lebensalter sehr erfolgreich in einer Kanzlei arbeitete und auch
sehr gut mit seinen Kollegen und den Schwierigkeiten des Berufs
zurechtkam. Etwa ab Mitte 60 musste er jedoch feststellen, dass
die anderen, inzwischen meist jüngeren Juristen andere Werte hatten als er. Er fühlte sich nicht mehr gebraucht und nicht mehr wert-
geschätzt. Frustration machte sich in seinem Leben breit, die bald
nicht mehr nur die Juristerei betraf, sondern viele Entwicklungen
der modernen Gesellschaft einschloss. Er kritisierte das Wahlrecht
ab dem 18. Lebensjahr und meinte ganz allgemein einen Werte-
verfall beobachten zu können. „Im mittleren Leben war er ein Star
der erfolgreichen Adaption. Aber als er feststellen musste, dass er
unfähig war, seinen Wunsch zu erfüllen und seine alten Werte zu
bewahren und weiterzugeben, fossilisierte er. Im Alter von 70 war
er tot", berichtet Vaillant. Dabei sieht der Psychologe das Problem
nicht darin, dass ältere Menschen andere Werte haben als jüngere. Oder dass die Jüngeren generell nicht interessiert an den Werten Älterer seien. Es geht vielmehr darum, wie die älteren Menschen diesen Entwicklungsschritt meistern. Zu hoffen, dass die
anderen einen mit Kniefall um Rat fragen, ist nicht der richtige
Weg, sondern führt meist in die Enttäuschung. So wie es der Jurist
erlebte. Vaillant beobachtete vielmehr, dass der Wandel von der
leistungsorientierten Lebensphase der Generativität hin zu einem
Menschen, der Werte und Erfahrungen weitergibt, ein aktiver Entwicklungsschritt ist.

Er beobachtete bei den Menschen, denen dieser Schritt gelang,
dass sie eine persönliche Entwicklung durchmachten. Sie lernten,
die Kommunikation über ihre Werte aktiv so zu gestalten, dass es
andere Menschen interessierte. Sie hatten ein wirkliches Interes-

se am Kontakt mit den anderen Menschen, nicht nur am bloßen Weitergeben von Überzeugungen. Manche entwickelten eine erstaunliche Gabe, das, was sie aufgrund ihrer Erfahrung als gut und richtig erachteten, in eine moderne Übersetzung zu bringen, sodass die Jungen diese Werte überhaupt in ihren Alltag aufnehmen konnten. „Das Problem ist, dass manche Menschen nicht die Verantwortung dafür übernehmen, ihre Erfahrung an die nächste Generation weiterzugeben, sondern dass solche rigiden Menschen sich in ihrem persönlichen Ärger darüber festketten, dass ihre Erfahrung, ihre Vergangenheit nicht von anderen bewahrt wurde", erklärt Vaillant.

Eine gelungene Entwicklung hin zum „Bewahrer des Sinns" illustriert Vaillant am Beispiel eines Mannes, dem er den sprechenden Namen Peter Wiseman gibt. Wiseman liebte sein Leben auch mit 80 noch. Seit seiner Pensionierung als Technik-Consultant hatte er verschiedene Ehrenämter gehabt – und hatte seinen Lebensstil als viel beschäftigter Macher und Mann der Generativität weitergeführt. Als er mit 74 jedoch noch einmal heiratete, gab er die meisten Ehrenämter auf, weil er merkte „Da ist noch mehr im Leben". Dann begann er seine Memoiren zu schreiben. Doch kein Verleger wollte so ein Buch, dass nur regional interessant ist, herausgeben. Wiseman zögerte kurz, dann verlegte er sein Buch selbst. Die begeisterten Zuschriften, die er von Lesern und Leserinnen aus seiner Gegend bekommt, freuen ihn ungemein und haben ihn zum nächsten Buch ermutigt, das die Geschichte seines Wohnortes Nantucket zwischen 1900 und 1920 darstellen wird. „Nur die Alten können ihre Vergangenheit für die nächste Generation lebendig machen", sagt der Lebenslaufforscher Vaillant. Häufig konnte der Wissenschaftler diese Wende im Leben seiner Studienteilnehmer und -teilnehmerinnen beobachten: Irgendwann ließ das Interesse nach, immer „neue Ideen" in die Welt zu bringen, und die Menschen fanden es mehr und mehr spannend, sich mit ihrem Leben, ihrer Erfahrung zu beschäftigen – und diese zu sammeln und für nächste Generationen zugänglich zu machen: in Geschichtswerkstätten, in ihren Memoiren, als Führer im historischen Museum, als Berater, als Großeltern im Spiel mit den Enkeln.

Lebensgestaltung: Machen Sie doch, was Sie wirklich wollen!

Manchmal möchte man gerne etwas erreichen – und hat zugleich das Gefühl, dass das wohl nicht (mehr) möglich sein wird. Weil man nicht die richtigen Fähigkeiten hat, es zu aufwendig wäre oder aus anderen Gründen nicht erreichbar. Dieses Gefühl kennen junge und alte Menschen. Doch je älter wir werden, umso häufiger bekommen wir von außen zu hören: „Dafür bist du doch zu alt." Oder als Frage: „In dem Alter?" Häufig sagen wir uns diese Sätze auch selbst ins Ohr. Dabei hat der Alternsforscher Paul B. Baltes herausgefunden, dass uns ein recht simpler Trick vermutlich oft helfen könnte, unser Ziel zu erreichen – trotz gewisser Hürden und Schwierigkeiten.

Baltes beobachtete, dass manche Menschen trotz offensichtlicher Einschränkungen ihre Ziele im Leben oder auch ihre Tätigkeiten weiterverfolgen können, während andere ihre Ziele frustriert aufgeben. Was ist der Unterschied zwischen diesen Menschen? Zur Illustration für den gelungenen Weg erzählte Baltes gerne die Geschichte des Pianisten Arthur Rubinstein. Auch mit 80 Jahren gab Rubinstein noch Konzerte – und wurde frenetisch gefeiert. Viele fragten sich: Wie schafft der das? Mit 80? Und in einem Interview gab er selbst die Antwort: Erstens spiele er weniger Stücke pro Konzert – so müsse er sich nicht mehr so viel merken. Zweitens übe er sehr viel mehr als früher. Und drittens spiele er vor schnellen Passagen extra langsam – auf diese Weise klinge die langsame Passage bedeutungsvoller und die schnelle virtuoser.

Was Rubinstein tat, um seine Kunst auf hohem Niveau weiterzuführen – trotz etwas steiferer Finger und nachlassendem Gedächtnis –, konnte Baltes in ein Konzept fassen, dass uns bei jeder Art von Einschränkung helfen kann, die Dinge dennoch weiterzuverfolgen, die uns im Leben wichtig sind.

Das Modell SOK – Ziele erreichen, auch wenn es schwierig wird

Baltes nannte sein Modell „selektive Optimierung mit Kompensation", kurz SOK. Hinter dem Wortungetüm verbirgt sich eine einfache Idee: Wenn wir etwas erreichen möchten, müssen wir Ziele auswählen, selektieren. Wir können nie alle möglichen Ziele auf einmal verfolgen. Wer für ein Haus spart, kann vermutlich nicht noch den Tauchurlaub auf den Malediven machen. Wer in München Medizin studiert, kann nicht zugleich in New York Schauspieler werden. Im Alter wächst die Bedeutung der Selektion, weil unsere Energien begrenzter sind. Körperliche oder Gedächtniseinschränkungen können hinzukommen. Es wird wichtiger, dass wir unsere Ziele sehr genau auswählen. Wenn es Ihr Ziel ist, eine interessante Tätigkeit zu haben, aber Sie können nicht mehr so gut laufen oder möchten sich nur vormittags engagieren, damit Sie einen Mittagsschlaf machen können, dann lohnt es sich, schon zu Beginn nach Tätigkeiten Ausschau zu halten, die gut zu Ihnen und Ihren Ansprüchen passen.

Erst wenn wir ein klares Ziel haben, können wir unsere Energie fokussieren und unsere Möglichkeiten geschickt so einsetzen, dass wir das Ziel auch erreichen. Rubinstein übte seine Stücke beispielsweise öfter und erreichte so die Brillanz, die er sich zum Ziel gesetzt hatte. Er bündelte seine Kräfte geschickt und optimierte so die Chance, sein Ziel zu erreichen.

Häufig begegnen uns auf dem Weg zu unseren Zielen jedoch Hürden, die schwer oder gar nicht zu überwinden sind. Hier kommt die Kompensation ins Spiel. Trotz viel Üben schafft man den Lauf am Piano nicht. Die geplante Wanderung erweist sich als zu beschwerlich, das Ehrenamt als weniger befriedigend als gedacht. Wie kann man sein Ziel trotzdem erreichen? Rubinstein spielte vor den schnellen Passagen einfach langsam – und gab ihnen so Tempo, ohne dass er sich dafür weiter quälen musste. Eine Wanderung kann auch im Flachland schön sein. Vielleicht macht das Ehrenamt mehr Spaß, wenn eine Freundin dabei wäre?

Gerade im Bereich der Kompensation sind viele Alternativen denkbar. Und Menschen, die hier eine gewisse Kreativität entwickeln, erreichen erstaunlich oft auch mit größeren Einschränkungen das, was sie machen möchten. Man kennt solche Geschichten von Menschen mit Handicap. Sie machen trotz Rollstuhl eine Reise um die Welt, gute Organisation kompensiert die Schwierigkeiten. Andere ergreifen trotz fehlender Arme den Beruf des Architekten und lernen ihre Füße wie Hände zu nutzen. Hier könnten Ältere viel von den Erfahrungen der Menschen mit Behinderung lernen. Denn hier gilt schon lange: Vieles ist möglich. Und niemand muss sich trotz Handicap im Leben „behindert" fühlen.

Sehr häufig agieren auch junge Menschen nach dem Modell SOK, wenn sie ihre Ziele verfolgen. Allerdings gibt es hier einen großen Unterschied zwischen Jung und Alt: In der ersten Lebenshälfte streben wir vor allem danach, ständig Neues aufzubauen: Beruf, Familie, neue Wohnung, neue Interessen. Doch irgendwann in der zweiten Lebenshälfte wechselt unser Fokus zu dem Wunsch, die Fähigkeiten und das Umfeld, das man sich im Laufe des Lebens aufgebaut hat, möglichst lange zu erhalten, so dass man weiterhin tun kann, was man gerne tut.

Gesundheit: Vorsorge für Herz und Hirn ist auch mit 70 sinnvoll

Der am Anfang des Kapitels zitierte Regisseur Rudolf Thome beobachtet sehr genau, was viele erleben: Ab einem gewissen Alter häufen sich die Erkrankungen, die nicht mehr von selbst verschwinden, sondern an uns haften bleiben. Und oft sogar wie magisch andere Beschwerden anzuziehen scheinen. Fachleute nennen dieses Phänomen „Multimorbidität". Es beschreibt das Phänomen, dass sich im Alter sehr oft Erkrankungen häufen. Zum Teil, weil sie gleiche Ursachen haben: Ein Mensch, der jahrelang Bluthochdruck hatte, entwickelt vielleicht eine Herz-Kreislauf-Erkrankung, aber auch sein Schlaganfallrisiko steigt, die Nieren können irgendwann Schaden nehmen. Zum Teil erleben wir auch eine gewisse Alterung unseres Immunsystems und wir sind dadurch anfälliger für Erkrankungen.

Lange Zeit gab es eine gewisse Ergebenheit dem Alter gegenüber – oftmals wurden Erkrankungen vom Hausarzt und auch von Spezialisten gerade bei Älteren nicht gut diagnostiziert und noch weniger gut behandelt. Nach dem Motto: Am Alter kann man ja nichts machen. Dass diese Einstellung fatal ist, weiß man heute sehr genau. „Viele Untersuchungen stützen heute die Annahme, dass die Vermeidung von Risikokonstellationen selbst im hohen Alter noch deutlich messbare positive Folgen besitzt", erklärt Alternsforscher Hans-Werner Wahl in seinem neuen Buch „Zukunft Altern"[91]. So weiß man heute beispielsweise, dass es sich auch noch mit 85 Jahren lohnt, das Rauchen aufzugeben. „Bereits wenige Monate später zieht es spürbare Auswirkungen auf die kardiovaskuläre Gesundheit und die Lungenfunktion nach sich", erklärt Wahl und folgert: „Es ist für präventive Anstrengungen nie zu spät." Allerdings muss man als Patient heute immer noch oft beim Arzt insistieren, wenn man eine gute Abklärung von Beschwerden haben möchte. Aber die Mühe kann sich sehr lohnen.

Die Fähigkeit, gute Schlüsse zu ziehen, erreicht jetzt ihren Höhepunkt

Die geistige Gesundheit macht vielen ab 70 Sorgen. Man fragt sich: Bin ich nur vergesslich oder ist es schon Alzheimer? Häufig ist die Sorge übertrieben, denn nur etwa drei Prozent der Menschen zwischen 70 und 75 und etwa sechs Prozent der Menschen zwischen 75 und 80 leiden an einer Demenz. Ab 80 steigt der Anteil auf 13 Prozent. (Nähere Informationen zu Demenz und Alzheimer finden Sie auf den Internetseiten der Deutschen Alzheimer Gesellschaft, www.deutsche-alzheimer.de.)

Unser Gehirn und Gedächtnis altern weniger linear als unser Körper und Stoffwechsel: Unsere Wahrnehmungsgeschwindigkeit ist schon mit 20 auf dem Höhepunkt angelangt – nie wieder wird man so schnell im Computerspiel reagieren können wie als Jugendlicher. Diese sogenannte fluide Intelligenz altert schon recht früh. Andere Bereiche der geistigen Kraft, vor allem die Fähigkeit zum schlussfolgernden Denken, die räumliche Orientierung, das räumliche Vorstellungsvermögen und das Wortverständnis nehmen dagegen bis ins mittlere Erwachsenenalter noch zu. In der Summe heißt das: Frauen und Männer erreichen im Alter zwischen 50 und 60 im Durchschnitt ihre höchste kognitive Leistungsfähigkeit – verglichen mit ihrer Fähigkeit im jungen Erwachsenenalter[92]. Und diese Fähigkeiten bleiben häufig sehr lange stabil und sind eine wichtige Basis für das selbstständige Leben bis ins hohe Alter.

Auf der anderen Seite sind gerade Defizite im Gedächtnis der häufigste Grund, warum Menschen im Alter in ein Pflegeheim gehen (müssen): Etwa 60 Prozent der Pflegeheimbewohner leiden an einer Demenz[93]. Derzeit sind etwa eine Million Menschen von einer mittelschweren bis schweren Demenz betroffen. Die meisten von ihnen sind älter als 80. Und inzwischen sind viele Wissenschaftler der Ansicht, dass vor allem die Kombination aus natürlicher Gehirnalterung und ungünstigen chronischen Erkrankungen (wie Bluthochdruck, Diabetes) dafür verantwortlich ist, dass diese Menschen im Alter einen so starken Abbau der Gehirnleistung erleben, dass sie nicht mehr selbstständig leben können. Umgekehrt heißt das: Wer auf seine körperliche Gesundheit achtet, hilft auch seinem Gehirn dabei, gesund alt zu werden. Und: Wer den Verdacht hat, dass sein Gedächtnis rapide nachlässt, der sollte wirklich mit seinem Hausarzt sprechen und die Ursachen abklären lassen. Denn häufig gibt es sehr wohl hilfreiche Maßnahmen, die Gedächtnisprobleme beseitigen oder zumindest mildern können[94].

Das Gehirn lässt sich trainieren

Für alle, die ihren Geist gerne etwas auf Trab bringen möchten, kann man nur immer wieder betonen: Bewegen Sie sich. Und zwar vor allem körperlich. Bewegung kann Ihr Gehirn regelrecht verjüngen. Das bedeutet in der Praxis: Wenn Sie eine Denkaufgabe lösen müssen, muss Ihr Gehirn weniger Aufwand betreiben als vorher. Denn das ist die typische Entwicklung im Alter: Mit den Jahren wird die Verarbeitungsgeschwindigkeit im Gehirn etwas langsamer, weil auch Gehirnzellen altern. Wir brauchen für Denkaufgaben, aber auch für Alltagstätigkeiten mehr Hirnschmalz als vorher. Der Effekt: Wir können nicht mehr so viele Dinge gleichzeitig tun. Wenn wir uns aufs Telefonieren konzentrieren, können wir nicht noch gleichzeitig eine Frage aus dem Hintergrund beantworten – das war einige Jahre vorher vielleicht gar kein Problem.

Jetzt konnten Wissenschaftler aber zeigen: Nach sechs Monaten regelmäßigem Nordic Walking mit Studienteilnehmern, die im Schnitt knapp 70 Jahre alt waren, ist das Gehirn regelrecht verjüngt. Computergestützte Bilder vom Gehirn zeigen, dass das Gehirn der Probanden merklich weniger Aufwand betreibt, um eine Aufgabe zu lösen[95]. „Wir konnten einen Zuwachs der Prozessgeschwindigkeit verzeichnen", erklärt Studienleiterin Ursula Staudinger. „Die Gehirne der aktiven Gruppe waren verjüngt." Die Gehirnleistung der Menschen in der Kontrollgruppe, die in der Zeit, in der die anderen beim Walking waren, Entspannungsübungen lernten, war dagegen unverändert geblieben. „Bewegung verändert die Biologie", folgert Staudinger. Dabei führt sie den großen Effekt von Bewegung aufs Gehirn schlicht darauf zurück, dass der Mensch in seiner Entstehungsgeschichte als „laufendes Wesen" konzipiert wurde. Wir brauchen Bewegung, um gesund zu bleiben. Nicht nur körperlich, sondern auch geistig. Wir sind Bewegungswesen und unser Körper ist mit unserem Geist und Gehirn auf direktem Pfad verbunden.

Das Gehirn ist schlauer, als man denkt

So manche vermeintliche Gedächtnisschwäche ist vielleicht aber auch kein Verlust, sondern eher eine altersgerechte Anpassung. Denn vielleicht muss man sich auch ab einem gewissen Alter nicht immer akribisch an alles erinnern. Nicht, weil man nicht könnte, sondern schlicht, weil es einen nicht interessiert: Der Name der neuen Bekannten eines Bekannten, die einem beim Brunch vorgestellt wurde. Der Titel der letzten Mode-Soap-Show oder der Sieger von „Deutschland sucht den Superstar".

„Mit zunehmendem Alter werden wir vielen Dingen gegenüber gleichgültiger und gelassener. Für jüngere Menschen mag alles um sie herum von Belang sein, ist vielleicht irgendwann einmal nützlich, deshalb sind sie sehr viel aufmerksamer. Ältere hören oft aufmerksam zu, aber sie speichern nicht mehr alles ab. Wenn sie sich dann später nicht an bestimmte Dinge oder Namen erinnern können, dann nicht, weil ihr Erinnerungsvermögen schlechter geworden ist, sondern weil sie es von vornherein nicht abgespeichert haben. Man muss etwas erst lernen und enkodieren, bevor man es vergessen kann. Der Unterschied liegt also in der Motivation, sich etwas zu merken", erklärt Ellen Langer, Professorin für Psychologie an der Harvard University, die seit über 30 Jahren untersucht, wie unsere inneren Überzeugungen unser Älterwerden beeinflussen[96].

Vor diesem Hintergrund ist es schlicht normal, dass man sich mit 70 vielleicht nicht mehr an die Schlagzeilen erinnert, die man morgens gelesen hat – obwohl man das früher immer wusste. Es ist einem einfach etwas gleichgültiger geworden, zudem sich viele Themen ja wirklich häufig wiederholen. Man hat auch weniger Grund sich die aktuellen Nachrichten zu merken, denn man braucht sie ja nicht mehr abrufbereit für den Mittagsschwatz mit den Kollegen.

Interessen besser auswählen

Natürlich kann dieses leichte Desinteresse an so manchem Thema auch überhandnehmen. Man interessiert sich gar nicht mehr für Neues, beschäftigt sich nur noch mit den Themen, die man schon kennt, seiner Befindlichkeit, seiner Erinnerung. Der goldene Mittelweg wäre deshalb: Suchen Sie sich Themen und Tätigkeiten, die Sie wirklich interessieren und Ihr aktuelles Leben betreffen und wo Ihre Motivation, etwas Neues zu erfahren, tatsächlich groß ist. Zum Beispiel die Frage, wie das neue Handy funktioniert, das einem die Enkel geschenkt haben. Oder wie man im Computer an Informationen kommen kann, die man nützlich fände. Oder was in dem Land los ist, in das man demnächst in Urlaub fährt.

Dann gilt es, sich gezielt Möglichkeiten zu verschaffen, wie man sich auf angenehme Weise mit den neuen Informationen befassen könnte. Vielleicht wäre es eine gute Gelegenheit, sich die Technik von einem Enkel oder dem jungen Nachbarn erklären zu lassen? Vielleicht wäre die anstehende Reise eine Gelegenheit, um in einen Vortrag zum Thema zu gehen? Der Wunsch nach Information ein Anlass, um in einem Volkshochschulkurs die Online-Recherche zu lernen?

Je älter man wird, umso weniger hat man Lust, sich mit Dingen zu beschäftigen, die sich nicht in die persönlichen Erfahrungen einfügen lassen oder nichts mit dem konkreten und aktuellen Leben zu tun haben. Deshalb gilt es besonders, den Anknüpfungspunkt zwischen Lernziel und den persönlichen Interessen zu suchen. Dann macht das Hirn auch mit.

Aktiv bleiben: Neugier beflügelt und schafft Begegnung

Sich aktiv damit zu beschäftigen, seine Interessen zu erhalten oder auch neue aufzubauen, ist letztlich auch ein Weg, um die von allen gefürchtete Einsamkeit im Alter zu vermeiden. „Die aktive Anteilnahme ist ab 70 wichtig", erklärt Psychologin Andrea Patzer.

In fast allen Interviews mit älteren Menschen, die vor Lebendigkeit sprühen, berichten diese auch selbst über die Bedeutung genau dieser Neugier für ihr Leben.

So sagt Loki Schmidt, Jahrgang 1919, Ehefrau von Helmut Schmidt und Ehrenprofessorin der Universität Hamburg, mit 91

Jahren: „Ich war, solange ich mich erinnern kann, ein besonders neugieriges Kind. Da ich aus finanziellen Gründen nicht Biologie studieren konnte, bin ich Lehrerin geworden und habe diesen Beruf sehr geliebt. Später bin ich nicht nur meiner Freude an den Pflanzen auf Expeditionen mit Wissenschaftlern der Max-Planck-Gesellschaft nachgekommen, sondern ich setze mich auch noch heute für eine sinnvolle Lehrerausbildung ein."

Die Psychoanalytikerin Margarete Mitscherlich, geboren 1917, erzählt im Alter von 93 Jahren: „Ich lese viel, ich denke viel, ich schreibe viel." Und betont: „Ich finde es außerordentlich interessant, was ich alles noch entdecke. Und je älter man wird und je mehr man weiß, desto klarer wird einem ja, wie wenig man eigentlich weiß."

Senioren tanzen ihren Lebensweg – My Way

Die 14 Ensemblemitglieder der Tanzperformance „My Way" sind zwischen 60 und 80 Jahre alt und seit vier Jahren eine feste Tanzcompany, die unter der Choreografie von Gabriele Gierz verschiedene Tanzperformance einstudiert[97]. Ihre erste Tanzperformance „My Way" wurde 2008 in Hamburg sehr gefeiert. Jetzt arbeiten sie am dritten Stück. 2011 wird „Ahnen" Premiere haben.

Entstanden sind die Szenen aus „My Way" aus den Lebenserinnerungen der Tänzer und Tänzerinnen. Die Choreografin hat Facetten dieser Leben in tanzbare Gesten und eine Gesamt-Performance verwandelt. „Ich finde es wichtig, dass älter zu sein nicht heißt, dass man sich zurückzieht, sich isoliert. Sondern dass man auch mit Anspruch gewisse Dinge machen kann", erklärt Company-Leiterin Gierz. Dabei geht es ihr nicht darum, Biografie auf die Bühne zu bringen. Am Anfang einer Produktion macht sie zwar mit jedem Darsteller biografische Interviews, stellt Frage wie „Wenn du noch einmal von vorne anfangen könntest, was würdest du genau so, was anders machen?" Doch diese Facetten der Lebensgeschichten sind für sie das Material, das sie zu Choreografien, zu Themen inspiriert, die sie dann mit dem Ensemble erarbeitet.

So entstand bei „My Way" ein Rap über das Thema Schönheit, in dem die Sängerin ihr Spiegelbild fragt: „Wer ist die Schrumpeltante?" und zugleich feststellt „Da gibt's doch noch ne andre

Frau!" Häufig spürt man die Themen eher, als dass es explizit geschauspielert wird. „Ich arbeite inhaltlich, ohne dass das Stück unbedingt ein Thema bis ins Detail transportiert", erklärt Gierz. Ihr geht es vor allem um Tanzkunst. Sie fordert ihre Tänzer, vor Aufführungen wird dreimal die Woche und mehr geprobt und sie sieht mit Freude: „Immer komplexere Choreografien sind möglich. Zwischen den Anfängen des Ensembles und heute liegen wirklich Welten." Genau das schätzen die Ensemble-Mitglieder. Sie wollen tanzen – und geben dafür alles. Sogar Urlaubssperren vor der Aufführung machen sie mit. „Erst durch den Tod meines Mannes, in dem Moment, als ich alleine war, stellte ich fest, dass nun meine Zeit wirklich begrenzt ist", sagt eine Tänzerin, „und ich möchte in dieser Zeit, die ja eigentlich mein zweites Leben ist, doch noch viel mehr erleben und leben." Das Tanztheater bietet ihr genau das.

Wandel: Manchmal könnte Nachhilfe helfen

Psychotherapie im Alter ist noch immer eine Art Tabu. Zugleich gibt es das Vorurteil, dass viele ältere Menschen depressiv seien. Es stimmt zwar, dass ältere Menschen, die gerade einen Angehörigen verloren haben, die an einer chronischen Erkrankung leiden oder ökonomisch schlecht gestellt sind, ein gewisses Risiko haben, eine depressive Verstimmung zu entwickeln. Aber „insgesamt betrachtet zeigen die Studien jedoch trotz dieser altersabhängigen zunehmenden Risiken weder ein häufigeres Vorkommen von Depressionen im Vergleich mit der jüngeren Bevölkerung, noch deuten sie konsistent auf einen innerhalb der Altenbevölkerung sich vollziehenden Altersanstieg hin", erklärt der Münchner Epidemiologe Dr. Horst Bickel. Tendenziell sinken im Alter sogar die Raten an schweren Depressionen, während leichtere Formen und depressive Verstimmungen leicht zunehmen. Das Problem ist allerdings, dass bei den älteren Menschen sehr viele völlig alleine dastehen, wenn sie depressive Gedanken und Symptome entwickeln. „Aus fast allen Studien wird berichtet, dass Depressionen bei älteren Menschen zu selten erkannt und behandelt werden und dass die Behandlung auch bei erkannter Krankheit häufig inadäquat ist." Nur sehr wenige Menschen, die älter als 50 sind, wenden sich Therapeuten zu, um ihren Ängsten, depres-

siven Verstimmungen oder sonstigen Nöten im Leben auf den
Grund zu gehen. Aber auch auf Seiten der Ärzte gibt es viele, die
bei Älteren kein waches Auge für Anzeigen von psychischen Problemen haben. Deshalb gibt es relativ viele ältere Menschen, die
mit einer Depression oder Ängsten völlig alleine da stehen. Das
schränkt ihr Leben enorm ein. Dabei könnte hier ein großer
Gewinn für die älter werdende Gesellschaft liegen. Denn viele Missempfindungen und psychischen Blockaden können sich mithilfe
eines guten Therapeuten genauso im fortgeschrittenen Alter verändern. Lange Zeit war dies nur nicht bekannt und auch heute
noch hält sich das Vorurteil, dass bei älteren Menschen Psychotherapie nicht wirkt. Dabei ist inzwischen längst belegt, dass Menschen bis ins hohe Alter von therapeutischer Unterstützung profitieren. Hier ein Beispiel:

Albrecht Z., Schreiner, Lehrer und Ausbildungslehrer. 75 Jahre.
Seit 13 Jahren in Pension, geschieden, ein erwachsener Sohn:
„Ich war schon immer ein vielseitig interessierter Mensch. Und
nach meiner Pensionierung wollte ich noch einmal etwas ‚Neues‘
machen: Ich habe Gedichte geschrieben und Tango getanzt – aber
beides mit der gleichen Energie, mit der ich auch mein voriges
Leben gelebt hatte. Schnell hatte ich viele Zuhörer für meine
Gedichte-Abende und war ein sehr guter Tangotänzer geworden.
Aber jetzt habe ich eine Lesung mit 300 Leuten abgesagt. Ich
möchte nicht immer wieder mein altes Erfolgsverhalten wiederholen. Dieses Erfolgsverhalten ist ein Muster, dass ich mein ganzes Leben lang verfolgt habe. Mit Erfolg. Aber ich habe mich nach
meiner Pensionierung ernsthaft mit mir selbst beschäftigt, sieben
Jahre lang eine Psychoanalyse gemacht – und das wirkt bis heute.
Mir wurde klar: Wenn der Selbstwert auf diesem Erfolg aufbaut –
dann ist mein Selbstwert endlich. Denn irgendwann lassen die
körperlichen Kräfte nach. Und man kann nicht mehr bester Tangotänzer, der mitreißende Poet sein. Was kommt dann? Jetzt will
ich das Leben an sich kennenlernen. Das heißt zum Beispiel auch,
dass ich nicht in jeder Minute des Wartens Tangoschritte übe. Sondern dass ich die Zeit einfach auch damit verbringe, nichts zu tun.
Ich merke: Eine Minute kann ganz schön lang sein. Das ist eine
interessante Erfahrung. Ich bin überzeugt: Wenn Wahrnehmung,
Gefühl und Verstand gut zusammenpassen, dann kann ein guter
Altersvorgang gelingen. Wenn das gestört ist, dann nicht.“

Was jetzt hilfreich ist

Aktive Anteilnahme: Natürlich ist einem so manche Technik, manches Thema, über das sich jüngere Menschen unterhalten, fremd. Aber es kommt darauf an, sich immer wieder aktiv in die Gemeinschaft einzuschließen, statt sich auszuschließen. Zum Beispiel, indem man die Enkel fragt: Sag mal, was ist das eigentlich, so ein iPod? Was machst du da, wenn du am Computer sitzt?

Genussfähigkeit: Es geht auch darum, die Sinne zu öffnen für die kleinen Dinge des Lebens. Die Farben in der Natur, die Fragen von Kindern. Viele Menschen erleben diese Verbundenheit zu den kleinen, einfachen Dingen als große Bereicherung. Denn dies ist eine Quelle positiver Gefühle, die eigentlich immer zur Verfügung steht.

Positive Gefühle: Positive Gefühle sind nicht einfach nur angenehm. Positiv gestimmt, sind wir aufmerksamer, verstricken uns weniger in unsere Probleme und fühlen uns mit anderen Menschen verbundener. Positive Gefühle sind insofern ein Erste-Hilfe-Set der Seele: Sie helfen uns, dass wir auch in schwierigen Situationen nicht den Mut verlieren. Deshalb lohnt es sich, die positiven Gefühle aktiv ins Leben zu holen. Dabei geht es nicht darum, Negatives abzuwehren. Es geht um die richtige Mischung: Wer dreimal mehr positive Gefühle empfindet als negative, hat insgesamt ein positives Lebensgefühl, kann sich entfalten und fühlt sich zufrieden. Dabei gibt es viele Möglichkeiten, um positive Gefühle zu empfinden. Genuss ist ein Weg. Und die Freude an Schönem. Aber wir empfinden auch besonders zuverlässig positive Gefühle, wenn wir bewusst dankbar sind, wenn wir uns einer neuen Sache vorbehaltlos und neugierig annähern, wenn wir einen Menschen treffen, mit dem uns Freundschaft verbindet, wenn wir helfen.

Anpassungsfähigkeit: Mit 70 zahlt es sich aus, wenn man im Leben gelernt hat, immer mal wieder ehrlich Bilanz zu ziehen. Denn jetzt kann es sein, dass manche Fähigkeiten nachlassen, das Lesen schwierig wird oder das Hören. Dass körperliche Kraft nicht mehr unbegrenzt zur Verfügung steht. Wer an seinem früheren

Status immer weiter festhält, wird darunter leiden. Wer jedoch die Tatsachen schlicht und ohne Groll anerkennen kann, wird auch neue Möglichkeiten entdecken, die ihm helfen, seine Ziele zu erreichen. Sei es, dass man Hilfe von außen in Anspruch nimmt, seinen Tagesrhythmus verändert, eine andere Reiseform wählt.

80: Ein stolzes Alter

„Ich habe mir immer vorgestellt, dass wenn ich alt bin oder älter, dass ich dann auch weise zu sein habe. Ich weiß gar nicht, was das ist. Ich mag auch nicht weise sein. Das würde mich immer so hervorheben. Ich würde über allen stehen, weil ich so weise bin. Also weise sein, nein!"
Tänzerin der Senioren-Tanzperformance „My Way".

„Das Angenehme am Alter ist, dass man weiß, wer man ist!" Margarete Mitscherlich, Psychoanalytikerin, im Alter von 93 Jahren.

„Jetzt, in meinem Alter und in meinem Geisteszustand ist es mühsam. Nur, es hilft überhaupt nichts. Man muss mit Anstand damit fertig werden. Der Verstand sagt einem: Eigentlich gehörst du ja schon gar nicht mehr zur Gesellschaft. Wenn dann jüngere Menschen kommen und sich mit einem unterhalten und man hat das Gefühl, man kann vielleicht sogar noch ein bisschen was anregen oder weitergeben, das sind dann die Freuden des Alters."
Loki Schmidt, Ehefrau des Altbundeskanzlers Helmut Schmidt und Ehrenprofessorin der Universität Hamburg, im Alter von 91 Jahren.

„Das Schöne am Älterwerden ist, dass man es schafft, den Hass aus seinem Leben zu jagen, denn man begreift, dass der Hassende am Ende mehr leidet als der Gehasste. Das Tragische am Altsein ist, dass die Vergangenheit die Zukunft auffrisst. ... Ich wurde vom Blitz getroffen, kämpfe mit dem Krebs und hatte mehrere Herzinfarkte. Ich war in meinem Leben schon dreimal tot – und es war so wunderschön, dass ich nicht mehr zurückkommen wollte. Dieses Licht, diese Abwesenheit von Schuldgefühlen, dieser Friede, diese Serenität (Heiterkeit). Das haben wir hier auf Erden nicht."
Tomi Ungerer, Zeichner und Schriftsteller, im Alter von 79 Jahren.

Akzeptanz: Das war mein Leben!

Die 80-Jährigen und Älteren sind eine relativ kleine Gruppe von Menschen in Deutschland – auch wenn es immer mehr werden, so zählen sie doch insgesamt nur etwa vier Millionen der 82 Millionen Deutschen. Aber die Vielfalt der Leben und Ansichten über das Leben sind vermutlich in keiner Altersgruppe so weit gestreut wie hier. Mit 80 hat sich die Lebensgeschichte zu einer gelebten Biografie verdichtet. Und diese Biografien sind einfach einzigartig und deshalb so vielfältig. Die Möglichkeiten, die sich uns bei unserer Geburt eröffnet haben, sind mit 80 in der Welt gelebt worden. Vermutlich völlig anders, als es sich unsere Eltern und später auch wir selbst ausgemalt hatten.

„Mit 80 Jahren sollte man stolz auf sein Leben sein", erklärt Psychologin Andrea Patzer, „stolz auf die Lebensleistung, dass man dieses Leben gemeistert hat."

Für junge Menschen klingt das vielleicht überheblich. Aber letztlich ist genau dieser Stolz und die damit verbundene Würde die letzte große Aufgabe, die wir im Leben haben.

Wann diese Aufgabe genau ansteht, ist natürlich von Mensch zu Mensch verschieden. Häufig wird die Frage erst ab 70 oder 80 oder auch noch später ein Thema. Bei Menschen, die durch Krankheiten geschwächt sind, schon früher. Es geht darum, zu sehen, was gut war im Leben, was vielleicht auch schlecht war. Welche Wünsche man in die Wirklichkeit umsetzen konnte und worauf man im Leben auch verzichten musste. Es geht darum, sein Leben, seine Biografie, die sich einem auftut, wenn man sein Leben rückblickend aufblättert, anzunehmen und zu sehen, dass es genau dieses Leben war, das man gelebt hat. Und dass es genau so gut war. Es geht darum, das gelebte genauso wie das ungelebte Leben zu akzeptieren. Die geglückten Phasen genauso wie die weniger geglückten. Die guten Begegnungen mit Menschen wie die schmerzhaften.

Akzeptanz gibt Energie

Und nicht selten setzt dieses Annehmen der eigenen Geschichte ungeahnte Energien frei. Die Menschen sehen klar, was sie interessiert und inspiriert – und genießen ihre Lebenszeit deshalb umso intensiver: „Meine 70er waren interessant und heiter. Meine 80er sind leidenschaftlich. Ich werde intensiver mit dem Alter", erzählt beispielsweise die Schauspielerin Florida Scott-Maxwell mit 83 Jahren.

Dabei konnte Vaillant beobachten, dass der Schritt zu dem Gefühl, „Das war mein Leben! Und es war gut und richtig, wie es war", besser gelingt, wenn die Menschen sich schon vorher aktiv mit ihren Entwicklungsaufgaben auseinandergesetzt haben. Vaillant: „Die Bewältigung der Aufgabe der Integrität ist nicht gleichbedeutend mit der Bewältigung aller vorigen Aufgaben. Aber die Studie der Lebensläufe zeigt, dass die Bewältigung der vorigen Aufgaben dabei hilfreich ist."

Weisheit: Das Leben kennen

Menschen, denen dieser Schritt gelingt, empfinden es oft als Quelle großer Befriedigung, Freude und sogar Glück. So wie die 80-jährige Erika Bickel, die ihre bewegte Lebensgeschichte als Ehefrau eines jüdischen Mannes im Nazi-Deutschland mithilfe eines Biografiedienstes aufschrieb. Eigentlich wollte sie ihr Leben vor allem aufschreiben, um ihren Kindern und Verwandten zu erzählen, wie alles kam, worüber man nie sprechen durfte. Aber in den Gesprächen mit dem Biografen wurde ihr klar: Es ist egal, was die anderen über ihre Lebensgeschichte denken. Wirklich wertvoll ist, was mit ihr selbst im Rückblick auf ihr Leben passierte: „Ich habe mein eigenes Verhältnis zu all den Sachen geklärt. Warum ich so handelte und nicht anders", erzählt Erika Bickel[98]. Warum sie zu dem jüdischen Mann hielt, auf ihn wartete, als er in Kriegsgefangenschaft war, statt ihn einfach zu vergessen. Sie war ja erst 18. Jetzt weiß sie: „Ich würde es immer wieder genau so tun."

Man kann sagen, dass Erika Bickel eine weise Frau ist. Sie hat im Laufe ihres Lebens etwas über die wichtigen Zusammenhänge im Leben gelernt. Sie hat erfahren, dass die Masse irren kann, dass es sich lohnt, dem Herz und den persönlichen Werten zu folgen, ein eigenes Gefühl für richtig und falsch zu entwickeln, für sein Handeln die Verantwortung zu übernehmen – und dass es immer viele Wahrheiten und Ansichten über bestimmte Themen gibt. Und nichts anderes ist Weisheit.

Letztlich geht es vor allem darum, zu seiner ganz persönlichen Lebensgeschichte zu stehen. Sie als sinnvoll zu empfinden. „Wer diese Aufgabe meistert, ist vor den Ängsten und Depressionen der letzten Lebensphase einigermaßen gefeit", schlussfolgert der Psychologe und Chefredakteur der Zeitschrift Psychologie Heute, Heiko Ernst, in seinem Artikel „Gut altern: eine Reife Leistung"[99].

Lebensfreude: Mit Verlusten zurechtkommen

Das bedeutet vor allem gegen Ende des Lebens aber auch, dass diese Menschen die Kunst beherrschen, auch mit weniger Möglichkeiten als in jungen Jahren ein Gefühl von Autonomie, Selbstbestimmung und Entwicklungsfähigkeit zu empfinden. Bei Altbundeskanzler Helmut Schmidt, Jahrgang 1918, käme wohl niemandem als Erstes das Wort „hilfsbedürftig" in den Sinn, obwohl er sichtlich Probleme beim Gehen hat, nicht mehr gut stehen kann und auf einem Ohr so gut wie nichts hört. Aber seine gesamte Haltung strahlt Vitalität aus, und man hört förmlich die Maßregelung: „Es kann sein, dass ich einen Stock brauche. Aber Mitleid bestimmt nicht. Hören Sie lieber zu, was ich zu sagen habe!"

Ich mache das Beste draus

Auch Margarete Mitscherlich, geboren 1917, begegnet den Gebrechen, die sie mit 93 aufzählen kann, mit großer Gelassenheit und hat sich darauf eingestellt, ohne ihre Neugier aufs Leben einzugrenzen: „Ich habe nicht die geringste Lust, mit meinen Schwierigkeiten beim Gehen eine Weltreise zu machen. Dafür bin ich zu realistisch. Heute freue ich mich an den kleinen Dingen – ich sehe gern Patienten, ich bin sehr gern mit Freunden zusammen, ich freue mich, wenn ich meinen vier Enkelkindern ein bisschen zur Seite stehen darf oder sie Spaß daran haben, mir zur Seite zu stehen. Ich genieße es, wenn ich durch Menschen neue Erfahrungen mache oder durch Bücher zu neuem Denken angeregt werde."[100]

Hertha Loew, 100 Jahre, ehemalige Sekretärin, hat sich, bis sie 80 Jahre alt war, so gut wie keine Gedanken über ihr Alter gemacht. „Da war ich noch recht beweglich."[101] Jetzt hat sie einen Rollator und sagt: „Mir geht es immer noch gut, ich komme allein zurecht."

In der Wohnung kann ich mich gut mit dem Rollator bewegen, daran habe ich mich gewöhnt. Das Wägelchen ist praktisch meine Ablage. So habe ich meine Zigaretten, meine Schokolade und meine Tabletten immer in Reichweite. Auch ein schönes Glas Wein oder ein Bier trinke ich gern ab und zu ... Manchmal ist es traurig, dass keiner von den Freunden mehr da ist, dass man niemanden von ihnen anrufen kann. Ich telefoniere so gern. Trotzdem fühle ich mich nicht einsam."

Man kann sagen, diese Menschen haben die Kunst, mit den Einschränkungen des Alters konstruktiv umzugehen, perfektioniert. Sie sind im wahrsten Sinne des Wortes Lebenskünstler. Sie schaffen es, sich von den Möglichkeiten und Menschen zu verabschieden, die nicht mehr sind. Und sie schaffen es zugleich, sich immer wieder neu aufs Leben einzulassen, das Beste draus zu machen. Sie konnten ihre Identität, ihr Gefühl für „Das bin ich" auch durch diese Veränderungen hindurch bewahren. Nach jeder Veränderung finden sie wieder zu ihrer Lebensfreude und dem Gefühl, ihr Leben in der Hand zu haben, zurück. Und wie nach allen Entwicklungskrisen gibt es hier sogar die Möglichkeit, dass sie gestärkt aus der Phase der Veränderung hervorgehen. Ihnen ist geglückt, was der Psychologe Fritz Riemann „Selbstannahme" nennt. Im Kapitel über das Alter 60 gab er den Rat, mit dieser Übung in Lebenskunst anzufangen – damit man mit 80 wirklich davon profitieren kann.

80 sein muss man lernen

Alternsforscher Hans-Werner Wahl geht davon aus, dass die Möglichkeit, auch im hohen Alter Autonomie und Lebensfreude zu empfinden, vielen Menschen offensteht. Nicht nur den besonders optimistischen oder besonders erfolgreichen Persönlichkeiten wie Schmidt oder Mitscherlich: „Im Moment nutzen viele Menschen noch nicht wirklich ihr Potenzial zur Autonomie. Das hat auch etwas mit dem Lebenslauf zu tun. Man hat es im Grunde als 85-Jähriger nicht gelernt, wie man bewusst richtig mit Einschränkungen sinnvoll und autonom umgeht." Man ist schlicht nicht in der individualisierten Gesellschaft groß geworden, in der es üblich ist, dass man viel stärker als im letzten Jahrhundert selbst aktiv Wege suchen muss, um seine persönlichen Wünsche umzusetzen, Probleme zu lösen – und notfalls neue Lösungen erfindet, wenn es noch keine gibt. Wahls Ansicht nach kann man in Bezug auf das Älterwerden viel von den Erkenntnissen rund um das Thema Behinderung lernen. Da weiß man heute: Kein Mensch ist behindert – man wird behindert gemacht. Denn mit geeigneten Hilfsmitteln und persönlichen Kompetenzen könnten sehr viele Menschen auch mit größeren Einschränkungen ein sehr selbstständiges Leben führen. Dass ein junger Mensch mit Querschnittslähmung studiert und weite Reisen macht, ist durchaus möglich. Ähnliches könnte sich Wahl auch für die Zukunft des Alterns vorstellen. Obwohl man alt ist und gewisse Einschränkungen hat, müsste es nicht die Autonomie und das Selbstwertgefühl dermaßen infrage stellen, wie es das im Moment tut.

Zum Gefühl der Lebensfreude gehört allerdings auch, dass man sich nicht einsam fühlt. Das ist derzeit besonders bei Personen, die in Alten- und Pflegeheimen leben, häufig. Wobei man sagen muss, dass die allermeisten, die im Alter in solch ein Heim umziehen, auch vorher schon alleinstehend waren (vor allem Frauen) und zum Teil auch vorher schon einen Kreis von Freunden und Vertrauten vermissten.

Im Moment können vor allem die Menschen auf einen engen Kreis an Vertrauten bauen, die schon immer Meister der Freundschaft und des sozialen Lebens waren. Das zeigt die Berliner Altersstudie deutlich. Wer jedoch einmal aus diesem Kreis hinaustrat, zum Beispiel weil die Familie lebenslang der enge Kreis war und im Alter nicht mehr zur Verfügung steht, hat ein riesiges Problem.

Hier haben wir als Gesellschaft noch keine wirklich gute Lösung gefunden. Erste Ansatzpunkte sind die Mehrgenerationenhäuser, die es in vielen Städten gibt, wo Menschen tagsüber zusammenkommen können, es Unterstützung für Ältere und Angebote für Junge gibt. Hier entstehen von ganz alleine Austausch und Kontakt: Die Jungen erklären den Älteren die Handys und die Älteren lesen den Kindern etwas vor. Vieles ist möglich, nichts muss. Eine Wahlfamilie auf Zeit.

Aber im Moment sind die Möglichkeiten für alte Menschen, sich wirklich als wichtiger Teil der Gesellschaft zu fühlen, sehr beschränkt. Hans-Werner Wahl betont dabei immer wieder: „Das

Alter ist noch jung." Er rechnet deshalb stark damit, dass die neuen Generationen von Alten, die schon in der individualisierten Gesellschaft groß geworden sind und im besten Falle ein Leben lang gelernt haben, ihr Leben aktiv zu gestalten und auch auf Veränderungen und Einschränkungen einzugehen, viel mehr Möglichkeiten im Alter haben werden, trotz gewisser Einschränkungen autonom und eingebunden in die restliche Gesellschaft zu leben.

Endlichkeit: Gedanken an den Tod

„Wenn man älter wird, ist man irgendwann tot", so fasste der vierjährige Freund unseres Sohnes die Tatsachen knapp zusammen. Und man konnte spüren, dass ihm die furchtbare Tragweite dieser Erkenntnis schmerzlich bewusst ist. Denn er folgerte: „Ich will nicht älter werden. Ich will wieder zwei sein." Für einige Monate verweigerte er jede Tätigkeit, die sich bei vierjährigen typischerweise mit dem Älterwerden verknüpft: Buchstaben schreiben, Interesse für die Schule – Ablehnung total. Begleitet von dem wütenden Satz: „Ich will nicht älter werden!" Mit vier sieht man der krassen Wahrheit noch ins Gesicht und fasst Entschlüsse, die Abhilfe versprechen. Die Erwachsenen lächeln dazu und schütteln innerlich den Kopf. Sie wissen: Wir alle müssen sterben. Auch wenn man beschließt, auf ewig zwei zu bleiben.

Aber wissen sie es wirklich? Die meisten von uns entwickeln nur schlauere Verdrängungsmechanismen als der Vierjährige. Tricks, die man nicht so schnell durchschaut. Denn mal ehrlich: Wer von uns Erwachsenen hat schon ein entspanntes Verhältnis zum Tod? Vielleicht einer unter zehn. Vielleicht auch nur einer unter Hundert.

Zumindest beobachten Psychologen, dass zumindest in Gedanken die Endlichkeit des Seins von den meisten Älteren ebenso erfolgreich verleugnet wird wie von den Vierjährigen: „Es herrscht eine Forever-Young-Idylle", stellt der Psychologe Stephan Grünewald fest, der gemeinsam mit seinen Kollegen vom Kölner Rheingold-Institut in den letzten Jahren über 20 000 Tiefeninterviews mit Deutschen führte, um der Befindlichkeit, den Wünschen und Ängsten der Nation auf den Grund zu gehen. „Der Tod wird von Senioren heute nicht mehr als Realität wahrgenommen, sondern als Bedrohung." Wobei Bedrohung ja auch nicht schön ist, aber doch impliziert, dass man sie – also den Tod – irgendwie abwehren, ihr aus dem Weg gehen, ein Schnippchen schlagen könnte. Vorausgesetzt, man ist gewitzt genug oder hat die richtigen Waffen. Grünewald: „Die vage Idee setzt sich immer mehr durch, dass die Medizin irgendwann so weit sei, dass man jedes körperliche Gebrechen rückgängig machen kann." Und damit in letzter Konsequenz auch den Tod. Schon gibt es in den USA Menschen, die sich nach ihrem Tod in Minus 196 Grad Celsius kaltem Stickstoff einfrieren lassen, weil sie davon ausgehen, dass die Menschen irgendwann die ultimative Heilungsmethode, den heiligen Gral der Unsterblichkeit entdecken werden – und sie dann wieder aufgetaut und wiederbelebt ein unendlich schönes Leben führen können.

Unendlich leben?

Der amerikanische Bio-Gerontologe Aubrey de Grey, selbst in den 40ern, ist beispielsweise der Ansicht, dass Altern wie eine Erkrankung auf ungünstige biochemische Prozesse zurückzuführen sei und man das Altern insofern abschaffen könne, wenn man die richtigen Heilmethoden fände. Um die Suche zu beschleunigen, gründete er im Jahr 2005 die Stiftung „Methuselah Foundation", die den nach eigenen Angaben mit über zwei Millionen Euro dotierten Methuselah-Mouse-Prize für wissenschaftliche Beiträge zur Bekämpfung des Alterns vergibt. Seine Idee fasst Grey im Interview mit der Zeitschrift Neon kurz so zusammen: „Altern ist ein sehr komplizierter Prozess; eine Anhäufung unterschiedlichster Schäden. Die Behandlung wird also aus vielen Teilen bestehen: Stammzellentherapien, Gentherapien, Gewebezüchtungen und so weiter. Am Anfang wird noch ein ein- bis zweimonatiger Krankenhausaufenthalt nötig sein, mit der Zeit aber werden die Behandlungen immer einfacher werden."[102] Seriöse Forscher halten Greys Versprechungen für nicht haltbar. Aber er zieht viele Menschen an, darunter auch Spender wie den Erfinder des Online-Zahlungssystems „PayPal".

Allerdings könnte es sein, dass man mit der Abschaffung des Todes auch den Sinn des Lebens abschafft, gibt der Psychiater Viktor E. Frankl zu bedenken: „Wenn wir unsterblich wären – dann könnten wir alles, aber auch wirklich schon alles, aufschieben.

Denn es käme nie darauf an, ob wir etwas gerade jetzt tun oder morgen oder übermorgen oder in einem Jahr oder in zehn Jahren oder wann auch immer. Uns drohte kein Tod und kein Ende, keine Begrenzung der Möglichkeiten, wir sähen keine Veranlassung, eine Tat eben jetzt zu setzen oder einem Erlebnis uns just jetzt hinzugeben – es wäre ja Zeit, wir hätten ja Zeit, unendlich viel Zeit. Die Tatsache und nur die Tatsache hingegen, dass wir sterblich, dass unser Leben endlich, dass unsere Zeit begrenzt ist und unsere Möglichkeiten beschränkt sind, diese Tatsache ist es, die es überhaupt sinnvoll erscheinen lässt, etwas zu unternehmen, eine Möglichkeit zu nutzen und zu verwirklichen, zu erfüllen, die Zeit zu nutzen und auszufüllen. Der Tod bedeutet den Zwang hierzu. So macht der Tod erst den Hintergrund aus, auf dem unser Sein eben ein Verantwortlichsein ist."

Was tröstet?

48 Prozent der Frauen und 32 Prozent der Männer glauben an ein Leben nach dem Tod[103]. Dieser Gedanke tröstet sie in gewisser Weise. Es klingt vielleicht paradox, aber viele Menschen finden den Tod weniger schrecklich, wenn sie ihm hautnah begegnet sind, zum Beispiel wenn sie enge Freunde im Sterben begleiten, so wie Henriette K., die ihre 37-jährige Freundin bis zum Tod begleitete: „Es war ein wertvolles Geschenk, dass ich so nah an ihrem Sterben teilhaben durfte. Dieses Gefühl werde ich hüten wie einen Schatz. Der Tod hat mir die Augen für das Leben geöffnet."

Andere finden in der Konzentration auf das Hier und Jetzt Trost. So wie Elke S., 79. Sie fuhr mit einer Freundin nach Tibet und entdeckte dort den buddhistischen Glauben für sich[104]. „Dass ich Buddhistin bin, heißt nicht, dass ich mich vom Christentum losgesagt habe. Das ginge gar nicht – im Christentum liegen meine Wurzeln. Der Buddhismus ist für mich so etwas wie ein Zugewinn, er hat ganz neue Gefühle in mir geweckt. Es ist schwer zu beschreiben, aber je mehr ich vom Buddhismus verstehe, desto weiter fühle ich mich innerlich. Ich bin nicht mehr zornig, stochere nicht mehr in der Vergangenheit. Ob der Buddhismus meine Einstellung zum Tod geändert hat? Nein. Der Umgang mit dem Tod hat mir die Furcht schon lange genommen: Ich habe meine Eltern begleitet, als sie starben, meine Schwiegermutter, meinen Mann und auch meine Freundin, mit der ich damals in Tibet war. Ich persönlich habe keine Antwort auf das, was nach dem Tod kommt. Viel wichtiger ist das Hier und Jetzt, auf das in der buddhistischen Lehre so großen Wert gelegt wird. Fest in der Gegenwart verankert zu sein, sich nicht im Gestern zu verstricken oder um das zu sorgen, was morgen kommt, ist keine leichte Übung, aber je mehr mir das gelingt, desto ruhiger werde ich."

Lebendigkeit altert nicht

Dabei ist die häufige Annahme, dass alte Menschen sich vor allem mit der Frage rund um Tod und Vergänglichkeit beschäftigen, ein Vorurteil. In der Berliner Altersstudie, die Menschen im Alter von 70plus untersuchte, zeigte sich, dass die Menschen, wenn man sie danach fragt, was sie ausmacht, also wer sie sind, vor allem ihre inviduellen Interessen und Hobbys, die Familie, gesellschaftliche Aktivitäten, ihre Gesundheit und ihren Charakter beschreiben. Die positive Selbstbewertung war dabei doppelt so häufig wie die negative. Und nur sieben Prozent machten Aussagen über ihr Äußeres oder den Tod. „Diese Antworten älterer Menschen auf die Frage ‚Wer bin ich?' weisen insgesamt auf ein aktives Interesse an der Beschäftigung mit der gegenwärtigen Umwelt, der eigenen Person und mit sozialen Beziehungen hin", resümieren die Wissenschaftler. Auch mit 80 ist der Mensch vor allem eins: lebendig.

Die meisten fühlten sich auch schlicht jünger, als sie waren: Sie fühlten sich um zwölf Jahre jünger und schätzten sich als 9,5 Jahre jünger aussehend ein. Die 90-Jährigen sahen sich sogar als 16 Jahre jünger und schätzten sich 14 Jahre jünger aussehend ein. 22 Prozent der 70- und 90-Jährigen wollten gerne noch das nächste Lebensjahrzehnt erreichen.

Dabei stellen die Wissenschaftler fest, dass sich jung zu fühlen nicht notwendigerweise ein Ausdruck von Angst vor dem eigenen Altern ist oder gar dessen Verleugnung, sondern ganz im Gegenteil: Es spiegelt ein positives Selbstbild wider[105].

Gesundheit und Lebensqualität: Wer wird bei mir sein?

Für die Gesundheit gilt das, was in den anderen Altersstufen auch galt: Vorsorge und ein waches Auge für das Wohlbefinden lohnt sich. Natürlich ist manches nicht mehr zu ändern. Vielleicht sind die Augen schlecht, das Gehör lässt nach. Aber hier kann die moderne Medizintechnik viel bewirken – allerdings muss man Geduld und Biss mitbringen. Denn nur selten erfüllt das erste Hörgerät im Test die persönlichen Erwartungen. Bei Schmerzen in den Gelenken ist regelmäßiges Training nötig, um die Gelenkflüssigkeit wieder an den richtigen Platz zu schicken. Es gilt heute auch für 80-Jährige: Man muss sich um vieles selbst kümmern. Denn es gibt kaum noch Instanzen, die es für einen tun – und wenn, dann gefallen einem die Entscheidungen, die auf diese Weise getroffen werden, vielleicht gar nicht.

Es gibt unzählige Familien, die auseinanderbrechen, weil die Kinder die Eltern ins „Altenheim stecken" wollen, wenn sie sehen, dass die Haushaltsführung schwierig wird und die Eltern nicht mehr in der Lage sind, selbst dafür zu sorgen, dass sie bestimmen, wie es weitergeht.

In diesem Bereich wird sich in Zukunft vermutlich sehr viel ändern. Schon, weil die Familien kleiner geworden sind, viele Menschen ohne Kinder bleiben – und die Versorgung zu Hause durch die Familie zur Seltenheit werden wird. Müssen dann alle ins Heim? „Nein", meint Professor Hans-Werner Wahl. Es geht aber schon um neue Versorgungsmodelle.

Wir könnten uns frühzeitiger und aktiver als bislang selbst darum kümmern, wo und wie wir in gemeinschaftlichen Projekten leben möchten, wenn wir mehr Unterstützung brauchen. Wir könnten uns aber auch mit der Frage beschäftigen: Wie viel Sicherheit brauche ich eigentlich?

Neue Lebensmodelle sind gefragt

„Eine mögliche Einstellung wäre: Ich bin zwar krank und hilfebedürftig, aber ich arrangiere mir selbst ein eigenes Hilfenetz zu Hause, stelle mir den passenden Pflege- und Unterstützungsmix zusammen, zum Beispiel mit Freunden, Nachbarn, Familienangehörigen und Hilfe von professioneller Pflege", denkt Hans-Werner Wahl laut nach. Seiner Ansicht nach müsse das nicht einmal teuer sein. Aber man müsste sich auf jeden Fall klarmachen: „Das ist vielleicht nicht ganz so stabil wie das Pflegeheim, aber dafür habe ich es mir selber konstruiert und arrangiert. Und vielleicht geht es

mir damit besser im Vergleich zu dem großen Schritt ins Pflegeheim." So ein selbstbestimmtes Umgehen mit dem Alter setzt
natürlich voraus, dass wir Zugriff haben auf das nötige Wissen
(wie arrangiere ich mir so ein Freundesnetz, häppchenweise Pflege?) und dass ich überhaupt die Fähigkeit habe, mit dem Altern so
umzugehen, dass ich möglichst viel Autonomie bewahre und
unter Umständen auch bewusst einige Risiken eingehe. Die Seniorengenossenschaften, die weiter vorne vorgestellt wurden, zeigen
in Ansätzen schon, wie viel Autonomie bis zum Ende denkbar
wäre: Fast alle Genossenschaftsmitglieder konnten zu Hause sterben. In Frieden und Würde und im Kreis von engen Vertrauten.

Im Moment denken wir immer noch sehr stark: „Es gibt da
schon irgendwelche Instanzen in der Gesellschaft, die sorgen
dafür, dass ich bis zum Ende gut versorgt bin. Und wenn was ist,
dann gehe ich zum Arzt, der soll es richten. Da habe ich doch ein
Recht drauf", erklärt Wahl. Aber: „Das ist nicht mehr der Fall." Und
wird es in Zukunft noch weniger sein. Denn das können die Medizin und auch die Gesellschaft gar nicht tragen – angesichts der vielen Älteren und Alten, die wir morgen sein werden.

„Älterwerden ist nichts für Feiglinge", soll die Schauspielerin
Mae West einmal gesagt haben. Recht hatte sie.

Mona S., Psychologin, Pädagogin, Heilpraktikerin, geb. 1928,
drei erwachsene Kinder, verwitwet, erzählt mit 82 Jahren: „Natürlich merke ich, dass ich älter geworden bin. Zwischen 70 und 80
ist ein sehr großer Unterschied. Mein Gedächtnis ist völlig in Ordnung – ich prüfe das streng. Aber ich habe Schwierigkeiten mit
dem Gehen. Früher hatten mein Mann und ich eine Gästeliste für
Einladungen. Das waren 130 Gäste. Davon leben noch neun.

Bis ich 70 war, habe ich meine Praxis noch uneingeschränkt
geführt. Jetzt gehe ich zweimal in der Woche mit großer Begeisterung in meine Praxis. Einfach, weil es etwas Sinnvolles ist. Manche Patienten kommen ja schon in der dritten Generation zu mir.
Ich interessiere mich immer noch für jede Geschichte.

Ich genieße es zugleich sehr, dass ich jetzt Nein sagen kann. Es
gibt immer wieder Patienten, die unbedingt am Abend noch vorbeikommen wollen. Früher taten sie das auch. Jetzt sage ich, dass
sie bitte am Montag in die Praxis kommen sollen. Das ist ganz
neu. Noch mit 70 hatte ich auch mindestens einmal in der Woche
acht bis zehn Gäste. Das mache ich nicht mehr. Ich kann heute

auch Einladungen absagen. Das konnte ich nie. Ich haushalte mit meinen Kräften. Und das freut mich. Ich verzichte. Aber es ist kein Verzicht. Denn ich muss nichts mehr machen. Ich tue nur noch, was ich will, verpflichte mich nur noch, wo ich wirklich möchte. Am Sonntag mache ich zum Beispiel nach der Kirche meine Besuchsrunde in der Gemeinde. Und danach genieße ich den Nachmittag. Allein, zu Hause, bei Musik oder einem guten Film. Diese Zeit ist mir heilig. Ich habe auch all unsere Abonnements für Kultur gekündigt. Ich schaue mir nur noch die Konzerte und Veranstaltungen an, die ich wirklich sehen möchte.

Der Hochgenuss des Alters ist auch die Hilfsbereitschaft der anderen. Ich musste noch nie einen Koffer selbst tragen oder lange auf Hilfe warten, wenn ich reise. Immer ist jemand da, der gerne hilft. Aber ich kann auch leicht um Hilfe bitten. Einfach, weil ich selbst so viel geholfen habe. Da habe ich keine Hemmungen.

Ich bin sehr gläubig. Ich bin eine aktive Christin. Ich kann mir nicht vorstellen, wie man alt wird ohne die Vorstellung, in den Himmel zu kommen. Als junge Frau war ich dabei ein ängstlicher Mensch. Ich hatte so große Flugangst, dass mein Mann und ich getrennte Flüge nahmen, damit die Kinder nicht Vollwaisen würden, falls ein Flugzeug abstürzt. Als ich 60 war, war die Flugangst einfach weg. Jetzt habe ich null Angst vor dem Tod.

Das liegt meiner Meinung nach auch an meinem ausgelebten Leben. Ich habe immer 200 Prozent gegeben. Und ich habe nie weit in die Zukunft geplant, sondern immer geschaut, dass ich mit dem Tag und mir zufrieden bin. Ich habe immer mein Bestes gegeben. Und wenn dann etwas dennoch nicht gut geworden ist, konnte ich damit auch gut leben. Viele Menschen sind nie zufrieden. Sie kritisieren sich selbst, aber haben auch mit anderen keinen guten emotionalen Umgang.

Früher war ich eine sehr temperamentvolle Frau. In unserem Haus knallten oft die Türen. Ich habe die Menschen richtig angebellt. Aber mit 50 habe ich entschieden, dass ich das nicht mehr will. Ab 45 ist der Mensch für sein Gesicht zuständig. Aber mit 50 ist der Mensch für sein Verhalten zuständig. Vorher kann man sich immer noch entschuldigen, man hätte Stress. Aber mit 50 muss ich entscheiden, wie ich mich verhalte. Man leidet ja auch selbst darunter.

Mein Leben hat mir gezeigt, dass alles, was ich erlebe, für irgendwas gut ist. Auch, wenn ich etwas unbedingt wollte und es nicht bekommen habe – am Ende war es immer zu meinem Besten. Mein Mann ist an meinem 60. Geburtstag gestorben. Wir waren ein sehr glückliches Paar. Er still, ich temperamentvoll. Wir haben uns gut ergänzt. Wenige Jahre vorher war unser großes Bauernhaus restlos abgebrannt. Aber ich dachte nur: Zum Glück ist niemandem etwas passiert. Und ich glaube, dass ich auch ein besseres Leben als Witwe führe, weil unsere Ehe so glücklich war.

Manchmal wundere ich mich selbst über meine ungeheure Erlebnistiefe. Ich kann bei einem Film in Tränen ausbrechen oder bei einem Tennisspiel, das im Fernsehen übertragen wird, laut jubeln. Ich gehe genauso mit wie mit 18. Manchmal sitze ich einfach da und ein Glücksgefühl durchströmt mich.

Im Laufe meiner Zeit in der Praxis habe ich 350 Assistenten ausgebildet – und mir jetzt drei handverlesen als meine Nachfolger ausgesucht. Wenn ich morgen abtrete, wird mich – aus medizinischer Sicht – keiner vermissen. Aber das will ich auch gar nicht. Ich bin ein restlos zufriedener Mensch. Und für die Beine habe ich mir jetzt ein Trampolin gekauft. Das amüsiert meine Kinder, weil es Griffe hat, damit ich nicht runterfallen."

Was jetzt hilfreich ist

Dankbarkeit: Dankbare Menschen sehen, was in ihrem Leben alles gut war und ist. Und fast immer fühlen sie sich reich beschenkt, denn in jedem Leben ist vieles gut. Dankbarkeit kann auch eine spirituelle Ebene einnehmen. Man vertraut der Natur oder Gott, dass alles so richtig ist, wie es ist. Diese Einstellung kann Menschen tiefen Frieden geben. Und jeder, der nicht von Natur aus sehr dankbar ist, kann ein wenig üben: Indem man sich überlegt, wer einem heute alles etwas Gutes getan hat. Welche Dinge an diesem Tag gut verlaufen sind. Und wenn es nur das kurze Telefonat mit einer Freundin war. Oder der freundliche Busfahrer. Mit 80 ist es auch an der Zeit, sich selbst dankbar zu sein, für all das, was man im Leben geschafft hat. Denn das ist eine Menge.

Bescheidenheit ist häufig ein Begriff, der mit Bedürfnislosigkeit gleichgesetzt wird. Darum geht es hier nicht. Es geht vielmehr darum, sich selbst nicht mehr mit den harten Standards zu beurteilen. Es geht darum, die eigenen Schwächen (seelisch wie kör-

perlich) zu akzeptieren. Sich nicht mehr zu Höchstleistung anzu-
treiben, sondern gut mit den Kräften zu haushalten. Man muss
niemand mehr etwas beweisen. Bescheidene Menschen können
auch Hilfe annehmen, denn sie schämen sich nicht dafür, dass sie
Hilfe brauchen.

Kreativität: Vieles ist möglich, wenn man kreativ eine Lösung
sucht: Die 82-Jährige, die sehr gerne feiert, hat festgestellt, dass
Abendveranstaltungen sie jetzt belasten. Sie mag nicht mehr bis
zwei Uhr nachts wach sein. Kurzerhand lädt sie ihre Freunde jetzt
zum Kaffee ein. Weniger Arbeit, genauso viel Spaß und früher
abends Ruhe. Die 85-Jährige, die das Lesen liebt, aber nicht mehr
gut sehen kann, hat sich Hörbücher gekauft. Manchmal trifft sie
sich mit ihrer 14-jährigen Nichte auch zum Vorlese-Nachmittag.
Dann liest das Mädchen der Oma aus ihrem Lieblingsbuch vor.

Optimismus: Zum Optimismus gehört das Wissen darum, dass
das Leben immer in Wellenbewegungen verläuft. Es gibt kein
Leben, dass immer besser wird oder gleich gut bleibt. Genauso
wie es kein Leben gibt, das als einzige Talfahrt zu beschreiben ist.
Optimistische Menschen wissen um dieses Wesen des Lebens
und haben berechtigte Hoffnung, dass es wieder besser werden
kann – auch, wenn das Leben sich gerade schwer anfühlt, zum Beispiel weil wir uns von etwas verabschieden müssen. Es hilft deshalb, Optimismus aktiv zu pflegen. Wie häufig haben Sie schon
erlebt, dass nach einer schlechten Zeit wieder gute Tage kamen?
Oder dass es auch in Zeiten von Krise oder Krankheit schöne
Momente gab. Welche guten Seiten hat die schwierige Situation
vielleicht sogar?

Zum Schluss und als Ausblick

Die Langzeitbeobachtungen von George E. Vaillant zeigen: Das Leben ist eine Wundertüte mit vielen Überraschungen für jedes Lebensalter. Und viele Menschen können diese Impulse als Anstoß nutzen, um ihre Persönlichkeit weiter zu entfalten und neue Fähigkeiten und Seiten in sich zu entdecken. Im Idealfall empfinden sie selbst diese Entwicklung als Ausdruck von Lebendigkeit, sie wachsen an den Aufgaben im Leben. Sie fühlen sich von diesen Veränderungen persönlich bereichert, und häufig ist ihre wachsende Lebenserfahrung auch für die anderen Menschen in ihrem Umfeld eine Bereicherung.

Insofern kann man sagen: Wenn man „Jungsein" mit dem Gefühl der Lebendigkeit gleichsetzt, dann kann man in jedem Alter jung sein – ohne zu leugnen, dass sich das Leben, die Ansichten, die Werte, die Themen, mit denen man sich auseinandersetzt, mit den Lebensjahren wandeln.

Doch gerade die Themen, die jenseits des 40. Geburtstags ihren Auftritt haben, nehmen bisher in unserer Gesellschaft keinen besonders großen Platz ein. Derzeit ist die Leistung das bestimmende Ideal, der berufliche Erfolg das Maß aller Dinge – am besten kombiniert mit einer Familiengründung. Dabei zeigen Vaillants Studien sehr deutlich: Diese Kernphase der Generativität ist im Vergleich zu unserer gesamten Lebensspanne nur ein Teil des Lebens. Für viele Menschen nicht einmal der größte Teil.

Die Langzeitstudien und Erkenntnisse über das Älterwerden in der modernen Welt zeigen uns sehr deutlich, dass es sich lohnen würde, nicht immer weiter der 40-jährige Aufsteigertyp sein zu wollen oder sich ausschließlich über die Rolle als ehrgeizige Miss Perfect zu definieren. Dass es vielmehr spannend und bereichernd sein könnte, sich auch aktiv auf all die anderen Aufgaben im Leben einzustellen, die jenseits der 40 folgen.

Interessanterweise wissen gerade junge Menschen recht genau um dieses positive Potenzial im Älterwerden. In ihrer Vorstellung von sich selbst mit 65 aufwärts, beschreiben sie ganz selbstverständlich ein Leben, das von Gelassenheit und inneren Themen bestimmt ist und sich stark abgrenzt von ihrem gegenwärtigen Leben, das meist geprägt ist von Aktivität und dem Wunsch, nur keine Chance zu verpassen.

Im Moment verfolgen die meisten von uns einen relativ kurz angelegten Plan vom Leben, der dafür umso strenger getaktet ist. Der Kindergarten soll effizient und optimal auf die Schule vorbereiten, die Schulzeit auf eine Berufsausbildung. Die Ausbildung macht uns am besten im Turboschritt fit für den Beruf. Aber dann? Sobald wir ins Berufsleben eingestiegen sind, hören wir häufig auf, uns aktiv auf die nächste Lebensphase vorzubereiten. Auf die Zeit nach der klassischen beruflichen Laufbahn, die nicht mehr hauptsächlich von Job und Familienversorgung geprägt sein wird, in der dafür selbst gewählte Tätigkeiten und die persönliche Entfaltung einen größeren Raum einnehmen könnten – vorausgesetzt, wir setzen uns für dieses Entwicklungsziel aktiv ein.

Zum Beispiel, indem wir uns immer wieder fragen: Was steht in meinem Leben gerade an? Stimmt das Leistungsideal für mich noch? Oder ist es Zeit für eine Bilanz und neue Ausrichtung? Wächst bereits meine Freude daran, meine eigene Erfahrung weiterzugeben, vielleicht sogar Mentor zu werden? Gibt es neue Interessen in mir, die Platz im Alltag bräuchten? Fühle ich mich weiter verpflichtet, alle Anforderungen von außen zu erfüllen? Fühle ich mich freundschaftlich verbunden? Fühle ich mich gesund?

Auch der aktive Abschied von Aufgaben und Themen kann ein Gefühl der Stärke mit sich bringen. Denn auch, wenn es wehtut, einen Traum oder ein Ziel loszulassen, so ist man doch kein Opfer der Umstände, sondern Lenker seines Lebens, wenn man es aktiv tut. „Wenn ich die Vorstellung habe, dass ich Gestalter meines Lebens bin, dann habe ich eine ganz andere Motivation, mir Ziele zu setzen, weiterzukommen", erklärt Gesundheitspsychologe Toni Faltermaier. Wenn wir uns dagegen von einer Wirtschaftskrise oder von Zukunftsängsten lähmen lassen und ohnmächtig abwarten, was wohl passiert, zerstören wir – ohne es zu merken – unsere Fähigkeit, unser Leben aktiv zu gestalten und in die Richtung zu lenken, in die wir gerne gehen möchten.

Die in diesem Buch erwähnten Menschen, die ihr Alter in Zufriedenheit leben, zeichnet aus, dass sie sich als Gestalter ihres Lebens empfinden. Diese Menschen sind nicht unverwundbar, aber sie haben die Gabe, auch in der Krise nicht den Mut zu verlieren und ihre Möglichkeiten zu erkennen. Sie wissen, was sie alleine schaffen – und wann sie sich Unterstützung von anderen holen. Sie können aus der Gemeinschaft Kraft schöpfen. Sie sind neugierig auf das Leben und wissen, was sie brauchen, um sich zu erholen. Die Schwierigkeiten im Leben sind für sie wie die Stationen eines Trimm-dich-Pfades: Man wird stärker, wenn man die Übung mitmacht. Diese alten Menschen, die Mut, Gelassenheit und eine gewisse Lebensweisheit ausstrahlen, wirken deshalb stark, sogar, wenn sie körperlich gebrechlich sind.

Und genau diese Lebenskunst verbindet die Generationen. Wenn wir dieses Kulturwissen wieder mehr in die gesamte Gesellschaft integrieren könnten, würden vermutlich alle profitieren. Die Alten von der Anerkennung, die ihnen entgegengebracht wird, die Kinder von den Vorbildern, die zeigen, dass es sich lohnt, Ziele mit Ausdauer zu verfolgen, aber auch Zeiten der Krise und Verunsicherung durchzustehen, wenn man irgendwann wirklich schlau sein will, erfahren und souverän. Die mittlere Generation von den gelebten Werten, die im schnellen Alltag wie ein Anker wirken könnten, der zeigt, worum es im Leben wirklich geht.

Die Politik hat dabei die Aufgabe, die vielen Ansätze, in denen Menschen bereits eine neue Gemeinsamkeit von Jung und Alt in kleinem Rahmen leben, zu vernetzen und bekannter zu machen. Sie kann dafür sorgen, dass die besten Beispiele wirklich Impulse geben können für größere Entwicklungen. Sie kann dafür sorgen, dass all die elenden Vorurteile über das Älterwerden und über ältere und alte Menschen endlich aus den Köpfen verschwinden und von realistischen Vorstellungen abgelöst werden. Sie kann mit dieser Aufklärung dafür sorgen, dass Gedankengespinste wie der Krieg der Generationen oder das Zukunftsbild einer verarmten, vergreisten Nation sich in Luft auflösen und Platz machen für neue Vorstellungen von unserer Zukunft.

Es geht darum, dass wir wieder ein Gefühl dafür entwickeln, dass die Älteren und Alten ja gar nicht „die anderen" sind, sondern wir selbst – in einigen Jahren. Denn diese innerliche Abspaltung der Jungen von den Alten, die in den Medien auch noch massiv propagiert wird, macht viele Ängste ja erst möglich.

Wenn man sich vorstellt, dass das Miteinander gelingen würde, dann ist es leicht, sich ein Bild von unserer Gesellschaft der Zukunft zu machen, in die man gerne hineinwachsen möchte. Ein erster Schritt hin zu einer Gesellschaft, die anders und damit zeitgemäßer tickt, wurde in Heidelberg bereits gegangen. In der Willy-Hellpach-Schule führte Schuldirektor Ernst Fritz-Schubert 2007 das Schulfach „Glück" ein. In seinem Buch „Schulfach Glück" beschreibt er seine Erfahrungen. Die Jugendlichen lernen in dem Unterrichtsfach das, was man auch als Lebenskunde bezeichnen könnte, nämlich wie sehr die tägliche Lebensweise das persönliche Wohlbefinden beeinflusst. Die Themen, mit denen sich die Schüler beschäftigen, reichen von der Frage: Wie kann ich positive Emotionen aktiv beeinflussen? Was ist eine Gemeinschaft? Warum hängt mein Wohlbefinden auch von meiner Ernährung ab? Was bedeutet Glaube für mein Lebensgefühl? Das Ziel von Fritz-Schubert: Die Schüler und Schülerinnen sollen wieder Zugang zu „Bildung im ursprünglichen Sinn" bekommen und dazu gehöre die Fähigkeit zur Lebenskompetenz unbedingt hinzu, weil es schöner klingt, wird das Fach aber Glück und nicht Lebenskompetenz genannt. Nach einem Jahr wird bereits klar: Gutes Leben kann man lernen. Die Schüler im Glücksunterricht haben sehr viel häufiger das Gefühl, Situationen im Griff zu haben, und empfinden ihr Handeln häufiger als sinnvoll als die anderen Schüler und Schülerinnen. Sie können sich besser selbst beherrschen und finden es einfacher, sich in eine Gruppe zu integrieren. Die soziale Situation in ihrer eigenen Klasse bewerten sie nach dem Glückjahr überdurchschnittlich gut. Sie haben zu fast 70 Prozent das Gefühl, eine Gemeinschaft und auch Unterstützung zu bekommen, die Kontrollgruppe empfindet das nur zu elf Prozent. Sie wissen besser, was sie nicht möchten, und können sich deshalb besser auf die Dinge konzentrieren, die sie wirklich wichtig finden. Sie haben in gewisser Weise gelernt, ihr Leben aktiv zu gestalten, ihr Wohlbefinden selbst und unabhängig von äußeren Anforderungen zu verbessern und Stresssituationen die Spitze zu nehmen. Eine gute Vorbereitung auf ihren vermutlich langen Lebensweg.

Anhang

Selbsttest:
Wie gut passt mein Lebensstil zu einem langen Leben?
19 Fragen

„Die ersten 40 Jahre unseres Lebens liefern den Text, die folgenden 30 den Kommentar dazu", bemerkte der Philosoph Arthur Schopenhauer. „Mit 20 Jahren hat jeder das Gesicht, das Gott ihm gegeben hat, mit 40 das Gesicht, das ihm das Leben gegeben hat, und mit 60 das Gesicht, das er verdient", bemerkte der Philosoph und Arzt Albert Schweitzer. Welches Gesicht möchten Sie? Prüfen Sie jetzt, wie gut Sie auf ein langes Leben eingestellt sind. Vielleicht gibt es Bereiche, in denen sich eine Veränderung für Sie lohnen würde:

Bewegung ist für mich ...
- ... wichtig. Ich schaue immer, dass ich genug Bewegung habe. Und wenn ich samstags abends tanzen gehe. Den Ausgleich brauche ich einfach. (A)
- ... unwichtig. Ehrlich gesagt, finde ich Sport ätzend und gehe nur zu Fuß, wenn es unbedingt nötig ist, ganz gleich, ob Sommer oder Winter ist. (B)
- ... extrem wichtig. Ich mache regelmäßig Sport. (A)

Mein Hausarzt ...
- ... ist für mich erster Ansprechpartner bei Beschwerden. (A)
- ... Welcher Hausarzt? Ich habe keinen Hausarzt. Wenn ich Beschwerden habe, gehe ich immer gleich zum Facharzt. (B)
- ... ist für mich eine echte Vertrauensperson. Ich habe mir vor einiger Zeit einen netten Hausarzt gesucht. Zu dem gehe ich auch für die Vorsorge-Untersuchungen, zum Leberflecken-Check etc. (A)

Das Wort Altersvorsorge ...

- ... löst in mir immer so ein flaues Gefühl aus. Ich sollte mich natürlich drum kümmern, aber bisher bin ich einfach nicht dazu gekommen. (B)
- ... ignoriere ich. Ich will mich auch gar nicht damit beschäftigen. Nutzt doch ohnehin alles nichts. Am Ende sind die meisten doch einfach arm. (B)
- ... ist für mich kein blödes Wort. Ich habe mir das mal ausgerechnet – und dann gemacht, was mir sinnvoll erschien. (A)

Mein Leben hat Sinn ...

- Ja, das stimmt. Das ist mein Grundgefühl. (A)
- Das hätte ich gerne. Aber im Moment frage ich mich täglich, was das alles soll. (B)

Dankbarkeit ...

- ... finde ich ein altmodisches Wort. Natürlich bedanke ich mich, wenn mir jemand etwas gibt. Aber sonst kann ich mit dem Begriff Dankbarkeit nicht viel anfangen. (B)
- ... ist ein Wort, das ich mag. Ich denke öfter an die Menschen, die mir schon weitergeholfen haben. Wenn ich ehrlich bin, waren das schon eine Menge. (A)
- ... im Moment wüsste ich nicht, wofür ich dankbar sein sollte. Mir kommt es eher so vor, als ob mir laufend jemand Knüppel zwischen die Beine wirft. (B)

Wenn an einem Tag mal wieder alles schiefgeht, ...

- ... dann muss ich spätestens darüber lachen, wenn ich meinem Partner von der Pechsträhne erzähle. (A)
- ... dann ist für mich auch der nächste Tag gelaufen. (B)
- ... dann kann es passieren, dass ich lange darüber nachgrübele, woran es lag. (B)
- ... dann bin ich daran schuld. Wer sonst? (B)

Wenn die Sonne glutrot untergeht, ...

- ... bin ich froh, dass ich diesen Tag überstanden habe. (B)
- ... kriege ich das meist nicht mit. (B)
- ... empfinde ich jedes Mal Freude über die Schönheit der Natur. (A)

Interessen, die mir einfach nur Spaß bringen, ...

• ... haben im Moment in meinem Leben keinen Platz. Es ist einfach zu viel zu tun: Job, Familie, Alltag organisieren. Manchmal nervt mich das auch. Aber letztlich geht das doch allen so, oder? (B)

• ... sind für mich wie Ruheinseln im Alltag. Manchmal haben sie nicht viel Platz, aber ich weiß eigentlich immer, was ich gerade richtig gerne tue. Und mache das auch. (A)

• ... habe ich gar nicht. (B)

Ehrenamtliches Engagement ...

• ... ist natürlich eine gute Sache. Aber letztlich ist das nur etwas für Leute, die zu viel Zeit haben. (B)

• ... habe ich zwangsläufig am Bein. Zum Beispiel als Kindergarten-Vorstand oder Elternsprecher. Aber die reine Freude ist das nicht. (B)

• ... mache ich eigentlich immer in irgendeiner Form. Mir ist es wichtig, dass ich andere Menschen unterstütze. Ich spende an Projekte, die ich gut finde, oder könnte mir auch vorstellen, in meiner Firma Tutor für neue Mitarbeiter zu sein. (A)

Freundschaft ...

• ... gehört für mich zum Leben dazu. Wenn ich Schwierigkeiten habe oder traurig bin, weiß ich genau, welche Freunde ich anrufen oder treffen kann. (A)

• ... ist etwas, was ich sehr vermisse. (B)

• ... ist mir wichtig. Aber im Moment habe ich keine Zeit für Freunde. Die müssen das verstehen. (B)

Meine Wohngegend ...

• ... ist für mich ein bisschen wie eine Oase. Ich lebe gerne dort und kenne auch viele Nachbarn. (A)

• ... ist mir wichtig und soll lebendig sein. Deshalb kaufe ich auch bei mir im Viertel ein und bringe meine Schuhe zur Reparatur zum Schuster um die Ecke. (A)

• ... ist nur meine Schlafstätte. Ich kaufe im Einkaufszentrum ein und habe eigentlich keinen Kontakt zu den Nachbarn. Interessiert mich auch nicht. (B)

Mein Freundeskreis ...

• ... sind meine Kollegen. Wir arbeiten zusammen, gehen zusammen aus. Mehr Kontakt brauche ich eigentlich nicht. Schließlich habe ich ja auch noch Familie. (B)

• ... ist eigentlich relativ fest. Neue Leute kommen da so gut wie nicht mehr dazu. (B)

• ... nie ganz gleich. Immer wieder kommen bei uns neue Freunde dazu. Man lernt ja immer wieder spannende Menschen kennen! (A)

• ... ist bunt. Ich habe Freunde, die älter sind als ich, und solche, die jünger sind. (A)

Meine Partnerschaften ...

• ... geben mir viel Kraft. (A)

• ... Liebesbeziehungen strengen mich meistens eher an. (B)

Das Älterwerden ...

• ... hat bestimmt auch gute Seiten. Aber ich denke, dass die schönste Lebenszeit eher zwischen 30 und 50 ist. (B)

• ... Ich weiß natürlich nicht, wie mein Leben mit 70 aussehen wird. Aber ich kenne doch eine ganze Reihe älterer Menschen, die ihr Leben sehr genießen. (A)

Wenn ich in der Bahn einen älteren Menschen treffe, der aussteigen möchte ...

• ... hebe ich ihm den Koffer ohne viele Worte aus dem Gepäcknetz. (B)

• ... frage ich, ob er gerne Hilfe beim Koffertragen hätte. (A)

• ... schaue ich erst einmal, ob er irgendwie hilfsbedürftig wirkt. Wenn nicht, tue ich gar nichts. (A)

Arbeiten bis 67 und länger ...

• ... finde ich wirklich eine Unverschämtheit. Ab 60 ist man doch wirklich reif für die Rente. (B)

• ... ich könnte mir schon vorstellen, dass ich auch mit 65 noch Geld verdiene. (A)

Wenn ich meinen Job verliere ...
- ... wäre das eine Katastrophe. Ich kann mir überhaupt nicht vorstellen, mich wieder zu bewerben. Wahrscheinlich würde das auch gar nicht klappen. (B)
- ... wäre das bestimmt hart. Aber wenn es so wäre, müsste ich mich eben damit beschäftigen. (A)
- ... Die Erfahrung habe ich schon öfter gemacht – und letztlich entstand immer was Gutes aus dem Neuen. Insofern schockiert mich die Vorstellung nicht. (A)

Weiterbildung...
- ... ist nichts für mich. Mal eine Online-Schulung zu einem neuen Computerprogramm. Bei uns im Betrieb ist es aber auch so: Wer Bildungsurlaub macht, gilt echt als Verlierer. (B)
- ... Ich habe schon einige Weiterbildungen mitgemacht, die mein Chef mir vorschlug. Aber eigentlich bringt das alles nichts. (B)
- ... Ich schaue immer, dass ich mich aktiv weiterentwickle. Schließlich will nicht total abhängig von dem einen Job sein. (A)

Wenn ich mir vorstelle, jetzt noch Klavier spielen zu lernen (oder in den Chor zu gehen oder auf die Bühne), ...
- ... denke ich, dass das nicht geht. Klavier lernt man als Kind, genauso wie das Reiten oder Wasserski. Ich bin auf jeden Fall zu alt dafür. (B)
- ... finde ich das super. (A)
- ... tue ich doch schon. (A)

Auflösung

Überwiegend A: Sie sind auf dem besten Wege, gut, gesund und vermutlich auch zufrieden alt zu werden. Denn Sie kümmern sich jetzt schon aktiv um die wichtigen Eckpunkte für ein gesundes und langes Leben: Ihre Gesundheit, Freundschaften, Interessen abseits vom Leistungsdruck. Offensichtlich fürchten Sie sich nicht generell vor Neuem, sondern können sich neugierig darauf einlassen. Vermutlich haben Sie meistens das Gefühl, Ihr Leben in der Hand zu haben und sehen den Sinn in Ihrem Tun. Herzlichen

Glückwunsch! Sie sind ein moderner Lebenskünstler und gut auf ein langes Leben eingestellt.

Überwiegend B: Kann es sein, dass Sie sich von Ihrem Alltag ziemlich gehetzt und vereinnahmt fühlen? Vermutlich funktioniert objektiv in Ihrem Leben vieles sehr gut. Aber wo sind Sie mit Ihren persönlichen Interessen, Ihrem Wunsch nach Freundschaft und terminloser Zeit geblieben? Wann genießen Sie einfach das Leben oder freuen sich an Dingen, die Sie einfach gerne tun? Vielleicht haben Sie das Gefühl, dass Sie erst einmal, alles was aktuell ansteht, „wegschaffen" müssen, bevor Sie sich wieder Zeit nehmen können für Ihr persönliches Wohlergehen, Ihre Beziehungen und Gesundheit. Leider raubt Ihnen dieser Lebensstil auf die Dauer sehr viel Kraft, Ihre persönliche Entwicklung und unter Umständen auch Ihre Gesundheit bleiben auf der Strecke. Es kann passieren, dass Sie irgendwann das Gefühl haben, Ihr Leben sei an Ihnen vorbeigezogen, Sie seien alt geworden, ohne richtig gelebt zu haben.

Fragen Sie sich: Was möchte ich von meinem Leben? Was tue ich gerne? Wie könnten Freundschaften und unbeschwerte soziale Kontakte mehr Platz in meinem Leben finden? Wo könnten Spielräume entstehen, in denen ich meine Wünsche lebe, genieße, meine Lebenslust pflege, Neues ausprobiere? Vielleicht verbinden Sie mit dem Älterwerden auch viel Negatives. Falls das so ist: Was fürchte ich genau? Ist das realistisch? Streichen Sie doch einmal probeweise die Sätze: „Dazu bin ich zu alt" und „Die Chance habe ich einfach verpasst" aus Ihrem Gedankenschatz und schauen, wie sich Ihr Leben dann anfühlt.

Dank

Ich bin am Ende des Buches angelangt – und fühle mich bereichert. Einfach, weil ich so viel erfahren durfte, über das Leben im Gesamten. Von den Menschen, mit denen ich gesprochen habe, von den Wissenschaftlern, die für mich das Wesen des Älterwerdens erforscht haben. Ich habe keine Angst mehr 50, 60 oder 70 zu werden, bin eher gespannt, auf das was jetzt ansteht, nachdem der 40. Geburtstag hinter mir liegt. Der Tod schreckt mich allerdings immer noch. Ich hoffe, das wird sich ändern. Und: Ich werde meine Freunde, meine Interessen und meine tanzenden Sterne im Auge behalten und ihnen im Alltag mehr Zeit einräumen. Mir war vorher nicht in dieser Tragweite klar, wie sehr sie die Basis meines Lebens und meiner Lebensfreude sind – und sein werden.

Ganz besonders bedanken möchte ich mich bei folgenden Personen:

Meiner Lektorin Beatrix Sommer für ihre Begleitung. Ohne sie wäre das Buch nicht so gut aus dem Kopf in die Form und aufs Papier gekommen.

Meiner Freundin und Kollegin Anne Otto, die sich wie keine andere für meine Gedanken interessiert und ihnen oftmals auf die Sprünge hilft.

Meiner Freundin Cornelia Eybisch-Klimpel, die sich intensiv und kritisch mit meiner Buchidee befasste.

Dem Verlag Ellert & Richter in Hamburg, speziell Marita Ellert-Richter und Gerhard Richter, die sich sofort für meine Idee begeisterten und sie mit viel Elan auf die richtige Spur brachten.

Meinen Interviewpartnerinnen und -partnern, die mir so offenherzig aus ihrem Leben und vom Älterwerden erzählt haben.

Birgit Utz für ihre so sorgfältige und kritische Lektüre des ersten Inhaltsentwurfes.

Gerlinde Unverzagt. Danke!

Den Experten Toni Faltermaier (Universität Flensburg), Hans-Werner Wahl (Universität Heidelberg), Dr. Gundolf Meyer-Hentschel (Meyer-Hentschel Institut), Ursula Staudinger (Jacobs University Bremen) und ihrer Assistentin Katja Patzwaldt. Psychotherapeutin und Coach Andrea Patzer (Hamburg), Prof. Dieter Otten (emeritus Universität Osnabrück).

Meinem Lebensgefährten Alexander Kiausch und unserem Sohn Felix und meinen Eltern.

Anmerkungen

Falls nicht anders vermerkt, stammen die im Text verwendeten Zitate aus Interviews, die Carola Kleinschmidt mit den Experten führte, oder von Expertenforen, die die Autorin besuchte. Insbesondere: Symposium „Arbeit und Alter" (16.10.2009, Berlin) und Werkstattgespräch „Innovative Berufsverläufe in einem längeren Leben" (7.5.2010, Berlin) der „Akademiengruppe Altern in Deutschland" sowie die Veranstaltung der Körber-Stiftung, das Körber-Forum „Leben 2034", Veranstaltung „Die Zukunft des Alters" (10.2.2010)

1 Teja Banzhof: Im Märchenland. In: Journalist, 11/2009
2 Frank Ruff: Alternde Gesellschaften und digital vernetzte Auto-Mobilität: Herausforderungen für die mobilen Gesellschaften der Zukunft. In: VDI (Ed.): Kunststoffe im Automobilbau. Tagungsband. Düsseldorf, 2002, S. 3–44
3 Daniel Gilbert: Ins Glück stolpern. München, 2008, S. 26
4 Karl K. Szpunar, Jason M. Watson, Kathleen B. McDermott: Neural substrates of envisioning the future. Proceedings of the National Academy of Science USA, 2007; 104: 642–647
5 Dieter Otten: Die 50+Studie. Wie die jungen Alten die Gesellschaft revolutionieren. Hamburg, 2008
6 Klaus Hurrelmann, Matthias Albert: Jugend 2006. 15. Shell-Jugendstudie: Eine pragmatische Generation unter Druck.

Frankfurt, 2006 und als Kurzfassung unter www.shell.de
7 Llewellyn Reichmann: Wie sieht meine Zukunft aus? In: FAZ, 19.12.2009
8 R+V Versicherung: „Die Ängste der Deutschen 2009" www.ruv.de/de/presse/r_v_infocenter/studien/aengste-der-deutschen.jsp
9 Lindenberger U., Smith J., Mayer, K.U., Baltes P.B. (Hg.): Die Berliner Altersstudie (BASE). Berlin, 2010
10 Martin Kohli: Sind alte Menschen eine Last? www.uni-protokolle.de/nachrichten/id/21664/
11 Die „Akademiengruppe Altern in Deutschland" entstand 2006 durch die Anregung des Altersforschers Paul B. Baltes. Von 2006 bis 2009 untersuchten die 23 Wissenschaftler aus unterschiedlichen Disziplinen und aus verschiedenen Fakultäten die wichtigsten Fragen und Fakten des demografischen Wandels. 2009 gaben sie ihre Empfehlungen „Gewonnene Jahre" an die Bundesregierung (Altern in Deutschland Band 9. Gewonnene Jahre: Empfehlungen der Akademiengruppe Altern in Deutschland. Stuttgart, 2009). Außerdem entstanden sieben Materialbände zu den Themen „Bilder des Alterns im Wandel" (Bd 1), „Altern, Bildung und lebenslanges Lernen" (Bd 2), „Altern, Arbeit und Betrieb" (Bd 3), „Produktivität in alternden Gesellschaften" (Bd 4), „Altern in Gemeinde und

[12] Das Zitat ist nachzulesen
unter: www.altern-in-deutsch
land.de/de/wahlen/
altersbilder.html

[13] Cicero: Cato Major de Senec-
tute, 44/45 v. Chr.

[14] Quellen: „Akademiengruppe
Altern in Deutschland": Gewonnene Jahre, Statistisches
Bundesamt (www.destatis.de),
Die 50+Studie (www.die50
plusstudie.de), Berliner Altersstudie (BASE)

[15] Udo Flohr: 60-Jährige werden
zu den Jüngeren zählen. Interview mit Stephan Lessenich,
Spiegel online, 2.5.2009
(nachzulesen unter www.spie
gel.de/wissenschaft/mensch/
0,1518,622146,00.html)

[16] Ulrike Herrmann, Martina
Wittneben: Älter werden,
Neues wagen. Zwölf Porträts.
Hamburg, 2008, S. 207ff.

[17] M. Kivipelto, et al.: Risc score
for the prediction of dementia
risk in 20 years among middle
age people: a longitudinal
population-based study. Lan-
cet Neurology, 2006, 5:735–74

[18] Kurt Kochsiek (Hg.): Altern
und Gesundheit, Altern in
Deutschland Band 7. Stuttgart, 2009

[19] (ACTIVE-Studie = Advanced
Cognitive Training for Inde-
pendent and Vital Elderly.
Übersetzt etwa: Erweitertes
kognitives Training für vitale

26 Den ausführlichen Bericht findet man unter: www.altern-in-deutschland.de/de/empfehlungen/empfehlungsband.html
27 Eurostat, www.eds-destatis.de
28 Axel Börsch-Supan et al. (Hg.): Gesamtwirtschaftliche Folgen des demografischen Wandels. In: Altern in Deutschland, Band 4, 2009, S. 21–41
29 Meinhard Miegel, Stefanie Wahl, Peter Hefele: Lebensstandard im Alter. Warum Senioren in Zukunft mehr Geld brauchen. Dt. Institut für Altersvorsorge, Köln, 2002
30 Tatjana Fuchs: Was ist gute Arbeit? Anforderungen aus der Sicht von Erwerbstätigen. Schriftenreihe der Bundesanstalt für Arbeitsschutz- und Arbeitsmedizin. Dortmund/Berlin, 2006
31 Carola Kleinschmidt: Experten fordern den Senioren-Arbeitsmarkt. In: Spiegel online, 25.10. 2009, Kommentar Nr. 14 von „eisenfuss1" vom 25.10.2009 (www.spiegel.de/wissenschaft/mensch/0,1518,656704-2,00.html)
32 BMWi: Ratgeber Demografie, 2006 (Der „Ratgeber Demografie" baut auf den Erkenntnissen auf, die im Rahmen des Unternehmenswettbewerbs „Chancen mit Erfahrung" des Bundesministeriums für Wirtschaft und Technologie gewonnen wurden. Er kann über die Internetseite www.chancen-mit-erfahrung.de als PDF-Datei abgerufen werden.)
33 Bertelsmann Booklet: Älter werden – aktiv bleiben.

Beschäftigung in Wirtschaft und Gesellschaft. 2006
34 Zentrale Auslands- und Fachvermittlung (ZAV) der Bundesagentur für Arbeit (Hg.): Beschäftigungschancen für ältere Arbeitnehmer, Bielefeld, 2009 (unter www.ba-auslandsvermittlung.de/lang_de/nn_3166/SharedDocs/Publikationen/Mobil-in-Europa/Themenhefte/Beschaeftigungschancen-fuer-aeltere-arbeitnehmer-MIE-Themenheft,templateId=renderPrint.html kann die Broschüre heruntergeladen werden)
35 www.ddn.de
36 Tina Groll: Es ist unmenschlich, wenn Menschen ein Leben lang nur eine Tätigkeit ausüben dürfen. Interview mit Prof. Ursula Staudinger. In: Zeit online, 29.10.2009, Kommentar vom 6.11.2009 zu diesem Artikel
37 Bertelsmannstiftung Umfrage: „Älter werden – aktiv bleiben", 2006
38 Focus online: Neues Alter, neue Chancen. Aus Focus 15/2009 (nachzulesen unter www.focus.de/wissen/wissenschaft/mensch/medizin-neues-alter-neue-chancen_aid_387227.html)
39 bga: „Gründungen von Frauen ab 45 – mit Erfahrung erfolgreich. Faktenblatt Nr. 17/2007. Das Faltblatt steht unter www.erfahrung-ist-zukunft.de/.../20090112-gr_C3_BCnderinnen,property=publicationFile.pdf als Download bereit
40 Sven Gabor Janszky: Zukunft der Arbeitswelt im Jahr 2020. In: Die Personalführung, 2/2010

[41] Siehe Anmerkung 36
[42] Frauke Jahn, Sabine Ulbricht: Der zweite Beruf – Eine Alternative zur vorzeitigen Berufsaufgabe. Wirtschaftspsychologie Heft 3/2009
[43] Michael Bergus: Altersarmut macht uns Sorgen. Interview mit OECD-Rentenexpertin Monika Queisser, Frankfurter Rundschau, 19.01.2008 und Tagesschau vom 19.01.2008 „Altersarmut in Deutschland wird zunehmen" (www.tagesschau.de/inland/altersarmut2.html)
[44] Hans-Böckler-Stiftung: Fakten zur Alterssicherung. Nachzulesen unter: www.boeckler-boxen.de/2967.htm
[45] Johannes Geyer, Viktor Steiner: Künftige Altersrenten in Deutschland: Relative Stabilität im Westen, starker Rückgang im Osten. Wochenbericht des DIW Berlin Nr. 11/2010 (Download unter www.diw.de/documents/publikationen/73/diw_01.c.353477.../10-11.pdf)
[46] Matthias Lauerer: Arbeitende Rentner: Malochen bis zum Tod, In: Spiegel online, 26.10.2009 (nachzulesen unter: www.spiegel.de/wirtschaft/soziales/0,1518,656164,00.html)
[47] Lindenberger U., Smith J., Mayer, K.U., Baltes P.B. (Hg.): Die Berliner Altersstudie (BASE). Berlin, 2010, S. 629
[48] Ebenda, S.630
[49] Heike Dierbach: Zusammen ist man weniger allein. Stern-Serie: Was die Seele stark macht: Teil 4 Familie und Freunde. In: Stern 46/2009, S. 116
[50] Jakob Schrenk: Allein unter Freunden. In: Neon, 6/2009
[51] Oscar Ybarra, Eugene Burnstein, Piotr Winkielman, Matthew C. Keller, Melvin Manis, Emily Chan and Joel Rodriguez: Mental Exercising Through Simple Socializing: Social Interaction Promotes General Cognitive Functioning, Pers Soc Psychol Bull 2008; 34; 248
[52] James H. Fowler, Nicholas A. Christakis: Dynamic spread of happiness in a large social network: longitudinal analysis over 20 years in the Framingham Heart Study, British Medical Journal, S. 1–9. 2008 und Artikel „Gemeinschaft als Therapie", In: Die Zeit, 17/2009
[53] Sabine Reichel: Hallo, Himmel. In: Brigitte Woman, 5/2010
[54] Ergebnis einer repräsentativen Befragung von 1000 Seniorenhaushalten. Durchgeführt im Jahr 2009 vom Kuratorium Deutsche Altershilfe im Rahmen des Forschungsprojektes „Wohnen im Alter" im Auftrag des Bundesministeriums für Verkehr, Bau und Stadtentwicklung. In: Die Zukunft liegt im Umbau. Pro Alter, 1/2010 S. 26–33
[55] Peter Kolakowski: Die Gesellschaft muss sich an den Bedürfnissen von Älteren orientieren! Interview mit Prof. Dr. Ursula Lehr. In: Pro Alter, Juni/2010

56   Sabine Bode: Wir Alten. Mannheim, 2008

57   Peter Laudenbach: Das Glück der alten Tage. In: brand eins, 7/09

58   Markus Krischer: Reise nach Morgen. In: Focus 15/2010

59   Harro Albrecht: Gemeinschaft als Therapie. In: Die Zeit. 17/2009 vom 16.4.2009

60   Sanjay Srivastava, Oliver P. John, Samuel D.Gosling, Jeff Potter (2003): Development of Personality in Early and Middle Adulthood: Set Like Plaster or Persistent Change? Journal of Personality and Social Psychology, 2003, Vol. 84, No. 5, 1041–1053.

61   Die ursprüngliche Studie „Harvard Study of Adult Development" begann 1938 mit 300 gesunden Männern ab 18. Weil diese Ursprungsstudie nur akademisch gebildete Männer umfasste, griff George E. Vailant, Studienleiter ab 1967, andere Langzeitstudien auf und führte sie weiter: Zum einen die sogenannte „Glueck Studie", eine Studie mit 456 Teilnehmern, benannt nach dem Ehepaar Sheldon und Eleonor Glueck. Gluecks, ein Juraprofessor und eine Sozialarbeiterin, hatten seit 1939 junge Männer aus Bostoner Arbeiterfamilien begleitet und ihre Entwicklung beobachtet. Zusätzlich übernahm Vaillant eine repräsentative Gruppe von 90 Teilnehmerinnen der sogenannten „Stanfort Terman Study". Eine Studie, die seit 1922 den Werdegang von überdurchschnittlich intelligenten Mädchen (Geburt um das Jahr 1910, IQ 140 und höher) aus Kalifornien verfolgte.

62   Erik H. Erikson: Identität und Lebenszyklus. Frankfurt, 1973

63   Martin E. Seligman, Tracy A. Steen, Nansook Park, Christopher Peterson (2005), Positive psychology progress: Empirical validation of interventions Am Psychol. 2005 Jul–Aug;60(5):410–21

64   Barbara L. Fredrickson et al.: Open Hearts Build Lives: Positive Emotions, Induced Through Loving-Kindness Meditation, Build Consequential Personal Resources, Journal of Personality and Social Psychology, 2008, Vol. 95, No. 5, 1045–1062

65   Jochen Metzger: Wie (und warum) wir aufblühen. In: Psychologie Heute, 11/2009. Sowie: Fredrickson, Barbara L.; Losada, Marcial F.: Positive Affect and the Complex Dynamics of Human Flourishing. American Psychologist, 2005, Vol 60(7), 678–686

66   Values in action – Interpretationshilfe der Universität Zürich (Fachbereich Persönlichkeitspsychologie und Diagnostik)

67   Die Übungen stammen aus dem Fundus der Persönlichkeitspsychologen Willibald Ruch und René Proyer und anderen Studien rund um Zufriedenheit und Charakterstärkung. Sie wurden z. T. publiziert im Artikel „Wie stark ist Ihre Seele?" von Carola Kleinschmidt, Brigitte 23, 2008

68 Zitat aus Zarathustras Vorrede „Also sprach Zarathustra": „Ich sage euch: man muß noch Chaos in sich haben, um einen tanzenden Stern gebären zu können. Ich sage euch: ihr habt noch Chaos in euch."

69 Ursula Lehr auf einer Veranstaltung der Körber-Stiftung am 10. 2. 2010 zum Thema „Leben 2035"

70 Ilse Biberti: Hilfe, meine Eltern sind alt. München, 2008

71 Das Interview führte Markus Breitscheidel. Es steht in seinem Buch: Gesund gepflegt statt abgezockt. München, 2008

72 Ilse Biberti, Henning Scherf: Das Alter kommt auf meine Weise. München, 2009

73 Bill Zehme: Von Kopf bis Fuß Bruce, GQ, Mai 2010

74 Vera Sandberg: Über 50 – Kein Grund zum Jammern! In: www.brigitte-woman.de, Spezial: Das muss mal gesagt werden.

75 Ute Karen Seggelke: 60 Jahre und ein bisschen weiser. 21 Frauen erzählen. Hildesheim, 2008

76 Stefanie Rosenkranz, Dagmar Gassen: 40 – und dann? Die zweite Pubertät. In: Stern 33/2008

77 Sabina McGrew: Im Schatten der Schönen. In: Brigitte Woman 3/2007

78 Aus Andreas Kruse, Hans-Werner Wahl: Zukunft Altern. Heidelberg, 2010, S. 443

79 Ute Eberle: Die Macht der Hormone. In: Stern 34/2008

80 DAK Gesundheitsreport 2006

81 Fritz Riemann, Wolfgang Kleespies: Die Kunst des Alterns. München, Basel, 2007, S. 16

82 Das Beispiel stammt aus dem Buch von Ute Karen Seggelke: 60 Jahre und ein bisschen weiser. 21 Frauen erzählen. Hildesheim, 2008

83 Philipp Mayring: Pensionierung als Krise oder Glücksgewinn? – Ergebnisse aus einer quantitativ-qualitativen Längsschnittuntersuchung. In: Zeitschrift für Gerontologie und Geriatrie, 2000, Volume 33, Number 2/April , S. 124–133

84 Susan Sarandon: Nichts ist so sexy wie Lebensfreude. Interview mit Till Raether. In: www.brigitte-woman.de

85 Dagmar Giersberg: Und dann? 101 Idee für den Ruhestand. Bielefeld, 2008

86 Birgit Schönberger: Der Sprung allein ins neue Leben. In: www.brigitte-woman.de, 7.10.2009

87 Nataly Bleuel: Wo er ist, ist mein Zuhause. Wer ihr blöd kommt, kriegt eins aufs Maul. Beziehungsporträt von Leslie Malton und Felix von Manteuffel. In: Brigitte Woman 2/2008

88 Evelyn Horsch und Maria Speck: Verhandlungsgeschick für die Liebe. Ein Gespräch mit Friederike von Tiedemann. In: Brigitte Woman 1/2005

89 Stefan Grissemann im Gespräch mit Rudolf Thome: „Ohne Frauen kann ich keine Filme machen". In: FAZ, 9.11.2009

90 Willibald Ruch, René T. Proyer, M. Weber: Humor as a charac-

ter strength among the elderly. Empirical findings on age-related changes and its contribution to satisfaction with life, Z Gerontol Geriat 2010 · 43:13–18

91   Andreas Kruse, Hans Werner Wahl: Zukunft Altern. Heidelberg, 2010

92   Sherry L. Willis, K. Warner Schaie: Intellectual functioning in midlife. In: Sherry L. Willis and James D. Reid (Eds): Life in the Middle. Psychological and Social Development in Middle Age, San Diego, CA: Academic Press, 1999, 233–247.

93   Horst Bickel, Siegfried Weyerer: Epidemiologie psychischer Erkrankungen im höheren Lebensalter. Stuttgart, 2007

94   Mehr zum Thema Alzheimer-Prävention lesen Sie in dem Buch Hans Förstl, Carola Kleinschmidt: Das Anti-Alzheimer-Buch. München, 2009

95   Claudia Voelcker-Rehage, Ben Godde B, Ursula M. Staudinger: Physical and motor fitness are both related to cognition in old age, European Journal of Neuroscience, 2009, Vol 31 Iss 1, 167:176

96   Annette Schäfer: Wer achtsam lebt, lebt gesünder und länger. Ein Gespräch mit Ellen Langer. In: Psychologie Heute, 6/2010

97   Choreografin Gabriele Gierz, www.fokus-tanzperformance. de

98   Carola Kleinschmidt: Mein Leben ist ein Buch (wert). In: Vital 2/2010

99   Heiko Ernst: „Gut Altern. Reife Leistung" In: Psychologie Heute, Heft 20, 2008

100   „Fragen an das Leben", Fragen an Margarete Mitscherlich, gestellt von Dirk von Nayhauß. In: Chrismon 3/2008

101   Das Zitat stammt aus Annelie Keil: Dem Leben begegnen. Vom biologischen Überraschungsei zur eigenen Biografie. Kreuzlingen, München, 2006

102   Tobias Zick: „Nehmen Sie sich zehn Jahre Urlaub!" Interview mit Aubrey de Grey. In Tobias Zick: Keine Frage des Alters. Neon 11/2008

103   Der Spiegel 17/2008, TNS-Forschung für den Spiegel, Institut für Demoskopie Allensbach. Text: „Der König von Deutschland", Autoren: Brenner, Jochen; Buse, Uwe; Ehlers, Fiona; Fichtner, Ullrich; Goos, Hauke; Gutsch, Jochen; Hans, Barbara; Hardinghaus, Barbara; Hoppe, Ralf; Kneip, Ansbert; Oehmke, Philipp; Scheuermann, Christoph

104   Dossier Geborgenheit, Protokoll von Eva Lehnen. In: Brigitte 14/2009

105   Filipp S.-H. und Ferring, D.: Zur Alters- und Bereichsspezifität subjektiven Alterserlebens. Zeitschrift für Entwicklungspsychologie und Pädagogische Psychologie, 1989, 21, 279-293, sowie Montepare, J.M. und Lachmann, M.E.: „You're only as old as you feel": Self-perceptions of age, fears of aging, and life satisfaction from adolescence to old age. Psychology and Aging, 1989, 4, 73–78

Gesunde Ernährung und gesunde Lebensweise

Die „American Heart Association" (AHA) hat die „Leitlinie zur Prävention koronarer Herzerkrankungen bei Frauen" zusammengestellt (2004). Das sind die Empfehlungen für die gesunde Lebensweise:

Rauchen: vollständige Entwöhnung

Körperliche Aktivität: An den meisten, vorzugsweise allen Tagen in der Woche sollte für mindestens 30 Minuten eine moderate bis intensive körperliche Aktivität absolviert werden (z. B. Walking, Nordic Walking, Radfahren).

Ernährung: Die Ernährung sollte ballaststoffreich, kaloriengerecht und fettarm sein.

Der Anteil der sogenannten gesättigten Fettsäuren (sind meist in tierischen Produkten enthalten) sollte gering sein. Dafür ist ein hoher Anteil an einfach und mehrfach ungesättigten Fettsäuren (Olivenöl, Rapsöl), insbesondere an sogenannten Omega-3-Fettsäuren (z. B. in fettem Seefisch, Leinöl, Rapsöl) zu bevorzugen. Insgesamt entspricht die Lebensmittelauswahl weitgehend der „Mittelmeerkost": Viel Obst und Gemüse und Salate, Vollkorngetreideprodukte, fettarme Milchprodukte, Fisch und Hülsenfrüchte, Geflügel und fettarmes Fleisch. Quelle: DAK-Gesundheitsbericht 2006

Literatur

Ilse Biberti, Henning Scherf: Das Alter kommt auf meine Weise. Lebenskonzepte heute für morgen. München, 2009

Sabine Bode: Wir Alten. Porträts einer lebenserfahrenen Generation. Düsseldorf, 2008

Richard Nelson Bolles: Die besten Jahre. Planen Sie jetzt, wie Sie nach dem Job leben wollen. Frankfurt, 2008

Silvia Bovenschen: Älter werden. Frankfurt, 2006

Markus Breitscheidel: Gesund gepflegt statt abgezockt. Wege zur würdigen Altenbetreuung. Berlin, 2008

Erik H. Erikson: Identität und Lebenszyklus. Frankfurt am Main, 1973

Toni Faltermaier, Philipp Mayring, Winfried Saup: Entwicklungspsychologie des Erwachsenenalters. Stuttgart, 2002

Hans Förstl, Carola Kleinschmidt: Das Anti-Alzheimer-Buch. Ängste, Fakten, Präventionsmöglichkeiten. München, 2009

Alexa Franke, Maibritt Witte: Das HEDE-Training ®. Manual zur Gesundheitsförderung auf Basis der Salutogenese. Bern, 2009

Ernst Fritz-Schubert: Schulfach Glück. Wie ein neues Fach die Schule verändert. Freiburg, 2008

Christa Geissler, Monika Held: Generation Plus. Von der Lüge, dass Altwerden Spaß macht. Berlin, 2003

Dagmar Giersberg: Und dann? 101 Idee für den Ruhestand. Bielefeld, 2008

Ulrike Herrmann, Martina Wittneben. Älter werden, Neues wagen. Zwölf Porträts. Hamburg, 2008

Svenja Hofert: Bewerben ohne Bewerbung. Alternative Erfolgsstrategien in schwierigen Zeiten. Frankfurt, 2005

Thomas Hohensee: Gelassenheit beginnt im Kopf. So entwickeln Sie einen entspannten Lebensstil. München, 2007

Lotti Huber: Diese Zitrone hat noch viel Saft. München, 2004

Gerald Hüther: Männer. Das schwache Geschlecht und sein Gehirn. Göttingen, 2009

Mathias Irle: Älterwerden für Anfänger. Hamburg, 2009

Jolande Jacobi: Die Psychologie von C. G. Jung: Eine Einführung in das Gesamtwerk. Frankfurt 1977.

Annelie Keil: Dem Leben begegnen. Vom biologischen Überraschungsei zur eigenen Biografie. 2006

Jane Kennedy: Das Okinawa-Prinzip. Gesund bleiben, länger leben. München, 2009

Dr. med. Marianne Koch: Körperintelligenz. Was Sie wissen sollten, um jung zu bleiben. München, 2005

Franz Kolland, Pegah Ahmadi: Bildung und aktives Altern. Bewegung im Ruhestand. Bielefeld, 2010

Andreas Kruse, Hans-Werner Wahl: Zukunft Altern. Individuelle und gesellschaftliche Weichenstellungen. Heidelberg, 2009

Ursula Lehr: Psychologie des Alterns. Wiebelsheim, 2006

Ulman Lindenberger, Jacqui Smith, Karl Ulrich Mayer, Paul B. Baltes: Die Berliner Altersstudie. Berlin, 2009

Elisabeth Niejahr: Alt sind nur die anderen. So werden wir leben, lieben und arbeiten. Frankfurt am Main, 2007

Sherwin B. Nuland: Die Kunst zu altern. Weisheit und Würde der späten Jahre. München, 2007

Dieter Otten: Die 50+ Studie. Wie die jungen Alten die Gesellschaft revolutionieren. Hamburg, 2008

Hartmut und Hildegard Radebold: Älterwerden will gelernt sein. Stuttgart, 2009

Fritz Riemann, Wolfgang Kleespies: Die Kunst des Alterns. Reifen und Loslassen. München, Basel, 2007

Henning Scherf: Grau ist bunt. Was im Alter möglich ist. Freiburg, 2006

Ute Karen Seggelke: 60 Jahre und ein bisschen weiser. 21 Frauen erzählen. Hildesheim, 2008

Helma Sick: Schöne Aussichten. Keine Angst vorm Alter! Wie Frauen finanziell am besten vorsorgen. München, 2010

Bernd Sprenger: Die Illusion der perfekten Kontrolle. München, 2009

Hans-Peter Unger, Carola Kleinschmidt: Bevor der Job krank macht. Wie uns die heutige Arbeitswelt in die seelische Erschöpfung treibt und was man dagegen tun kann. München, 2006

George E. Vaillant: Aging Well. New York, 2003

Silke van Dyk, Stephan Lessenich:
Die jungen Alten. Analysen
einer neuen Sozialfigur. Frankfurt, 2009
Ingrid Zundel: Kommunitarismus
in einer alternden Gesellschaft.
Neue Lebensentwürfe Älterer
in Tauschsystemen. Herbolz-
heim, 2006. Reihe: Münchner
Studien zur Kultur- und Sozial-
psychologie, Band 16

Online
Älterwerden allgemein:
www.kda.de Auf den Seiten des
Kuratoriums Deutsche Altershilfe finden sich viele aktuelle
Studien und interessante
Informationen rund um das
Älterwerden und die Situation
der Älteren in Deutschland.
www.bagso.de Website der
Bundesarbeitsgemeinschaft
der Senioren-Organisationen.
Eine Fülle von Informationen
und weiterführenden Links.
Wohnen:
www.neue-wohnformen.de Infor-
mationsseite zum Thema. Mit
vielen Links.
www.fgwa.de Forum Gemein-
schaftliches Wohnen e. V.
Bundesvereinigung. Der Verein „Forum Gemeinschaft-
liches Wohnen e. V., Bundesvereinigung", gegründet 1992,
ist ein Zusammenschluss von
Vereinen und Einzelpersonen,
die gemeinschaftliche, generationenübergreifende Wohnformen initiieren, verwirklichen
und bekannt machen. Der Verein hat Mitglieder in allen
Bundesländern und unterhält
neben der Geschäftsstelle in

Hannover ein Netz von regio-
nalen Kontaktstellen.
Finanzberatung:
www.finanzexpertinnen.de Bundes-
verband unabhängiger Finanz-
dienstleisterinnen e.V. (BuF)
Seriöse und unabhängige
Finanzberatung bieten auch
die Berater und Beraterinnen
von *www.fairsicherung.de*
Beratung und Betreuung für
Versicherung und Finanzen.
www.fbsb.de (Financial Planning
Standards Board Deutschland
e. V.): Die etwa 1000 Finanz-
berater haben ein Certified-
Financial-Planner-Zertifikat,
CFP
Gesünder arbeiten:
www.inqa.de INQA – hinter diesem Kürzel verbirgt sich die
„Initiative Neue Qualität der
Arbeit", hinter der Staat,
Gewerkschaften, Arbeitgeber
und weitere Verbände stehen.
Ziel ist es, gute Arbeitsbedingungen zu schaffen. Ein Thema dabei: der demografische
Wandel. Zusammengetragen
sind Daten und Fakten, aber
auch Handlungshilfen wie ein
„Demographie-Check" und
Praxisberichte.
www.demographie-netzwerk.de Im
Demographie-Netzwerk (ddn)
haben sich bisher über 200
Unternehmen zusammenge-
schlossen, die ihre Unternehmen auch für ältere Mitarbeiter fit machen möchten.

Impressum

Bibliografische Information der Deutschen Bibliothek
Die Deutsche Bibliothek verzeichnet diese Publikation
in der Deutschen Nationalbibliografie; detaillierte bibliografische
Daten sind im Internet über <http://dnb.ddb.de> abrufbar.

ISBN 978-3-8319-0416-7

© Ellert & Richter Verlag GmbH, Hamburg 2010

Text: Carola Kleinschmidt, Hamburg
Lektorat: Beatrix Sommer, Hamburg
Porträt der Autorin: Beata Lange, Hamburg
Gestaltung: Büro Brückner + Partner, Bremen
Gesamtherstellung: CPI books GmbH, Leck

Bitte beachten Sie auch www.ellert-richter.de